Finger

Call Center als Instrument des Beziehungsmanagements

GABLER EDITION WISSENSCHAFT

Lars Finger

Call Center als Instrument des Beziehungsmanagements

Mit einem Geleitwort
von Prof. Dr. Dr. h.c. Joachim Hentze

Deutscher Universitäts-Verlag

Dr. Lars Finger promovierte bei Prof. Dr. Dr. h.c. Joachim Hentze am Institut für Wirtschaftswissenschaften, Abteilung Unternehmensführung, der Technischen Universität Braunschweig. Er ist als Strategieberater in internationalen Managementberatungen tätig und berät schwerpunktmäßig Unternehmen der Telekommunikations-, Medien- und Technologiebranche.

Die Deutsche Bibliothek - CIP-Einheitsaufnahme

Finger, Lars:
Call Center als Instrument des Beziehungsmanagements / Lars Finger.
Mit einem Geleitw. von Joachim Hentze. - 1. Aufl..
- Wiesbaden : Dt. Univ.-Verl., 2001
(Gabler Edition Wissenschaft)
Zugl.: Braunschweig, Techn. Univ., Diss., 2001 u.d.T.: Finger, Lars: Einsatzpotentiale von Call Centern als Instrument des Beziehungsmanagements unter besonderer Berücksichtigung zentraler Entscheidungs-, Gestaltungs- und Problemfelder
ISBN 3-8244-7544-8

1. Auflage Dezember 2001

Lektorat: Brigitte Siegel / Stefanie Loyal

Der Deutsche Universitäts-Verlag ist ein Unternehmen der Fachverlagsgruppe BertelsmannSpringer.

www.duv.de

Gedruckt auf säurefreiem und chlorfrei gebleichtem Papier.

Druck und Buchbinder: Rosch-Buch, Scheßlitz
Printed in Germany

ISBN 3-8244-7544-8

Geleitwort

Die Einführung neuer Formen der Arbeitsorganisation durch den Einsatz innovativer Telekommunikations- und Informationstechniken in Form von sogenannten Call Centern hat in den letzten Jahren einen erheblichen Bedeutungsanstieg in der Unternehmenspraxis erfahren.

Dieses hochaktuelle Thema ist in der wissenschaftlichen Literatur bislang nicht hinreichend behandelt worden. Der Autor betritt insofern wissenschaftliches Neuland, indem er Einsatz- und Nutzenpotentiale von Call Centern untersucht und Gestaltungsoptionen für ihren Einsatz diskutiert.

Hierfür verwendet er das in jüngerer Zeit intensiv diskutierte Konzept des Beziehungsmanagements, dessen konstituierende Prinzipien als strukturierender Bezugsrahmen herangezogen werden. In diesem Rahmen werden Anwendungsfelder von Call Centern zur instrumentellen Umsetzung eines Beziehungsmanagements umfassend dargestellt.

Die Entscheidung über den Einsatz und Betrieb eines Call Centers wird als Entscheidungsaufgabe der Unternehmensführung herausgestellt, womit die hohe unternehmensstrategische Bedeutung des Instrumentes betont wird.

Klassische Aspekte der Unternehmensführung im Zusammenhang mit dem Einsatz von Call Centern werden durch die Betrachtung von Wirtschaftlichkeitsaspekten mit Nutzen- und Kostenbetrachtungen, organisatorischen Fragestellungen hinsichtlich Aufbau- und Ablauforganisation sowie personalwirtschaftlichen Aspekten behandelt.

Die vorliegende Arbeit schließt eine grundsätzliche Lücke in der betriebswirtschaftlichen Forschung und legt damit zum einen Grundlagen für weiterführende Untersuchungen. Zum anderen kann die Arbeit auch als Anregung für den Praktiker dienen, der eine breit angelegte Diskussion betriebswirtschaftlicher Aspekte des Call Center Einsatzes sucht.

Joachim Hentze

Vorwort

Wenn hinter uns nicht der Deich wär
Käm jede Hilfe zu spät
Ein Glas auf den Deich und eins auf die See
Sven Regener

Die vorliegende Arbeit wurde im Sommersemester 2001 vom Fachbereich für Wirtschafts- und Sozialwissenschaften der Technischen Universität Carolo-Wilhelmina zu Braunschweig als Dissertation angenommen.

Zunächst gilt mein besonderer Dank Herrn Prof. Dr. Dr. h.c. Joachim Hentze, der die Anfertigung der Dissertation an seinem Lehrstuhl ermöglicht und den erfolgreichen Abschluß durch seine Unterstützung maßgeblich gefördert hat.

Herrn Prof. Dr. Burkhard Huch danke ich sehr für die freundliche Übernahme des Korreferats.

Herzlich danken möchte ich weiterhin Gianandrea Giochetta, Claus Hage, Arndt Jablonowski, Inga Legler, Manuela Moll, Mirko Skrodolies und Hartmut Wehrmeyer für ihre wertvolle Hilfe und Unterstützung.

Den Mitarbeiterinnen und Mitarbeitern der Hochschulbibliothek Bremerhaven, des HWWA - Instituts für Wirtschaftsforschung Hamburg sowie der Staats- und Universitätsbibliothek Hamburg danke ich ebenfalls sehr.

Schließlich schulde ich Dank der Stiftung der Deutschen Wirtschaft, die durch die Gewährung eines Stipendiums maßgeblich zur Finanzierung der Untersuchung beigetragen hat sowie insbesondere Herrn Prof. Dr. Rolf von Lüde als Vertrauensdozent der Stiftung an der Universität Hamburg.

Der größte Dank gebührt jedoch meinen Eltern, die mir stets Rückhalt und Unterstützung gegeben haben. Ihnen widme ich die vorliegende Arbeit in Liebe und Dankbarkeit.

Lars Finger

Inhaltsverzeichnis

Abbildungsverzeichnis

Abkürzungsverzeichnis

ABA	American Bankers Association
Abb.	Abbildung
ACD	Automatic Call Distributor/Automatic Call Distribution
ACM	Association for Computing Machinery
ANI	Automatic Number Identification
Aufl.	Auflage
Bd.	Band
bzw.	beziehungsweise
CTI	Computer Telephony Integration
Diss.	Dissertation
DRTV	Direct Response Television
ed.	edition
Ed.	Editor
EDV	Elektronische Datenverarbeitung
erg.	ergänzt(e)
erw.	erweitert(e)
et al.	et alii
etc.	et cetera
f.	folgende
ff.	fortfolgende
GfK	Gesellschaft für Konsumforschung
ggf.	gegebenenfalls
Hrsg.	Herausgeber
ISDN	Integrated Services Digital Network
IT	Informationstechnik
IVR	Interactive Voice Response
Jhrg.	Jahrgang

Kap.	Kapitel
MFV	Mehr-Frequenz-Verfahren
Mio.	Million(en)
No.	Number
o.O.	ohne Ort
o.V.	ohne Verfasser
PIN	Personal Identity Number
ROI	Return on Investment
S.	Seite(n)
SOCAP	Society of Consumer Affairs Professionals in Business
Sp.	Spalte(n)
TARP	Technical Assistance Research Program
u.a.	und andere
überarb.	überarbeitet(e)
verb.	verbessert(e)
Vgl.	Vergleiche
Vol.	Volume
VRU	Voice Response Unit
z.B.	zum Beispiel

1 Einleitung

1.1 Problemstellung

Der Einsatz innovativer Telekommunikations- und Informationstechniken in Form von sogenannten Call Centern erfährt in den letzten Jahren einen erheblichen Bedeutungsanstieg in der Unternehmenspraxis.[1] Vor dem Hintergrund einer steigenden Wettbewerbsintensität sowie dem auf breiter Ebene diskutierten Wandel der Industrie- zu einer Dienstleistungsgesellschaft[2] versuchen immer mehr Unternehmen mit Hilfe des Einsatzes von Call Centern eine bessere Servicequalität im Kontakt mit ihrem Umfeld zu erzielen sowie die Kosten der Abwicklung von kommunikativen Kundenkontakten zu reduzieren. Sowohl in der Praxis als auch von Seiten der Wissenschaft wird allgemein die Meinung vertreten, daß die Bedeutung von Call Centern in den nächsten Jahren noch weiter zunehmen und nahezu alle Branchen sowohl des Industrie- und Konsumgüter-, als auch des Dienstleistungsbereiches betreffen wird.[3] Insbesondere die praxisorientierte Literatur[4] hebt ihre Rolle bei der Schaffung von Wettbewerbsvorteilen hervor und stellt sie als einen generellen Erfolgsfaktor dar.[5]

---

1 Vgl. Nippa (1999), S. 86; Thieme/Steffen (1999), S. 37; Nawroth (1998), S. 13 f.; Hampe/Schönert (1997a), S. 173; Kudernatsch (1998), S. 3; Anton (1998), S. 1-2; Bundesministerium für Wirtschaft und Technologie (1999a), S. 36 f.; Munkelt (1995), S. 35 ff.; Batt (1999), S. 540.

2 Vgl. Lovelock/Wright (1999), S. 5; Bullinger et al. (1998), S. 17; Lehmann (1998), S. 1; Grönroos (1990a), S. 1 ff.; Lehmann (1995), S. 3 ff.; Maleri (1997), S. V; Bischoff-Schilke (1992), S. 22 ff.; Normann (1991), S. 1 f.; Schwenker (1989), S. 21; Hilke (1989a), S. 1.

3 Vgl. Richardson (1998), S. 2; Thieme/Ceyp (1998), S. 88; Martin (1998), S. 136; Pribilla/Reichwald/Goecke (1996), S. 111; Nawroth (1998), S. 17; Haunschild/Koch (1999), S. 219. Nach Studien von Gemini Consulting und Booz, Allen & Hamilton beträgt das durchschnittliche jährliche Wachstum für Call Center Arbeitsplätze in Deutschland über 20%, vgl. Gemini Consulting (1997), S. 6; Booz, Allen & Hamilton (1998), S. 17. Die große arbeitsmarktpolitische Bedeutung insbesondere von Call Center Dienstleistern (zu dieser Organisationsform von Call Centern vgl. Kap 5.3.2.2) unterstreicht auch eine Studie des Deutschen Städtetages, die Fördermaßnahmen deutscher Städte und Kommunen hinsichtlich der Ansiedlung von Call Center Unternehmen untersucht, vgl. Halves/Klagge (1999).

4 Hierunter werden in der vorliegenden Arbeit Monographien und Aufsätze verstanden, deren Autoren entweder aus der unternehmerischen Praxis stammen oder Beiträge von Wissenschaftlern an akademischen Hochschulen, die explizit Handlungsanweisungen für die unternehmerische Praxis geben wollen sowie Werke von Praktikern, die keinen wissenschaftlichen Hintergrund aufweisen.

5 Vgl. Wetzels/de Ruyter (1999), S. 229; Anton (1997), S. 1; Cleveland/Mayben/Greff (1998), S. 143; Thieme/Ceyp (1998), S. 94; Morschheuser (1998), S. 477; Thieme/Steffen (1999), S. 12; Schmidt (1999), S. 44; Tanner (1998), S. 29.

Die Implementierung und der Einsatz von Call Centern erfolgte in der Vergangenheit, aber auch aktuell, zumeist mit dem Ziel, eine Kostenreduktion vor allem in den Bereichen Vertrieb und Kundendienst zu erreichen.[6] Oftmals erfolgt eine Fokussierung auf primär technologische Fragestellungen wie etwa die Softwareauswahl oder die technische Ausstattung.[7] In der unternehmerischen Praxis werden dagegen managementrelevante Fragestellungen, wie beispielsweise die Einbindung von Call Centern in das Zielsystem der Unternehmung[8] oder ihre Möglichkeiten zur Umsetzung von Strategieoptionen sowie organisatorische Entscheidungsfelder und personalwirtschaftliche Fragestellungen vielfach vernachlässigt.[9] Dennoch gewinnen in jüngster Zeit Auffassungen an Gewicht, die die "zunehmende strategische Relevanz dieser innovativen Organisationseinheiten"[10] betonen.[11] In diesem Zusammenhang wird Call Center Anwendungen eine generelle Verbesserung in der Erbringung von Dienstleistungen beispielsweise durch eine "Serviceoptimierung"[12] zugeschrieben, die bis hin zu einer regelrechten Serviceeuphorie reicht.[13] Jedoch existieren eine Fülle von Negativbeispielen, bei

6 Vgl. Schrick (1999), S. 330; Kislowski (1996), S. 34; Preißler (1998), S. 42; Durr (1996), S. 6; Boelkes/O'Rourke (1998), S. 86; Pribilla/Reichwald/Goecke (1996), S. 102; Galbreath (1998), S. 16; Richardson/Marshall (1999), S. 100; Evenson/Harker/Frei (1999), S. 2.

7 Vgl. Schuler/Henn (1999), S. 91; Durr (1996), S. V; Link (2000), S. 110; Bielski (1999), S. 52; Schuler/Lütze/Wecker (1999), S. 54. In diesem Zusammenhang ist sogar von einer "Technologie-Hörigkeit" die Rede, vgl. Möller (1998), S. 72.

8 Während zwischen den Begriffen *Betrieb* und *Unternehmen* in der Literatur klar unterschieden wird, werden die Begriffe *Unternehmen* und *Unternehmung* mittlerweile als weitgehend identisch gleichgesetzt. Aus diesem Grund werden letztere in der vorliegenden Arbeit synonym verwendet. Ein Unternehmen wird aufgefaßt als ein "offenes, dynamisches, nichtdeterministisches, äußerst komplexes, ziel- und zweckorientiertes soziales System" (Hentze/Brose (1985a), S. 13). Es existieren zwei Sichtweisen zum begrifflichen Verhältnis von Betrieb und Unternehmung. Zum einen kann eine Unternehmung nach GUTENBERG als eine Unterform des Betriebs aufgefaßt werden, die nach den Prinzipien der Autonomie, der Erwerbswirtschaftlichkeit und der Allgemeinbestimmung agiert, vgl. Gutenberg (1983), S. 507 f. Zum anderen kann der Betrieb als eine technisch-organisatorische Unterform der Unternehmung aufgefaßt werden, vgl. Macharzina (1999), S. 14; Hentze/Brose (1985a), S. 13; Heinen (1976a), S. 135.

9 Vgl. Nippa/Hachenberger (1999), S. 12; Schuler/Henn (1999), S. 91; Arkin (1997), S. 24.

10 Schmitt (1999), S. 73.

11 Vgl. Bullinger (1998b), S. 29 und S. 47 ff.; Kruse (1998), S. 13; Wagner (1998), S. 38; Haunschild/Koch (1999), S. 219; Stauss (1997), S. 3; Nawroth (1998), S. 14 f.; Schuler/Henn (1990), S. 101.

12 Hampe/Schönert (1997a), S. 173.

13 So spricht RAHMANN von einem "Serviceturbo Call Center" (Rahmann (1999), S. 197), ACHERMANN von einer "unübertroffene[n] Servicequalität", die durch die Implementierung eines Call Centers erreicht werden soll, vgl. Achermann (1998), S. 46. CUSACK führt aus: "The integration of computers with telecommunications continues to transform customer care into a potentially powerful and cost-effective enterprise" (Cusack (1998), S. 5).

denen der Einsatz entsprechender Techniken mitunter sogar kontraproduktive Effekte erzeugt.[14]

Während in den Anbieterbranchen von Call Center Techniken, wie etwa Hard- und Softwarehersteller, Beratungs- und Outsourcingdienstleister, zumeist ein großes technisches Know-how vorliegt, herrscht in potentiellen Anwendungsbranchen oftmals eine geringe Kenntnis der mit dem Instrument verbundenen Nutzen- und Risikopotentiale. Aufgrund der relativen Neuartigkeit der zugrundeliegenden Technik und einer Unklarheit über geeignete organisatorische Umsetzungsmaßnahmen befindet sich das Anwendungsfeld Call Center insgesamt noch in einer Gründungs- und Entwicklungsphase.[15]

Unternehmen in vielen Branchen und Märkten sind durch rapide Veränderungen nahezu des gesamten sie umgebenden Zwischen- und Umsystems[16] gekennzeichnet.[17] Wichtige Veränderungen des ökonomischen Umsystems betreffen in erster Linie den verschärften internationalen Wettbewerb im Zuge der Globalisierung, eine Polarisierung der Märkte sowie die zunehmende Branchenerosion und -konvergenz mit völlig neuen Leistungsangeboten. Im Bereich des politisch-rechtlichen Umsystems kommt es durch eine Liberalisierung und Deregulierung einerseits zum Abbau von Marktbarrieren, andererseits durch verschärfte gesetzliche Restriktionen zu erhöhten Anforderungen beispielsweise im Bereich von Produktspezifikationen oder Produktionsanlagen. Ein allgemeiner Wertewandel mit einer verstärkten Freizeit-, Ökologie- und Qualitätsorientierung sowie veränderte Altersstrukturen der Bevölkerung prägen die Entwicklung auf sozio-kultureller Ebene. Schließlich haben gravierende Veränderungen im technologischen Umsystem sowohl neue Chancen durch neuartige Techniken eröff-

---

14 Vgl. Efthimiou (1997), S. 10; Nippa (1999), S. 86; Nippa/Hachenberger (1999), S. 1; Carwardine (1996), S. 521; Töpfer (1999c), S. 488.

15 Vgl. Denger/Wirtz (1999), S. 91.

16 In der Sichtweise der entscheidungs- und systemorientierten Betriebswirtschaftslehre befindet sich eine Unternehmung als offenes System in gegenseitigen Wechselwirkungen mit dem sie umgebenden sogenannten Zwischen- und Umsystem, vgl. Hodge/Anthony (1991), S. 55 ff.; Hentze (1994), S. 44; Macharzina (1999), S. 59; Hentze/Brose/Kammel (1993), S. 223 ff. sowie Kap 2.2.2 der vorliegenden Untersuchung.

17 Vgl. Hentze/Brose/Kammel (1993), S. 15; Rühli (1996), S. 117; Picot/Reichwald/Wigand (1998), S. 2 ff.; Scholz (1997), S. 21; Bruhn/Meffert (1998b), S. 4; Mentzel (1997), S. 30 ff.; Porter (1999), S. 10.

net, aber auch neue Risiken bewirkt; beispielsweise die durch die zunehmende Nutzung neuer Medien hervorgerufene Preis- und Leistungstransparenz für Abnehmer.

Wichtige Veränderungen des Zwischensystems betreffen vor allem die Absatz- und die Beschaffungsseite. Erstere ist aufgrund der geschilderten Entwicklungen häufig durch eine gestiegene Kundenmacht bei gleichzeitig stagnierender Nachfrage, letztere durch einen zunehmenden Wettbewerb auf Beschaffungsmärkten bei gleichzeitiger Ressourcenverknappung gekennzeichnet. Diese Entwicklungen betreffen nicht nur Industrie- und Konsumgüterunternehmen, sondern in zunehmendem Maße auch Unternehmen des Dienstleistungsbereiches.[18] Wegen der verstärkten Angleichung von Leistungsangeboten ist es oftmals nur noch möglich, über die Erbringung von Zusatzdienstleistungen, die über die eigentliche Primärleistung hinausgehen, eine Präferenzbildung im Markt zu erreichen.[19] Dennoch lassen sich nach wie vor viele Stimmen finden, die eine mangelnde Serviceorientierung bzw. Bereitschaft zur Dienstleistungserbringung bei vielen Unternehmen beklagen.[20]

Mit Beginn der neunziger Jahre des zwanzigsten Jahrhunderts kam es - unter anderem ausgelöst durch eine Vielzahl von Veröffentlichungen unter dem Schlagwort *Business Process Reengineering*[21] - und vor dem Hintergrund der sich bereits zu diesem Zeitpunkt verändernden Markt- und Umweltbedingungen zu einer regelrechten Restrukturierungswelle in Unternehmen.[22] Es wurden erhebliche Rationalisierungs- und Leistungspotentiale identifiziert, die vor allem durch eine umfassende Veränderung oder

[18] Zu den Entwicklungen im Finanzdienstleistungsbereich vgl. Oevermann (1996), S. 1 f. und Brinkmann (1998), S. 3, für Energieversorgungsunternehmen vgl. Beutin/Werner (1999), S. 547 f.

[19] Vgl. Hentze/Lindert (1998), S. 1011; Bullinger et al. (1998), S. 18; Peck/Payne/Christopher/Clark (1999), S. 410.

[20] So finden sich in der Literatur viele Beispiele von und Diskussionen über vermeintliche oder tatsächliche "Servicewüsten", vgl. allgemein Bruhn (1997), S. 7; Stauss/Seidel (1998), S. 10; von der Oelsnitz (1999), S. 387 und Maleri (1997), S. 77; Bruhn/Meffert (1998b), S. 3 generell für Dienstleistungsunternehmen sowie Gable (1998), S. 40 ff. speziell für den Telekommunikationsbereich.

[21] Diese Veröffentlichungen stammen zu einem erheblichen Teil von Autoren, die als Mitarbeiter von Unternehmensberatungen dieses Konzept vor allem in Hinblick auf die praktische Umsetzung betrachteten, so etwa das grundlegende Werk von Hammer/Champy (1993). Zu den Zielen, Methoden und Elementen dieses Managementkonzeptes vgl. ausführlich Gerhard (1997), S. 91-157 sowie detailliert zu weiteren prozeßorientierten Methoden der Organisationsgestaltung Bogaschewsky/Rollberg (1998), S. 239 ff.

[22] Vgl. Frese et al. (1995).

radikale Neugestaltung von bestehenden Unternehmensstrukturen und -prozessen ausgeschöpft werden sollten.[23] Viele dieser Projekte waren jedoch nicht erfolgreich.[24] Ein Grund wird in der Literatur darin gesehen, daß trotz der mit dem Konzept angestrebten Kundenfokussierung[25] viele Restrukturierungen ausschließlich innenfokussiert auf eine interne Prozeßkompetenz bezogen abliefen und eine unzureichende Kundenorientierung aufwiesen.[26]

Daher kam es in jüngerer Zeit zu einer Abkehr vom *Reengineering* als strukturorientiertem Ansatz zugunsten einer Rückbesinnung auf strategische Fragestellungen.[27] Innerhalb der Managementforschung und -praxis rücken strategieorientierte Gestaltungsaspekte im Hinblick auf eine externe Orientierung in Richtung des Kunden[28] wieder vermehrt in den Blickpunkt, um den unternehmerischen Herausforderungen erfolgreich begegnen zu können.[29] Auch wird gefordert, eine Prozeßorientierung über Unternehmensgrenzen hinweg durch eine Integration von Kunden und Lieferanten in unternehmensinterne Geschäftsprozesse zu erreichen.[30] Diese Forderung wird regelmäßig mit dem Hinweis auf die Notwendigkeit einer konsequenten Kunden- und Marktorientierung unterstrichen. Die große Bedeutung einer marktorientierten Unternehmensführung[31] für den Unternehmenserfolg ist mittlerweile von seiten der Marketingwissenschaft herausgearbeitet und empirisch nachgewiesen worden.[32] Vor diesem Hintergrund werden in der Betriebswirtschaftslehre seit einiger Zeit verstärkt Konzepte diskutiert, die auf eine Individualisierung extern ausgerichteter Unternehmensaktivitäten

---

23 Vgl. Picot/Franck (1995b), S. 1; Bogaschewsky/Rollberg (1998), S. 242.

24 Vgl. Osterloh/Frost (1996), S. 7; Al-Ani (1996), S. 14 sowie für primär IT-fokussierte Projekte Clemons/Thatcher/Row (1995), S. 10.

25 Vgl. Picot/Franck (1995b), S. 12; Gerhard (1997), S. 105; Gaitanides (1998), S. 370.

26 Vgl. Venohr/Zinke (1999), S. 153 und S. 156; Woodruff (1997), S. 139; Fritz/von der Oelsnitz (1998), S. 208.

27 Vgl. Meffert (1999), S. 117; Porter (1996), S. 61 ff.

28 Der Begriff *Kunde* wird im Rahmen dieser Arbeit in einem umfassenden Sinne verwendet, um Nachfrager von Unternehmensleistungen zu bezeichnen. Hierunter fallen sowohl Endverbraucher als auch industrielle Abnehmer. Auch sind tatsächliche Kunden, potentielle Kunden sowie abgesprungene Kunden in der vorliegenden Arbeit in den Begriff mit eingeschlossen.

29 Vgl. Buchholz/Olemotz (1995), S. 1; Homburg/Bruhn (1999), S. 5; Porter (1999), S. 17.

30 Vgl. Kleinaltenkamp (1996), S. 13 ff.

31 Der Begriff *marktorientierte Unternehmensführung* wird im strategischen Management nicht einseitig als absatzmarktorientiertes Management aufgefaßt, sondern beinhaltet auch zunehmend eine Ausrichtung auf andere Märkte wie etwa den Beschaffungs- oder Arbeitsmarkt, vgl. Engelhardt/Freiling (1998), S. 565 ff.

32 Vgl. Fritz (1995), S. 452 ff.; Fritz/von der Oelsnitz (1998), S. 32.

im Hinblick auf einzelne Marktteilnehmer abzielen. Dabei ist eine Fülle von Neologismen[33] wie *Collaborative Marketing*[34], *Interactive Marketing*[35], *Retention Marketing*[36], *Aftermarketing*[37], *Bestandskundenmanagement*[38] oder *One-to-One-Marketing*[39] anzutreffen.[40] Charakteristisch für diese Konzepte ist jeweils der Grundgedanke, von einem auf einen anonymen Massenmarkt ausgerichteten Beeinflussungsmanagement zu einem individualisierten Beziehungsmanagement zu gelangen. Ein solches Konzept des Beziehungsmanagements (*Relationship Management*) bzw. Beziehungsmarketing (*Relationship Marketing*)[41] ist im Laufe der neunziger Jahre intensiv diskutiert worden. In jüngster Zeit wurde der Erfolg einer Strategie der Individualisierung als Option der Marktbearbeitung empirisch bestätigt.[42] Für die instrumentelle Umsetzung dieses Konzeptes werden den Informations- und Kommunikationstechniken allgemein große Potentiale zugeschrieben.[43] Obgleich die Bedeutung einer individualisierten Marktbearbeitung im Rahmen eines Beziehungsmanagements in der Praxis bereits oftmals erkannt worden ist, mangelt es insbesondere an einer Umsetzung in konkrete Aktivitäten sowie der Schaffung entsprechender Voraussetzungen organisatorischer und informationstechnologischer Art.[44]

Eine Möglichkeit der instrumentellen Umsetzung eines Beziehungsmanagements mit Hilfe moderner Informations- und Kommunikationstechniken stellt der Einsatz von Call Centern dar.

---

33 HILDEBRAND spricht in diesem Zusammenhang von einem "Begriffswirrwarr", vgl. Hildebrand (1997), S. 2.

34 Vgl. Rosenberg/Van West (1984).

35 Vgl. Blattberg/Deighton (1991).

36 Vgl. Oggenfuss (1992).

37 Vgl. Vavra (1992).

38 Vgl. Winkelmann (1995), S. 580 ff.

39 Vgl. Peppers/Rogers/Dorf (1999), S 151 ff.

40 Für eine umfassende Aufzählung weiterer verwandter Ansätze vgl. Krick (1998), S. 5 ff.

41 Die beiden Begriffe werden in der Literatur zum Teil gleichbedeutend, zum Teil überlappend verwendet. Im Rahmen der vorliegenden Arbeit wird der Begriff *Beziehungsmanagement* verwendet, vgl. die nähere Begründung in Kap. 3.1.2.1. der vorliegenden Arbeit.

42 Vgl. Hildebrand (1997), S. 251 ff.

43 Vgl. Meffert/Wagner/Backhaus (1994), S. 87; Link/Hildebrand (1995), S. 30 ff.; Sheth/Parvatiyar (1995a), S. 264; Berry (1995), S. 238; Stone/Woodcock/Wilson (1996), S. 675 und S. 681; Gordon (1998), S. 168 ff.

44 Vgl. Peter (1997), S. 237; Child et al. (1995), S. 117; Link/Hildebrand (1995), S. 36; Spiller (1997), S. 49.

Die wissenschaftliche Durchdringung des Untersuchungsobjektes Call Center ist, in erster Linie bedingt durch die relative technologische Neuartigkeit[45], noch als gering zu bezeichnen. Die derzeit vorhandene Literatur zur Thematik läßt sich überwiegend als *how-to*-Literatur kennzeichnen. Sie besitzt vornehmlich einen Leitfadencharakter und ist in erster Linie auf technische Aspekte fokussiert.[46] Jüngste Monographien und Aufsätze beschäftigen sich unter anderem mit Problemen der Standortwahl von Call Centern für die Telekommunikationsbranche[47], untersuchen die Bedeutung der Ansiedlung von Call Centern für strukturschwache Gebiete[48], schildern den Einsatz von Call Centern als Mittel der Kundenkommunikation im Bankenbereich[49], beschreiben den Einsatz von Call Centern in Paketdistributionsunternehmen[50], betrachten in einer Fallstudie ein Kapazitätsmanagement von Call Centern[51] und entwickeln mit Verfahren des Operations Research Methoden zur optimalen Allokation von Personalressourcen.[52]

Der großen Bedeutung des Einsatzes von Call Centern in der Unternehmenspraxis[53] ist in der wissenschaftlichen Diskussion bislang noch nicht in dem erforderlichen Umfang entsprochen worden. Insbesondere herrscht bislang ein Mangel an theoretischen Ab-

---

45 Vgl. die Ausführungen zu den technologischen Grundvoraussetzungen und Entwicklungslinien in Kap. 2.2. der vorliegenden Arbeit.

46 Vgl. stellvertretend hierfür die Monographien von Thieme/Steffen (1999), Böse/Flieger (1999), Köpf (1998), Gable (1993) und Wiencke/Koke (1999), der Sammelband von Henn/Kruse/Strawe (1998) sowie die kurzen Abhandlungen von Hillebrecht (1998) und Morschheuser (1998). Der Leitfadencharakter kommt zum Teil bereits im Titel zum Ausdruck, so etwa bei Menzler-Trott (1999a), Cleveland/Mayben/Greff (1998) und Dawson (1998). SCHRÖDER stellt Call Center als einen Teilbereich des Kundendienstes dar und beschränkt sich auf die Analyse informationstechnologischer Aspekte, vgl. Schröder (1997), S. 38 ff. sowie S. 112 f. Mit dem Einsatz des Telefons als Kommunikationsinstrument setzt sich im deutschsprachigen Raum zuerst WEBER auseinander, vgl. Weber (1984). Auch die Monographie von TÖPFER und GREFF beschäftigt sich in erster Linie allgemein mit einem möglichen kundenorientierten Verhalten aller Mitarbeiter durch den Einsatz des Telefons, vgl. Töpfer/Greff (1995).

47 Vgl. Nawroth (1998).

48 Vgl. Richardson/Marshall (1999).

49 Vgl. Schrick (1999).

50 Vgl. Liebhardt (1998).

51 Vgl. Meier (1997).

52 Vgl. Aksin/Harker (1998a).

53 Diese äußert sich neben dem stark zunehmenden Call Center Einsatz in Unternehmen vor allem durch eine Fülle von Praktikerzeitschriften, wie beispielsweise die erst seit einigen Jahren erscheinenden Publikationen *TeleTalk* und *Call Center Profi* oder *Call Center Solutions*, das bereits seit 1982 existiert. Weiterhin ist die stark zunehmende Anzahl von einschlägigen Messen und Ausstellungen ein Beleg für das lebhafte Interesse der Praxis an dem Instrument.

handlungen, die eine Einordnung des Instrumentes in einen betriebswirtschaftlichen Kontext vornehmen.

1.2 Zielsetzung

Ziel der vorliegenden Untersuchung ist es, vor dem Hintergrund der oben geschilderten Entwicklungen Einsatz- und Nutzenpotentiale[54] des Aufbaus und Betriebes von Call Centern als Instrument des Beziehungsmanagements aufzuzeigen und Gestaltungsoptionen für ihren Einsatz aus dem Blickwinkel eines den Einsatz erwägenden Unternehmens zu diskutieren. Dabei sollen die hieraus resultierenden zentralen Entscheidungs-, Gestaltungs- und Problemfelder behandelt werden.[55] Diese betreffen die Bandbreite potentieller Einsatzmöglichkeiten, erzielbare Nutzeneffekte, Fragen der organisatorischen Umsetzung sowie personalwirtschaftliche Aspekte. Es wird keine einzelwirtschaftliche Betrachtung[56] vorgenommen, sondern es erfolgt eine sowohl branchen-

---

54 Unter *Nutzenpotential* wird derjenige Beitrag eines Instrumentes verstanden, der eine Zweckmäßigkeit hinsichtlich der Erreichung unternehmerischer Ziele aufweisen kann. Vom Begriff des Nutzenpotentials ist der im strategischen Management verwendete Begriff *Erfolgspotential* abzugrenzen. Strategische Erfolgspotentiale werden aus Sicht der strategischen Unternehmensführung als Merkmalskonstellationen betrachtet, die Vorlaufsgrößen für zukünftigen Erfolg darstellen. Der Begriff Erfolgspotential umschreibt als zukunftsgerichtete Maßgröße jene Potentiale einer Unternehmung, die "*das letztendlich mögliche und erreichbare Maß an ökonomischer Effizienz bestimmen*" (Macharzina (1999), S. 209, Hervorhebungen im Original). Ihre Entwicklung ist im marktwirtschaftlichen Umfeld gleichzusetzen mit der Schaffung langfristiger bzw. dauerhaft überdurchschnittlicher Gewinne, vgl. Bamberger/Wrona (1995), S. 3; Gälweiler (1990), S. 23 ff. Sie ergeben sich aus dem Zusammenwirken marktlicher Potentiale mit unternehmensspezifischen Leistungspotentialen, vgl. Jenner (1998), S. 1313.

55 Der Begriff *Entscheidungsfeld* bezieht sich dabei auf Aspekte, die eine Entscheidung als "orientierte, auf Informationsverarbeitung beruhende Reaktion auf eine bestimmte Situation" (Pfohl (1977), S. 17) betreffen und bildet den Zustand der Realität im Handlungszeitpunkt dieser Reaktion ab, vgl. Frese (1998), S. 40. Unter dem Begriff *Gestaltungsfeld* werden Sachverhalte, die konkrete unternehmerische Aktivitäten zur Ausgestaltung dieser Reaktion betreffen, verstanden. Der Begriff *Problemfeld* bezieht sich auf die dabei möglicherweise auftretenden Schwierigkeiten, wobei ein Problem als Diskrepanz zwischen zwei Zuständen aufgefaßt werden kann, bei der die Überführung des Anfangs- in einen Endzustand einen Prozeß des Auffindens, der Wahl oder Verkettung geeigneter Transformationen erfordert, vgl. Pfohl (1977), S. 22.

56 Einzelwirtschaftliche Untersuchungen begrenzen den Untersuchungsblickwinkel auf einzelne Unternehmungs- oder Betriebstypen, beispielsweise Industrie- oder Handelsunternehmen, und fokussieren sich auf Charakteristika oder spezifische Ausprägungen dieser Typen. Im Mittelpunkt der vorliegenden Arbeit steht jedoch ein Instrument, das in seinen verschiedenen Ausprägungsformen untersucht werden soll. Hierbei wäre ein Verengung der Sichtweise auf einzelne Unternehmungstypen nicht hilfreich.

als auch phasenübergreifende Analyse, um möglichst umfassend denkbare Einsatzpotentiale aufzeigen zu können.

Die vorliegende Arbeit strebt an, einen konstruktiven Beitrag zur theoretischen Fundierung in der Diskussion des Instrumentes Call Center zu leisten, um der teilweise unreflektierten Euphorie in der Praxis entgegenzuwirken. Der angestrebte Erkenntnisgewinn besteht in erster Linie darin, ausgehend von der großen Heterogenität des Untersuchungsbereiches Call Center eine Strukturierung dieses für die Unternehmenspraxis relevanten Instrumentes vorzunehmen. Wo dies möglich erscheint, soll darüber hinaus durch die Übertragung wissenschaftlicher Erkenntnisse aus verschiedenen Bereichen der Versuch unternommen werden, Gestaltungsoptionen aufzuzeigen, die für die konkrete Ausgestaltung des Instrumentes eine Bedeutung haben können. Schließlich sollen Grundlagen für weitere Forschungsarbeiten in spezifischen Teilbereichen ermöglicht werden.

Eine Darstellung des Instrumentes Call Center, die Anwendungsfelder sowie zentrale Aspekte in bezug auf die Wirtschaftlichkeit, organisatorische und personalwirtschaftliche Fragestellungen diskutiert, liegt nach Kenntnis des Verfassers im deutschsprachigen wissenschaftlichen Schrifttum bislang nicht vor. Die vorliegende Arbeit stellt somit die Ausfüllung einer bestehenden Lücke dar.

1.3 Gang der Untersuchung

Die Arbeit ist in sechs Teile gegliedert. Im Anschluß an die Einleitung (erster Teil) werden im zweiten Teil die für die Untersuchung relevanten Grundbegriffe erläutert. Es erfolgt zunächst eine ausführliche Diskussion der Begriffe *Dienstleistung* und *Serviceleistung*, um grundlegend Klarheit zu erlangen, welche Arten von Leistungen Call Center erbringen. Um eine umfassende Definition des Begriffes *Call Center* als Grundlage für den weiteren Verlauf der Untersuchung geben zu können, werden bisher erfolgte definitorische Ansätze dargestellt, Entwicklungslinien skizziert, die volkswirtschaftliche Bedeutung von Call Centern geschildert sowie ihre technischen Komponenten aufgezeigt.

Im dritten Teil erfolgt eine Diskussion des Konzeptes *Beziehungsmanagement* als Option der Unternehmensführung, wobei dessen Grundannahmen, verschiedene Definitionsansätze sowie Ziele, Strategien und Instrumente der Umsetzung dieses Konzeptes herausgearbeitet werden. Dabei wird insbesondere auf das Konstrukt der Kundenbindung abgehoben. Das Konzept Beziehungsmanagement dient im weiteren Verlauf der Untersuchung als Bezugsrahmen für das Aufzeigen von Einsatzpotentialen von Call Centern.

Diese Darstellung von Einsatzmöglichkeiten vollzieht sich im vierten Kapitel anhand der drei Dimensionen Individualisierung, Interaktion und Integration, die als konstituierende Merkmale des Beziehungsmanagements identifiziert wurden. Es wird vor allem detailliert auf jene Anwendungsfelder von Call Centern eingegangen, denen eine große Bedeutung für den Aufbau und die Pflege von Beziehungen zukommt. Im einzelnen handelt es sich hierbei um eine individualisierte Kommunikation und einen individualisierten Vertrieb, die Erbringung von Serviceleistungen, die Umsetzung eines Beschwerdemanagements sowie die Ermöglichung einer Integration von Kunden in betriebliche Leistungsprozesse. Die Zuordnung dieser Anwendungsfelder auf die Dimensionen des Beziehungsmanagements erfolgt dabei anhand ihrer schwerpunktmäßigen Funktion.

Im fünften Kapitel werden zentrale Entscheidungs-, Gestaltungs- und Problemfelder, die den Aufbau und Betrieb eines Call Centers betreffen, aus Sicht der Unternehmensführung diskutiert. Hierzu wird zunächst dargelegt, inwieweit Entscheidungsaufgaben, die Call Center betreffen, als Unternehmensführungsentscheidungen aufzufassen sind. Für die Beurteilung der ökonomischen Vorteilhaftigkeit des Betriebes von Call Centern ist die Durchführung einer Wirtschaftlichkeitsanalyse notwendig, deren Grundzüge dargelegt werden. Fragen der organisatorischen Gestaltung von Call Centern werden anhand einer aufbau- und ablauforganisatorischen Diskussion bearbeitet. Ein zentrales Aufgabenfeld in bezug auf die Aufbauorganisation stellt die grundlegende Entscheidung bezüglich eines Eigenbetriebes oder einer Fremdvergabe im Rahmen eines möglichen Outsourcing dar. Zur Beleuchtung dieser Problematik bedient sich die Untersuchung eines institutionenökonomischen Ansatzes. Bei der Diskussion der internen Organisationsgestaltung werden Fragen der Aufgabenstrukturierung sowie prozeßorientierte Gesichtspunkte beleuchtet. Die im Falle eines Eigenbetriebes sich ergebenden Handlungs- und Problemfelder, die in erster Linie die organisatorische Einbindung und interne Prozeßabwicklung im Rahmen der Ablauforganisation betreffen, werden ebenfalls betrachtet. Ein Exkurs über die Eignung von Telearbeit zur Erbringung von Call Center Leistungen schließt die Diskussion der organisatorischen Umsetzung ab.

Abb. 1.1 : Aufbau der Arbeit

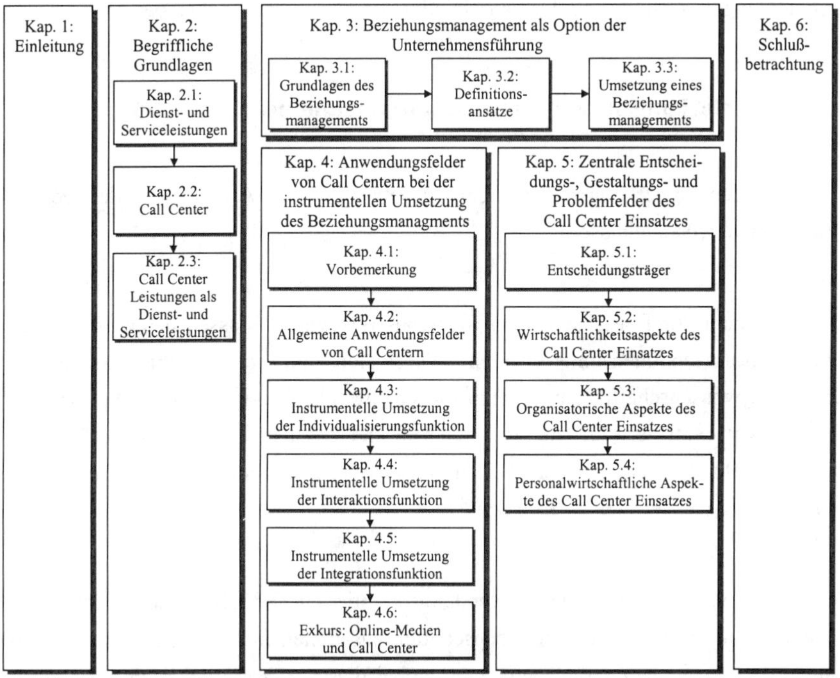

Quelle: Eigene Darstellung

Zentrale personalwirtschaftliche Entscheidungs- und Gestaltungsfelder werden im Anschluß diskutiert. Dabei wird vor allem auf die Bedeutung des Mitarbeiterverhaltens für die wahrgenommene Dienstleistungsqualität abgehoben. Für die Wahrnehmung der gesamten Dienstleistungsqualität kommen der Mitarbeiterqualifikation und -motivation eine entscheidende Rolle zu. Dies gilt im besonderen Maße für den Untersuchungsgegenstand, da eine Beurteilung sowohl der konkret erbrachten Dienstleistung als auch unter Umständen des gesamten Unternehmens ausschließlich anhand des Verhaltens der Kundenkontaktmitarbeiter im Call Center erfolgen kann. Daher werden personalwirtschaftliche Instrumente erörtert, die im Zusammenhang mit dem Betrieb von Call Centern eine Rolle spielen können.

Den Abschluß der Arbeit bildet das sechste Kapitel mit einer Zusammenfassung der wesentlichen Untersuchungsergebnisse sowie einem Ausblick auf mögliche zukünftige Entwicklungen. Abbildung 1.1 veranschaulicht graphisch den Aufbau der Arbeit.

1.4 Anmerkungen zum Wissenschaftsverständnis

Die folgenden Anmerkungen dienen der Erläuterung des der Arbeit zugrundeliegenden Wissenschaftsverständnisses.

Im Verständnis von Betriebswirtschaftslehre als Wissenschaft lassen sich grundsätzlich zwei Basiskonzeptionen unterscheiden.[57] Diese sind zum einen die theoretische oder Grundlagenwissenschaft, zum anderen die angewandte Wissenschaft.[58] Die theoretische Wissenschaft verfolgt ein Erkenntnisziel und versucht werturteilsfreie Theorien zu entwickeln. Als "reine" Wissenschaft ist es ihr Ziel, losgelöst von praktischen Anwendungsbezügen Wissen zu erlangen.[59]

Demgegenüber werden in der anwendungsorientierten Betriebswirtschaftslehre Erkenntnisse aus den Grundlagenwissenschaften zusammen mit Problemen und Erfahrungen der Praxis gemeinsam betrachtet, wobei diese in der Regel nach normativen Problemlösungen sucht.[60] Bei der Verfolgung eines pragmatischen Wissenschaftszieles gilt es, möglichst konkrete praxeologische Handlungsalternativen aufzuzeigen.[61] Gegenüber dem Wahrheitsanspruch der theoriegeleiteten Wissenschaft dienen praxeo-

---

57 Vgl. Pfohl (1977), S. 31; Raffée (1974), S. 15 und S. 64 ff.; Kosiol (1964), S. 745.

58 Vgl. Thommen/Achleitner (1998), S. 51 ff. Diese Unterscheidung ist nicht strikt zu treffen. So verweist beispielsweise GROCHLA darauf, daß ohne theoretische Forschungsleistungen das pragmatische Wissenschaftsziel nicht erreichbar ist, vgl. Grochla (1978), S. 61 f., ähnlich Kosiol (1964), S. 745. Insofern sind theoretische und angewandte Wissenschaft nicht als konkurrierend, sondern als komplementär zu betrachten, vgl. Eichhorn (2000), S. 4.

59 Vgl. Hentze (1994), S. 110.

60 Vgl. Thommen/Achleitner (1998), S. 51 f.; Gerhard (1997), S. 3.

61 Vgl. Kosiol (1964), S. 749.

logische Aussagen dem Ziel der Zweckmäßigkeit und Nützlichkeit in realen Entscheidungssituationen.[62] Zweck einer praxisorientierten, angewandten Betriebswirtschaftslehre ist es, "handelnden Menschen das in bestimmten Problemsituationen benötigte Wissen zur Verfügung zu stellen"[63]. KUBICEK versteht als "*pragmatisches, praxeologisches, technologisches* oder *instrumentales Wissenschaftsziel*"[64] das Finden von Aussagen, die über Einzelfälle hinausgehen, zur Lösung von Entscheidungsproblemen der unternehmerischen Praxis und sieht darin das vielleicht wichtigste Ziel der betriebswirtschaftlichen Forschung.[65]

HEINEN als Vertreter der entscheidungsorientierten Betriebswirtschaftslehre[66] sieht es als Ziel der angewandten Wissenschaft an, Aussagen für Gestaltungsmaßnahmen in Unternehmungen zu treffen und so "dem Menschen bei der Bewältigung seiner Daseinsprobleme zu helfen"[67]. Um dieser Gestaltungsaufgabe gerecht zu werden, sind zunächst die Tatbestände und Zusammenhänge des unternehmerischen Entscheidungsfeldes zu analysieren, um dann Handlungsanweisungen zur bestmöglichen Erreichung vorgegebener Ziele geben zu können.[68] Nach diesem Verständnis kommt die Anwendungsorientierung in der Entwicklung von Lösungshilfestellungen für die handelnden Wirtschaftssubjekte zum Ausdruck.[69] Insgesamt geht HEINEN von einer Dienstleistungsfunktion der Betriebswirtschaftslehre für die Unternehmenspraxis aus.[70]

---

62 Vgl. Kammel (1991), S. 24.
63 Ulrich/Krieg/Malik (1976), S. 135.
64 Kubicek (1977), S. 5 (Hervorhebungen im Original).
65 Vgl. Kubicek (1977), S. 5.
66 Forschungsziel des entscheidungsorientierten Ansatzes ist es, betriebliche Entscheidungen zu beschreiben, zu erklären und zu gestalten, vgl. Heinen (1976a), S. 369; Kirsch (1977), S. 17 ff. Die entscheidungsorientierte Sichtweise ist dadurch gekennzeichnet, daß betriebliches Geschehen auf das Entscheidungsverhalten des wirtschaftenden Menschens zurückgeführt wird, vgl. Rühli (1989), S. 107; Werhahn (1980), S. 155 ff.
67 Heinen (1985), S. 15.
68 Vgl. Heinen (1976a), S. 368 ff. SCHANZ kritisiert HEINENS Konzeption der Wertfreiheit einer praktisch normativen Betriebswirtschaftslehre, indem er die Kategorien Wertfreiheit und Normativität als sich gegenseitig ausschließend darstellt, vgl. Schanz (1975), S. 119 f. und Schanz (1997), S. 127 ff. Vgl. auch Steinmann/Schreyögg (1997), S. 38 f. sowie Werhahn (1980), S. 182.
69 Vgl. Heinen (1985), S. 26; Raffée (1974), S. 94.
70 Vgl. Schanz (1997), S. 124; Werhahn (1980), S. 174 f.; Heinen (1976a), S. 369.

Nach ULRICH ergeben sich aus diesen beiden verschiedenen Grundauffassungen der Betriebswirtschaftslehre als theoretischer oder angewandter Wissenschaft verschiedene Ausprägungen einzelner Wissenschaftsmerkmale, die die folgende Abbildung veranschaulicht.

Abb. 1.2 : Unterschiede zwischen theoretischen und anwendungsorientierten Wissenschaften

Wissenschaften / **Merkmale**	**Theoretische Wissenschaften**	**Angewandte Wissenschaften**
Entstehung der Probleme	In der Wissenschaft selbst	In der Praxis
Art der Probleme	disziplinär	a-disziplinär
Forschungsziele	Theorie-Entwicklung und -prüfung Erklären der bestehenden Wirklichkeit	Entwerfen möglicher Wirklichkeiten
Angestrebte Aussagen	deskriptiv wertfrei	normativ wertend
Forschungsregulativ	Wahrheit	Nützlichkeit
Fortschrittskriterien	Allgemeingültigkeit Bestätigungsgrad Erklärungskraft Prognosekraft von Theorien	Praktische Problemlösungskraft von Modellen und Regeln

Quelle: Ulrich (1985), S. 11

Die vorliegende Arbeit verfolgt ein pragmatisches Wissenschaftsziel im Rahmen eines anwendungsorientierten Vorgehens. In erster Linie dient die Untersuchung der Strukturierung von Entscheidungsfeldern. Weiterhin sollen einer praktisch-normativen Zielsetzung folgend erfolgversprechende Gestaltungsempfehlungen zur Erreichung vorgegebener Ziele aufgezeigt werden.[71] Dies geschieht durch die Diskussion möglicher Handlungsoptionen.[72]

---

71 Zu diesem Vorgehen vgl. Heinen (1976a), S. 368; Pfohl (1977), S. 34; Rühli (1989), S. 111; Heinen (1976b), S. 148; Werhahn (1980), S. 181 f.

72 Dies entspricht der von SCHANZ beschriebenen Vorgehensweise, im Rahmen von Möglichkeitsana-

Durch die vorliegende Untersuchung wird nicht angestrebt, eine Theorie zu entwickeln, die den Einsatz von Call Centern in der Vergangenheit und Gegenwart erklärt oder Prognosen über zukünftige Entwicklungen ermöglicht. Vielmehr sollen, wie eingangs geschildert, allgemeine Nutzenpotentiale und mögliche Handlungsfelder aufgezeigt werden. Das genannte Ziel, Ansatzpunkte für zweckmäßige Handlungsregeln für die konkrete Ausgestaltung des Instrumentes Call Centers abzuleiten, soll direkt zur Lösung eines existierenden praktischen Problems[73] - nämlich der Bewältigung kommunikativer Kontakte mit einer großen Zahl von Interaktionspartnern - beitragen. Dabei wird jedoch nicht angestrebt, eine ohne weiteres umsetzbare Handlungsanweisung an die Praxis zu erarbeiten.

Demnach ist es nicht Ziel der vorliegenden Arbeit, Erfahrungen möglicher Nutzer oder Mitarbeiter im Bereich des Instrumentes Call Center bzw. den Stand seines Einsatzes in der Unternehmenspraxis mit Hilfe empirischer Untersuchungen zu erheben.

Bei der eingeschlagenen Forschungsrichtung handelt es sich um die Verfolgung einer sachlich-analytischen Strategie.[74] Diese richtet sich auf "die Erarbeitung von Handlungsgrundlagen, die lediglich durch Plausibilitätsüberlegungen und eventuelle, empirisch festgestellte Teilzusammenhänge gestützt werden"[75]. Eine eigene systematische empirische Überprüfung der erarbeiteten Aussagen wird bei diesem Ansatz nicht angestrebt.[76]

Mit der Verwendung des dargelegten Vorgehens wird davon ausgegangen, daß es eine absolute und situationsunabhängig beste Umsetzung des Instrumentes Call Center nicht gibt. Vielmehr ist der Einsatz je nach den vorherrschenden Situations- bzw. Umfeldbedingungen sowie nach den jeweils verfolgten Zielen auszugestalten. Hierin

lysen spezifische Informationen über prinzipielle Handlungsmöglichkeiten zu erarbeiten, vgl. Schanz (1975), S. 122.

73 Hierin liegt nach Kosiol ein Kennzeichen einer pragmatisch ausgerichteten Betriebswirtschaftslehre, vgl. Kosiol (1964), S. 745 und S. 749.

74 Vgl. Grochla (1978), S. 72 ff.

75 Grochla (1978), S. 72.

76 Vgl. Grochla (1978), S. 72.

kommt wiederum die Gestaltungsaufgabe der Handlungsträger gemäß des oben skizzierten Verständnisses zum Ausdruck.

2 Begriffliche Grundlagen

2.1 Dienst- und Serviceleistungen

Generell erbringen Call Center bestimmte Dienst- oder Serviceleistungen. Um zu einer Definition des Untersuchungsgegenstandes zu gelangen, ist es zunächst notwendig, eine Auseinandersetzung mit den Begriffen *Dienstleistung* und *Service* vorzunehmen. Diese wird in den folgenden Abschnitten geleistet. Sie dient im wesentlichen dazu, aus der Diskussion der heterogenen Begriffsverwendungen eine Dienstleistungssicht zu erhalten, die der Perspektive der Untersuchung gerecht wird.

2.1.1 Dienstleistungen

2.1.1.1 Einleitende Bemerkungen

Die zunehmende Bedeutung des Dienstleistungssektors für die Volkswirtschaft ist seit einiger Zeit intensiv diskutiert worden. Nach Albach beruht der zunehmende Anteil des tertiären Sektors am volkswirtschaftlichen Gesamtprodukt vor allem auf Verlagerungseffekten zwischen Unternehmen, die als Folge der Auslagerung bestimmter Prozesse im Zuge von Kernkompetenzstrategien und aufgrund eines Wettbewerbsdruckes entstehen.[1] Diese Theorie der industriellen Dienstleistungen ist nicht unumstritten und erst in jüngerer Zeit wurden Entwicklungen konstatiert, die einen umgekehrten Effekt, nämlich die Rückintegration von ausgelagerten Leistungen in die Unternehmung, bewirken.[2] Die beobachtbare Zunahme des Dienstleistungsanteils am volkswirtschaftlichen Gesamtprodukt läßt sich weiterhin durch eine Verstärkung der Nachfrage nach Dienstleistungen durch Abnehmer erklären.[3]

Einigkeit besteht darin, daß Dienstleistungen im Begriff sind, integraler Bestandteil aller wirtschaftlichen Aktivitäten zu werden.[4] Ihre stark zunehmende Bedeutung läßt sich beispielsweise daran ablesen, daß neue Arbeitsplätze zu über 90 Prozent im

1 Vgl. Albach (1989), S. 397 ff.
2 Vgl. Meffert (1998), S. 957.
3 Vgl. Meffert (1998), S. 957 f.
4 Vgl. Lehmann (1995), S. 1.

Dienstleistungsbereich geschaffen werden.[5] Insgesamt ist die Bedeutung des Dienstleistungsbereiches in entwickelten Volkswirtschaften unbestritten.

2.1.1.2 Klassifikationsansätze

Der Begriff der Dienstleistung erfährt in der Literatur zahlreiche verschiedene definitorische Abgrenzungen und ist somit nicht eindeutig definiert.[6] Die Ableitung einer allgemeingültigen Begriffsabgrenzung ist allein wegen der großen Heterogenität der existierenden Dienstleistungstypen ein nahezu unmögliches Unterfangen. Etymologisch läßt sich der Begriffsbestandteil *Dienst* auf das lateinische *servire* zurückverfolgen, das ursprünglich Sklavendienste bezeichnete.[7] Trotz verschiedenster Systematisierungsversuche in Form von Klassifikationen oder Typologien[8] bleiben Begriffsinhalte und -umfänge[9] vage und facettenreich.[10] In der älteren betriebswirtschaftlichen Literatur beschränkte sich das wissenschaftliche Interesse weitestgehend auf die Untersuchung von industriellen Produktions- und Absatzprozessen für Sachleistungen, während die Beschäftigung mit Dienstleistungen fast völlig vernachlässigt wurde.[11] Erst durch die Betonung des ökonomischen und nutzenstiftenden Wertes von Dienstleistungen, die auf die Zuweisung eines Gutcharakters auf Dienstleistungen durch SAY zurückgeht, wurde eine intensivere Beschäftigung ermöglicht.[12]

---

5 Vgl. Grund (1998), S. 311; Bullinger et al. (1998), S. 17. Kritisch zu überzogenen Erwartungen an den Dienstleistungsbereich hinsichtlich der Schaffung von Arbeitsplätzen vgl. Maleri (1997), S. 76 f.

6 Vgl. Hentze/Lindert (1998), S. 1012; Lovelock/Wright (1999), S. 5; Corsten (1997), S. 21; Maleri (1997), S. 2; Grönroos (1990a), S. 25.

7 Vgl. Lehmann (1995), S. 3.

8 Eine Klassifikation verwendet zur Systematisierung von Erscheinungsformen zu Gruppen lediglich ein Kriterium, während eine Typologie mehrere Kriterien verwendet. Im Wege einer Typologisierung wird ein Grundschema entwickelt, in das durch eine Typenbildung verschiedene Erscheinungsformen eingeordnet werden. Das Ergebnis eines solchen Vorgehens bezeichnet man als Typologie.

9 Begriffsinhalte heben auf die Bedeutung eines Objektes, der Begriffsumfang auf seine Bezeichnung ab, vgl. Raffée (1974), S. 26.

10 Vgl. Lehmann (1995), S. 21; Kleinaltenkamp (1998), S. 48; Corsten (1997), S. 30; Meyer (1998c), S. 5.

11 NICKLISCH als Vertreter der frühen betriebswirtschaftlichen Theorie bestreitet sogar die Existenz von Dienstleistungen, vgl. Nicklisch (1922), S. 8. Vgl. hierzu auch Berekoven (1974), S. 11; Klaus (1984), S. 467 sowie Hentze/Lindert (1998), S. 1012.

12 Auf den französischen Nationalökonomen JEAN BAPTISTE SAY (1767-1832) geht auch die Gütersystematik zurück, nach der sich Dienstleistungen als immaterielle Realgüter von Sachleistungen als

Mittlerweile sind Dienstleistungen als Erkenntnisobjekte in der betriebswirtschaftlichen Forschung etabliert.[13] Im angloamerikanischen und britischen Raum, aber auch gerade in der deutschen betriebswirtschaftlichen Diskussion, werden Fragen, die das Management von Dienstleistungen betreffen, seit einiger Zeit intensiv diskutiert.[14]

Aufgrund der Heterogenität des Dienstleistungssektors läßt sich eine große Anzahl von Merkmalen und Eigenschaftsausprägungen heranziehen, die zur Charakterisierung von Dienstleistungen verwendet werden. Die folgende Abbildung veranschaulicht durch das Aufzeigen einiger kriteriumsbezogener eindimensionaler Ansätze die Fülle von möglichen Systematisierungsmöglichkeiten.

Abb. 2.1 : Systematisierungansätze von Dienstleistungen

KRITERIUM	ERSCHEINUNGSFORM
Wirtschaftsstufe des Empfängers bzw. Verwenderbezug	- Konsumtive Dienstleistungen - Investive Dienstleistungen
Dominanz der Potentialfaktoren	- Interaktionsorientierte Dienstleistungen - Industriell-orientierte Dienstleistungen
Produktbeziehung	- Komplementäre Dienstleistungen - Substituive Dienstleistungen
Produktverbindung	- Kombinierte Dienstleistungen - Isolierte Dienstleistungen
Leistungsdominanz	- Kernleistungen - Nebenleistungen

materielle Realgüter abgrenzen lassen, vgl. Corsten (1997), S. 19 f.; Maleri (1997), S. 9.

13 Vgl. beispielsweise Engelhardt/Schnittka (1998), S. 918; abweichend Ogiermann (1992), S. 102.

14 Dies belegt etwa das Erscheinen von verschiedenen Handbüchern zum Dienstleistungmanagement (etwa Bruhn/Meffert (1998a); Meyer (1998a) und (1998b); Lovelock/Wright (1999)) sowie das Einrichten von eigenen Lehrstühlen für Dienstleistungsmanagement beispielsweise an den Universitäten Eichstätt und Bayreuth.

KRITERIUM	ERSCHEINUNGSFORM
Struktur der Wertschöpfung	- Vorleistungen des Kunden - Interaktion - Erstellung - Zugekaufte Leistungen
Kaufphasen	- Pre sales - Services - After sales - Services
Ökonomische Funktion	- Servicefunktion - Managementfunktion
Marktliche Verwertung	- (Unternehmens-)Interne Dienstleistungen - Externe (Markt-)Dienstleistungen
Faktordominanz	- Objektbezogene Dienstleistungen - Personenbezogene Dienstleistungen
Phasendominanz der Wertschöpfung	- Potentialdominante Dienstleistungen - Prozeßdominante Dienstleistungen - Ergebnisdominante Dienstleistungen
Kontaktbezogenheit	- Vorkontaktphase - Kontaktphase - Nachkontaktphase

Quelle: Bezold (1996), S. 28[15]

Abbildung 2.1 verdeutlicht die Notwendigkeit weiterer Abgrenzungsversuche. Diese wurden in der Vergangenheit im neueren betriebswirtschaftlichen Schrifttum mit Hilfe zahlreicher Ansätze unternommen, die sich in vier Gruppen unterteilen lassen:

- Enumerative Aufzählungen
- Amtliche Statistik
- Abgrenzung zum Sachgut
- Definition durch konstitutive Merkmale.[16]

15 Für eine ähnliche Überblicksdarstellung vgl. Corsten (1997), S. 32 ff.

16 Vgl. auch die Gruppeneinteilungen bei Corsten (1997), S. 21 und Kleinaltenkamp (1998), S. 31 ff.

Im Wege einer enumerativen Aufzählung läßt sich der Dienstleistungsbegriff anhand der Aufführung von Beispielen verdeutlichen.[17] Wegen des großen Spektrums von Dienstleistungsangeboten birgt eine solche Darstellung die Gefahr der Unübersichtlichkeit. Weiterhin ist diese Art nicht geeignet, für konkrete Entscheidungsfälle Kriterien bereitzustellen, so daß Zweifelsfälle auftreten können. Daher wird diese Art der Definition allgemein, mitunter recht drastisch[18], verworfen.

Einen weiteren Klassifikationsansatz liefert der Rückgriff auf die amtliche Statistik.[19] Aus institutioneller Sicht rechnet diese anhand der volkswirtschaftlich definierten Systematik von Wirtschaftszweigen alle Unternehmen als Dienstleistungsunternehmen dem sogenannten Tertiären Sektor zu, die nicht unter Land-, Forstwirtschaft und Fischerei oder den industriellen Sektor aufführbar sind. Diese Methode ist mit einer Reihe von Problemen behaftet.[20] Beispielsweise kann sich auch diese Art der Auflistung des Vorwurfes der Unübersichtlichkeit nicht entziehen, da durch die Residualbestimmung in Form einer Negativabgrenzung zum Primären und Sekundären Sektor die Zusammensetzung des Dienstleistungsbereiches sehr heterogen ausfällt.[21] Weiterhin werden bestimmte Industrieunternehmen, die zu einem großen Teil ihrer Wertschöpfung Dienstleistungen etwa in Form von Zusatzleistungen erbringen, dem industriellen Sektor zugeordnet und treten so als Dienstleistungsunternehmen nicht in Erscheinung.

Die dritte Art der Systematisierung definiert den Dienstleistungsbegriff in Abgrenzung zum Sachgut.[22] Diese Art der Definition ist noch bedingt durch die mittlerweile überwundene Fokussierung der Betriebswirtschaftslehre auf Sachleistungen. Wegen ihres Abgrenzungscharakters handelt es sich bei Definitionen, die dieser Gruppe zuzuordnen

17 Vgl. beispielsweise Langeard (1981), S. 233.

18 Meyer und Tostmann sprechen in diesem Zusammenhang von "Papierkorbdefinitionen" (Meyer/ Tostmann (1978), S. 286).

19 Die in der amtlichen Statistik zum Ausdruck kommende sektorale Gliederung der Volkswirtschaft geht auf die Arbeiten von Fourastié und Clark in der Mitte des zwanzigsten Jahrhunderts zurück, vgl. Fourastié (1952); Clark (1957). Ihnen liegt die These zugrunde, daß sich Volkswirtschaften von der Dominanz der Agrargesellschaft (Primärer Sektor) über die Dominanz einer Industriegesellschaft (Sekundärer Sektor) zu einer Dominanz der Dienstleistungsgesellschaft (Tertiärer Sektor) entwickeln.

20 Vgl. Kleinaltenkamp (1998), S. 32 f.

21 Die bei Hentschel (1992), S. 14 aufgeführte Tabelle spricht für diese Auffassung.

22 Vgl. Altenburger (1980), S. 21 f.

sind, stets um Negativdefinitionen. Eine Darstellung, die eine Abgrenzung bzw. Gegenüberstellung von Sach- und Dienstleistungen vornimmt, liefert die nachfolgende Tabelle.

Abb. 2.2 : Unterschiede zwischen Sachleistungen und Dienstleistungen

Sachleistungen	Dienstleistungen
• Sachleistung ist gegenständlich	• Dienstleistung ist immateriell
• Sachleistung ist lagerfähig	• Dienstleistung ist nicht lagerfähig
• Sachleistung ist transportfähig	• Dienstleistung ist nicht transportfähig
• Sachleistung kann weiterverkauft werden	• Dienstleistung kann nicht weiterverkauft werden
• Sachleistung kann vor dem Kauf vorgeführt werden	• Dienstleistung kann in der Regel nicht vorgeführt werden
• Produktion und Verkauf sind voneinander getrennt	• Produktion und Verkauf erfolgen gleichzeitig
• Produktionsprozeß erfolgt ohne Mitarbeit des Kunden	• Interaktion zwischen Dienstleisterpersonal und Kunden verkörpert den "Produktionsprozeß"
• Produktfehler entstehen im Produktionsprozeß und sind korrigierbar	• Produktfehler entstehen im Interaktionsprozeß und sind als Verhaltensfehler nicht korrigierbar

Quelle: In Anlehnung an Lehmann (1995), S. 21 und Normann (1991), S. 15

Diese Art der Darstellung erscheint insbesondere hilfreich, um Unterschiede im Erstellungs- und Verwertungsprozeß zwischen diesen beiden Güterarten herauszustellen. Allerdings ist sie nur bedingt geeignet, durch die Herausarbeitung charakteristischer Merkmale eine Definition zu ermöglichen. Weiterhin müssen Negativdefinitionen aus Forschungsgesichtspunkten in der Regel als Verlegenheitslösungen angesehen werden.[23] Daher ist auch diese Art der Definition insgesamt unbefriedigend.[24]

23 Vgl. Corsten (1997), S. 21.
24 Vgl. Rösner (1998), S. 15.

Die vierte Gruppe von Ansätzen schließlich versucht durch das Herausarbeiten von konstitutiven Merkmalen das Wesen von Dienstleistungen zu erfassen.

2.1.1.3 Definition durch konstitutive Merkmale

Definitionen von Dienstleistungen mit Hilfe konstitutiver Merkmale betrachten die drei Dimensionen der Bereitstellungsleistung, des Leistungserstellungsprozesses und des Leistungsergebnisses.[25] Insofern beruhen diese Definitionen auf der klassischen betriebswirtschaftlichen Produktionstheorie, in der der Kombinationsprozeß von Inputs (Einsatzfaktoren) zum Zwecke der Erstellung von Outputs (Zwischen- oder Endprodukten) betrachtet wird.[26] Es können potential-, prozeß- und ergebnisorientierte Definitionen unterschieden werden.[27]

Abb. 2.3 : Ansatzpunkte unterschiedlicher Dienstleistungsdefinitionen

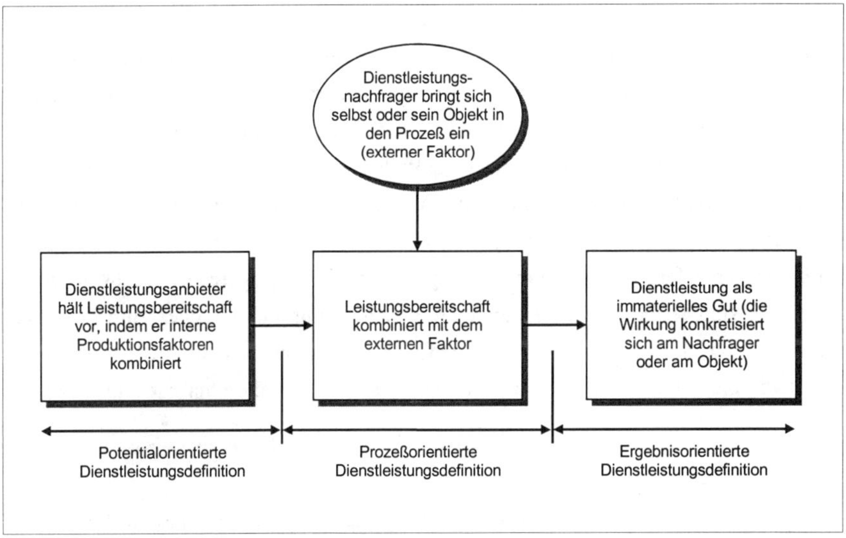

Quelle: Corsten (1997), S. 26

25 Vgl. Engelhardt/Kleinaltenkamp/Reckenfelderbäumer (1993), S. 398.
26 Vgl. beispielsweise Hentze/Brose/Kammel (1993), S. 298.
27 Vgl. Corsten (1997), S. 21; Hilke (1989b), S. 10 ff.

Bei potentialorientierten Definitionen wird auf die Bereitstellung von leistungsfähigen und -bereiten Menschen oder Maschinen durch den Dienstleistungsanbieter abgehoben. Insofern handelt es sich dann bei Dienstleistungen zunächst nur um ein Leistungsversprechen[28], bei dessen Einlösung der Dienstleistungsnachfrager oder dessen Verfügungsobjekte eine Änderung oder Beibehaltung eines bestehenden Zustandes erfahren.[29] Exemplarisch für eine potentialorientierte Definition ist diejenige von MEYER, wonach Dienstleistungen "angebotene Leistungsfähigkeiten, die direkt an externen Faktoren (Menschen oder deren Objekte) mit dem Ziel erbracht werden, an ihnen gewollte Wirkungen (Veränderungen oder Erhaltung bestehender Zustände) zu erreichen"[30], darstellen. Derartige externe Faktoren sind Leistungsobjekte im weitesten Sinn und können sowohl Personen, Objekte, Rechte, Nominalgüter oder Informationen sein.[31] Den Bereitstellungscharakter der potentialorientierten Definitionen betont auch MEFFERT, indem er Dienstleistungen als "... selbständige oder produktbegleitende Leistungen [...] , die durch Bereitstellung und/oder den Einsatz von Potentialfaktoren verbunden sind"[32] definiert.

Prozeßorientierte Definitionen stellen auf den prozessualen Charakter von Dienstleistungen sowie auf die Bedeutung eines zeitraumbezogenen Kontaktes zwischen Marktpartnern ab.[33] In dieser Betrachtung sind Dienstleistungen unteilbar in der Weise, daß Angebot und Nachfrage zeitlich zusammenfallen und damit simultan erfolgen.[34] Bei dieser Synchronität von Produktion und Absatz handelt es sich um das sogenannte *uno-actu-Prinzip*.[35] Demnach existiert zu keinem Zeitpunkt einer Dienstleistungstransaktion ein Transferobjekt, bei dem Verfügungs- und Nutzungsrechte wechseln könnten. Daher sind die erstellten Leistungen nicht lagerfähig und vergehen zum Zeitpunkt der Erstellung. Sie können im Unterschied zu Sachleistungen nicht auf Vorrat produziert und gelagert werden. Hieraus resultiert das Problem, die Qualität und Quantität

28 Vgl. Berekoven (1974), S. 29. LEVITT bemerkt dazu "Intangible products [...] can seldom be tried out, inspected, or tested in advance" (Levitt (1981), S. 96).
29 Vgl. Corsten (1997), S. 21 f; Hentschel (1992), S. 19; Scheuch (1982), S. 19.
30 Meyer (1991), S. 198.
31 Vgl. Engelhardt/Kleinaltenkamp/Reckenfelderbäumer (1993), S. 401.
32 Meffert (1998), S. 958 f.
33 Vgl. Hentschel (1992), S. 20; Meyer (1998c), S. 7; Klaus (1991), S. 250; Berekoven (1983), S. 23.
34 Vgl. Grönroos (1990a), S. 29; Normann (1991), S. 14 f.; Levitt (1981), S. 98.
35 Vgl. Corsten (1997), S. 22; Bruhn (1997), S. 11. Die Formulierung dieses Prinzips geht zurück auf HERDER-DORNEICH und KÖTZ, vgl. Herder-Dorneich/Kötz (1972), S. 18 f.

der Bereitstellungsleistung mit der Nebenbedingung schwer zu prognostizierender Nachfrageschwankungen planen zu müssen.[36]

Bei ergebnisorientierten Definitionen wird das immaterielle Ergebnis der Dienstleistungserstellung in den Mittelpunkt gerückt. Eine derartige Ergebnisorientierung kommt in der Definition von MALERI zum Ausdruck, nach der Dienstleistungen "unter Einsatz externer Produktionsfaktoren für den fremden Bedarf produzierte immaterielle Wirtschaftsgüter"[37] sind.

Diese drei Definitionsansätze sind nicht als Gegensätze zu verstehen. Vielmehr akzentuieren sie lediglich jeweils unterschiedliche Dimensionen und Merkmale in der Erstellung von Dienstleistungen. Gemeinsam ist ihnen darüber hinaus, daß sie jeweils das Merkmal der Immaterialität, wenn auch in unterschiedlichen Ausprägungen, enthalten.[38] In diesem Zusammenhang weist HENTSCHEL unter Bezugnahme auf verschiedene Vorschläge in der Literatur bezüglich eines sequentiellen Modells darauf hin, daß ein einfaches Ablaufmodell in Form einer impliziten Phasenbetrachtung einen geeigneten Rahmen für eine übergreifende Betrachtung bilden kann.[39] Demnach haben Dienstleistungen in der Vorkontaktphase einen Potentialcharakter, in der Kontaktphase einen Prozeßcharakter und in der Nachkontaktphase einen Ergebnischarakter.[40] Diese Unterscheidung ist nicht völlig trennscharf, da beispielsweise auch in der Nachkontaktphase ein Prozeßcharakter zum Ausdruck kommen kann.[41]

Aus der Diskussion möglicher Dienstleistungsmerkmale lassen sich schließlich als konstitutive Eigenschaften von Dienstleistungen festhalten:

---

36 Vgl. Engelhardt/Schnittka (1998), S. 921. Dieses Problem ist im Zusammenhang mit Call Centern hinsichtlich der Prognostizierung von Anrufvolumenschwankungen besonders relevant. Durch ein Kapazitätsmanagement muß sichergestellt werden, daß genügend Mitarbeiter zur Bearbeitung eingehender Anrufe zur Verfügung stehen.

37 Maleri (1997), S. 3.

38 Vgl. Corsten (1997), S. 27.

39 Vgl. Hentschel (1992), S. 21, ähnlich Hilke (1989b), S. 10 ff.

40 Vgl. Hentschel (1992), S. 21.

41 Vgl. Corsten (1997), S. 27.

- die Immaterialität,[42]
- die Simultanität von Produktion und Absatz,
- die Integration eines externen Faktors,
- der Prozeßcharakter.[43]

2.1.1.4 Der Interaktionscharakter von Dienstleistungen

Für den Untersuchungsgegenstand kommt dem interaktiven Charakter der Dienstleistungserstellung eine besondere Bedeutung zu. Bedingt durch die Notwendigkeit der Integration eines externen Faktors bei der Dienstleistungserstellung kommt es zwangsläufig zu einem Kontakt zwischen Dienstleistungsanbieter und -nachfrager.[44] Der hieraus resultierende Interaktionsprozeß mit seinen wechselseitigen Beeinflussungswirkungen ist notwendig, um überhaupt eine Nutzenstiftung bzw. eine Bedürfnisbefriedigung bewirken zu können. Der Kontakt muß dabei nicht räumlich und zeitlich synchron erfolgen, sondern kann sich auch verschiedener Kommunikationsmittel oder elektronischer Speichermedien bedienen, die die räumliche und zeitliche Synchronität aufheben.[45] In jüngerer Zeit ist eine Abkehr von einem technisch-deterministischen Denken, das die produktionsorientierte Sichtweise der Dienstleistungserstellung akzentuiert, in Richtung eines solchen interaktionsorientierten Verständnisses zu beobachten.[46]

---

42 GUMMESSON veranschaulicht das Charakteristikum der Immaterialität anekdotisch in seiner Definition "services is something which can be bought and sold but which you cannot drop on your foot" (Gummesson (1987a), S. 22).

43 Vgl. Eckel (1997), S. 17.

44 Vgl. Chase (1979), S. 15 f.; Langeard (1981), S. 233; Berekoven (1974), S. 29; Normann (1991), S. 14; Czepiel/Solomon/Surprenant/Gutman (1985), S. 3 ff.; Corsten (1997), S. 28. Einige Autoren sprechen in diesem Zusammenhang von einem regelrechten Kontaktzwang, vgl. stellvertretend Lehmann (1998), S. 24.

45 Vgl. Normann (1991), S. 17. SCHWENKER diskutiert die Einschränkung des uno-actu-Prinzips durch moderne Informations- und Kommunikationstechniken, vgl. Schwenker (1989), S. 129 f. Vgl. hierzu auch Maleri (1997), S. 62 f. Die Forderung der Notwendigkeit einer zeitlichen und räumlichen Synchronität des Dienstleistungskontaktes wird von CORSTEN abgelehnt, da die durch neue Medien entstandenen Dienstleistungen, etwa telefonische Beratungen, dann nicht unter den Dienstleistungsbegriff fielen, vgl. Corsten (1997), S. 22. Abweichend vgl. Berekoven (1974), S. 29 und Berekoven (1983), S. 23. Weiterhin können durch telekommunikative Hilfsmittel Dienstleistungen zwar zeitlich, nicht jedoch räumlich synchron erbracht werden, da der Standort von Dienstleistungsnehmer und -erbringer in diesem Fall unerheblich ist, vgl. Klose (1999), S. 17.

46 Vgl. Engelhardt/Schnittka (1998), S. 922.

Der Interaktionsgrad kann sowohl auf Anbieter- als auch auf Nachfragerseite verschiedene Intensitätsstufen aufweisen.[47] Vor diesem Hintergrund liefert der Typologisierungsansatz von MILLS und MARGULIES für das Verständnis im Zusammenhang mit der vorliegenden Untersuchung einen fruchtbaren Ansatz. Der Ansatz hebt auf die Interaktion als kennzeichnendes Charakteristikum ab und unterscheidet drei Kerntypen.[48]

Demnach lassen sich Dienstleistungen anhand der Interaktionsintensität in drei Kategorien einteilen:

- maintenance-interactive services (unterstützend-interaktive Dienstleistungen)
- task-interactive services (problemorientiert-interaktive Dienstleistungen)
- personal-interactive services (persönlich-interaktive Dienstleistungen).[49]

Unterstützend-interaktive Dienstleistungen vollziehen sich an vom Dienstleistungsnehmer eingebrachten Objekten und werden meist von einer quasi-industriellen Organisation erbracht. Beispiele für derartige Leistungen sind Reparatur- oder Wartungsdienste. Die persönliche Interaktion hat einen untergeordneten Stellenwert, ihr kommt lediglich im Rahmen einer Auftragsannahme im sogenannten *back-office* oder *back-room* eine Bedeutung zu.[50]

Bei problemorientiert-interaktiven Dienstleistungen hat die Interaktion zwischen Anbieter und Nachfrager eine erhebliche Bedeutung, allerdings werden noch weitere wesentliche Leistungen außerhalb der eigentlichen Interaktion erbracht. Der Nachfra-

---

47 Vgl. Wohlgemuth (1989), S. 339 f.; Normann (1991), S. 17 f.

48 Vgl. Mills/Margulies (1980), S. 255 ff., ähnlich auch die Ausführungen bei Klaus (1991), S. 251 ff. Kritisch zu diesem Ansatz vgl. Grund (1998), S. 63, zur Bedeutung der Interaktion im Call Center vgl. Kap. 4.4 der vorliegenden Arbeit.

49 Vgl. Mills/Margulies (1980), S. 255 ff.

50 Kundenferne Bereiche können als *back-office* bezeichnet werden. Die in ihnen durchgeführten Leistungen sind in der Regel ohne eine unmittelbare Interaktion mit dem externen Faktor möglich. Kundennahe Bereiche, in denen die direkte Interaktion mit Kunden erfolgt, werden als *front-office* bezeichnet, vgl. Corsten (1997), S. 163. Die Begriffe front-office und back-office gehen auf CHASE und TANSIK zurück, die anhand des Grades des Kundenkontaktes Dienstleistungen in sogenannte *high-contact-subsystems* und *low-contact-subsystems* unterteilen, vgl. Chase/Tansik (1983).

ger bringt hierbei in der Regel als externen Faktor Informationen ein. Beispielsweise sind Leistungen von Unternehmensberatungen oder Werbeagenturen hierunter einzuordnen.

Bei persönlich-interaktiven Dienstleistungen bezieht sich die Leistungserstellung und -nachfrage ausschließlich auf die Interaktion. Der Nachfrager bringt sich selbst als externen Faktor ein, wobei die Dienstleistung auf ihn entweder intellektuell oder emotionell (beispielsweise Steuer- oder Rechtsberatungen) oder aber physisch (beispielsweise ärztliche oder kosmetische Behandlungen) einwirkt.

Die beiden letzteren Dienstleistungstypen, die problemorientiert-interaktiven sowie die persönlich-interaktiven Dienstleistungen, werden auch als bilateral-personenbezogene Dienstleistungen bezeichnet, da hierbei sowohl auf Anbieter- als auch auf Nachfragerseite Personen am Leistungserstellungsprozeß maßgeblich beteiligt sind.[51] Diese können als Dienstleistungen im engsten Sinn aufgefaßt werden, da in ihnen der kleinste gemeinsame Nenner der verschiedenen Auffassungen im Schrifttum zum Ausdruck kommt.[52]

2.1.2 Serviceleistungen

Nachdem nunmehr die Polyvalenz in bezug auf den Dienstleistungsbegriff diskutiert wurde, ist für das Verständnis des Untersuchungsgegenstandes weiterhin die Diskussion des Begriffes *Serviceleistung* notwendig.

Wie zum Dienstleistungsbegriff existiert auch zum Begriff des *Service* keine einheitliche Auffassung im Schrifttum. Die Begriffe *Dienstleistung*, *Service* und auch *Kundendienst* werden zum Teil als synonym angesehen bzw. verwendet.[53]

---

51 Vgl. Eckel (1997), S. 24 f.; Corsten (1997), S. 30.

52 Vgl. Corsten (1997), S. 30.

53 Eine synonyme Verwendung von Service und Dienstleistung erfolgt beispielsweise bei Bruhn (1997), S. 15; Bruhn/Meffert (1998b), S. 5; Haller (1995), S. 1 ff.; Benölken/Greipel (1994), S. 9; von der Oelsnitz (1999); Casagranda (1994) sowie Lehmann (1995). Zur synonymen Verwendung von Kundendienst und Service vgl. beispielsweise Holzer (1996), S. 13.

Der Hauptgrund für die inhaltliche Unklarheit des Servicebegriffes liegt zum einen in der Tatsache begründet, daß in der englischsprachigen Literatur nahezu ausschließlich der Begriff *service* verwendet wird.[54] Da eine nähere Umschreibung nicht üblich ist, muß aus dem Zusammenhang geschlossen werden, welche Ausprägung des Begriffes jeweils gemeint ist.[55] Insbesondere in deutschen Übersetzungen zu praxisorientierten angloamerikanischen und auch britischen Werken bleibt daher oftmals unklar, ob Serviceleistungen oder Dienstleistungen gemeint sind.[56]

Zum anderen hat der Servicebegriff im deutschsprachigen Raum im zeitlichen Ablauf eine Veränderung im Bedeutungsinhalt und -umfang erfahren. Aus diesem Grund ist eine Schilderung von drei idealtypischen Phasen mit ihren jeweiligen Begriffsauffassungen zum besseren Verständnis des Servicebegriffes sinnvoll, um zu der heute vorherrschenden Begriffsauffassung zu gelangen. In der deutschen betriebswirtschaftlichen Literatur herrscht weitgehend Einigkeit darin, daß der heute verwendete Servicebegriff auf den traditionellen Kundendienstbegriff zurückführbar ist.[57] Demnach wird bis in die sechziger Jahre[58] der Begriff Kundendienst im Sinne einer produktorientierten Pflichterfüllung etwa in Form von Instandhaltungs-, Reparatur- oder Garantieleistungen verstanden.[59] Kundendienstleistungen werden in dieser Auffassung vor allem im Zusammenhang mit Gebrauchs- und Investitionsgütern erbracht und haben stets eine klar überwiegende technische Komponente. In einer weiteren Phase etwa bis Anfang der siebziger Jahre wurden Kundendienstleistungen zu Differenzierungszwekken gegenüber Konkurrenten eingesetzt. Sie treten erstmals als Nebenleistung zur Profilierung der eigentlichen Hauptleistung auf und sollen so ein akquisitorisches Potential[60] entfalten.[61] Eine letzte Phase schließlich wird durch eine weitgehende Abkehr

---

54 Vgl. Deppe (1992), S. 309; Rösner (1998), S. 62; abweichend: Frisch (1989), S. 126 f. Für eine Übersicht angloamerikanischer und britischer Definitionen vgl. Grönroos (1990a), S. 26 f. sowie die Definitionen bei Lovelock/Wright (1999), S. 5.

55 Vgl. Deppe (1992), S. 309.

56 Vgl. stellvertretend Albrecht/Zemke (1987).

57 Vgl. Rösner (1998), S. 61; Deppe (1992), S. 294; Frisch (1989), S. 129; Weber (1989), S. 34.

58 Über die zeitliche Unterteilung der Phasen herrscht in der Literatur keine Einigkeit, vgl. Rösner (1998), S. 63.

59 Vgl. Deppe (1992), S. 295 und ausführlich Frisch (1989), S. 112 ff.

60 Der Begriff *akquisitorisches Potential* geht auf GUTENBERG zurück und bezeichnet allgemein die Gesamtheit aller bei potentiellen Kunden präferenzschaffender Eigenschaften eines Unternehmens, vgl. Gutenberg (1984), S. 243 ff.

61 Vgl. Deppe (1992), S. 296 f.

vom Produktbezug gekennzeichnet. DEPPE verweist darauf, daß der Zusatzcharakter grundsätzlich erhalten bleibt, aber durch das Aufkommen von indirekt produktbezogenen und produktunabhängigen Serviceleistungen unter Umständen ganz aufgelöst werden kann.[62] Serviceleistungen werden zunehmend als wichtiger als die Hauptleistung angesehen, da aufgrund einer weitgehenden Homogenität der Kernnutzen von Produktangeboten eine Differenzierungswirkung nur noch durch den Service erfolgen kann.[63] In diesem Zusammenhang nimmt der Service die Form einer Philosophie bzw. Denkhaltung an.[64] Der Kundennutzen, der durch individualisierten Service in Form von Problemlösungskonzepten realisierbar ist, wird in den Mittelpunkt gestellt.[65] Somit wird der Service zu einer "geistige[n] Haltung als Ausdruck einer inneren Einstellung gegenüber Marktpartnern"[66]. Teilweise wird dem Service unreflektiert eine alles überragende Bedeutung zugemessen, indem er als *der* Wettbewerbsvorteil oder als *strategische Erfolgsposition* postuliert wird.[67] Eine solche Art der Überbetonung des Servicebegriffes stößt in der Literatur zunehmend auf Kritik.[68] Für den Bereich der industriellen Serviceleistungen wird ein "Service-Overkill" sowie ein "Wildwuchs [...], der zu negativen Preis-, Kosten- und Gewinneffekten"[69] führt, kritisiert.

Bei der Diskussion eines abgrenzenden Kriteriums für Serviceleistungen werden im älteren Schrifttum die möglichen Kriterien der Zusätzlichkeit, der Unentgeltlichkeit und der Freiwilligkeit genannt.[70] Das Kriterium der Freiwilligkeit erscheint insofern als nicht sinnvoll, als daß Serviceleistungen, die in einen Vertrag einbezogen sind, bei Anwendung des Freiwilligkeitskriteriums keinen Service mehr darstellen würden.[71]

---

62 Vgl. Deppe (1992), S. 300 f.

63 Vgl. Bruhn/Meffert (1998b), S. 3; Deppe (1992), S. 300; Hentze/Lindert (1998), S. 1011.

64 Vgl. Heskett et al. (1994), S. 164 ff., vgl. auch die sehr weitreichende Servicedefinition bei Frisch (1989), S. 134. GUMMESSON spricht von einem *service paradigm*, vgl. Gummesson (1994), S. 78.

65 Vgl. Rösner (1998), S. 67.

66 Frisch (1989), S. 136.

67 Vgl. Albrecht/Zemke (1987), S. 15; Benölken/Greipel (1994), S. 10. ALBRECHT und ZEMKE sprechen weiterhin von einem "Service-Imperativ", vgl. Albrecht/Zemke (1987), S. 1.

68 Vgl. beispielsweise Meyer/Blümelhuber (1999), S. 208. Im Zuge einer Reduzierung von Serviceleistungen etablieren sich in jüngster Zeit Unternehmen, die sich gerade durch das Nichtanbieten von Zusatzleistungen profilieren, indem sie schlanke, sogenannte *no frills*-Angebote offerieren. Beispiele hierfür sind etwa Fluggesellschaften, die eine reine Transportleistung ohne zusätzliche Serviceleistungen - etwa Verpflegungsleistungen während des Fluges - anbieten.

69 Sebastian/Hilleke (1994), S. 50.

70 Vgl. die bei Frisch (1989), S. 115 ff. aufgeführte Literatur.

71 Vgl. Brinkmann (1998), S. 14 f.; Deppe (1992), S. 307.

Das Heranziehen des Merkmales der Unentgeltlichkeit zur Charakterisierung von Serviceleistungen würde deren generelle Kostenfreiheit implizieren. Oftmals sind Serviceleistungen jedoch durch eine indirekte Preiskalkulation im Gesamtpreis eines Leistungsbündels enthalten, so daß scheinbar unentgeltlich gewährte Serviceleistungen für den Abnehmer sehr wohl Kosten generieren. Daher ist das Kriterium der Untentgeltlichkeit gleichfalls zu verwerfen.[72] Demnach kommt als Kriterium nur ein möglicher Zusatzcharakter in Betracht.[73]

Diese Zusätzlichkeit wird in der Mehrzahl der entsprechenden Definitionen dadurch ausgedrückt, daß die Serviceleistung in einen Zusammenhang mit einer Sachleistung gestellt wird.[74] Demnach handelt es sich dann um Zusatzdienstleistungen, die in Kombination mit einem Sachgut erbracht werden. Diese werden als produktbegleitende Dienstleistungen oder Sekundärdienstleistungen bezeichnet.[75] Ihnen wird ein unterstützender Charakter zugewiesen; sie sind somit nur ein Bestandteil einer Gesamtleistung.[76] Durch ihre Erbringung sollen Differenzierungsvorteile erzielt werden.[77]

In der Literatur wird mitunter gefordert, den objektbezogenen Zusatzcharakter im Serviceverständnis durch eine breitere, funktionsorientierte Begriffsauslegung zu ergänzen.[78] Dies kommt in neueren Definitionen bereits zum Ausdruck, die die beabsichtigte Wirkung der Erbringung von Serviceleistungen, etwa eine erhöhte Kundenbindung oder eine Verbesserung des Kundennutzens, in ihre Begriffsinhalte mit einbeziehen.[79] So definiert Rösner "Serviceleistungen sind Dienstleistungen, die Kundenbindung und

72 Vgl. Rösner (1998), S. 64.

73 Anders bei Frisch (1989), S. 129, der auch dieses Kriterium verwirft.

74 Vgl. Brinkmann (1998), S. 18.

75 Vgl. Bruhn/Meffert (1998b), S. 8. In der angloamerikanischen Literatur findet sich hierfür vereinzelt der Begriff *supplementary services*, vgl. Lovelock (1995a), S. 32 ff. Frisch nimmt sogar eine weitere Unterteilung in Tertiär-Dienstleistungen vor, die "nur mittelbar mit den Aufgaben und Zielen der Unternehmung in Einklang stehen und zum Wohle der Marktpartner diesen unentgeltlich und freiwillig erbracht werden" (Frisch (1989), S. 138). Dieser Auffassung wird allgemein jedoch nicht gefolgt und daher auch für die vorliegende Arbeit verworfen.

76 Vgl. Frisch (1989), S. 146.

77 Vgl. Meffert (1998), S 977.

78 Vgl. Meyer/Blümelhuber (1999), S. 196.

79 Melcher betont bereits sehr frühzeitig den funktionalen Charakter des Service, indem er als Hauptaufgabe die Erhaltung von Absatzbeziehungen zur Gewinnung von Stammkunden herausgestellt, vgl. Melcher (1972), S. 15 f.

Kundennutzen erhöhen sollen und im Zusammenhang mit einer Sachleistung stehen"[80]. MEYER und BLÜMELHUBER stellen neben dem Charakter der Zusatzleistung die Funktion der Kundengewinnung und der Kundenbindung als Merkmale von Serviceleistungen heraus.[81] MANN definiert Serviceleistungen als "Sekundärleistungen, die über die Steigerung des Zusatznutzens auf eine höhere Kundenzufriedenheit und eine stärkere Kundenbindung abzielen"[82]. LOVELOCK sieht für die Erbringung von *customer services* die Ziele "operational efficiency and customer satisfaction"[83].

Der diesen Definitionen gemeinsame Aspekt der Betonung einer Nutzenstiftung kommt in der vereinzelt anzutreffenden Verwendung des Begriffes *value-added-services* zum Ausdruck.[84] Ursprünglich wurde der Terminus vorwiegend im Zusammenhang mit Telekommunikationsdienstleistungen verwendet, findet aber zwischenzeitlich auch Anwendung in weiteren Branchen des Investitionsgüter-, Konsumgüter- und Dienstleistungsbereiches.[85] MEYER und BLÜMELHUBER sprechen von value-added-services jedoch erst dann, wenn der Kunde durch den Beitrag einer Serviceleistung zu einem Leistungsbündel eine Wertsteigerung dieses Angebotes wahrnimmt.[86]

Der Auffassung der Einbeziehung des Nutzens soll in der vorliegenden Arbeit gefolgt werden, indem zusammenfassend die folgende Definition festgehalten wird.

Serviceleistungen sind Dienstleistungen, die die Inanspruchnahme und Nutzung von Kernleistungen (Sachleistungen oder Dienstleistungen) im Konsum-, Industrie- oder Dienstleistungsbereich fördern und somit durch die Erhöhung eines Kundennutzens zur Differenzierung und Präferenzbildung beitragen sollen.

---

80 Rösner (1998), S. 72 in Vereinfachung der Definition von CASASGRANDA, vgl. Casagranda (1994), S. 71.

81 Vgl. Meyer/Blümelhuber (1999), S. 197.

82 Mann (1998), S. 4.

83 Lovelock (1985), S. 268.

84 Vgl. Laakmann (1996), S. 127 ff.; Klose (1999), S. 9. In Bruhn/Meffert (1998b), S. 8 werden die *Value Added Services* in die 70er Jahre Phase des Dienstleistungsmanagements eingeordnet, in Meffert (1998), S. 977 wird diesen als Zusatzleistungen gleichwohl eine wachsende Bedeutung zugesprochen.

85 Vgl. Laakmann (1996), S. 129 f.

86 Vgl. Meyer/Blümelhuber (1999), S. 205.

Die erfolgte intensive Diskussion zum Dienstleistungs- und Servicebegriff zeigt, daß insbesondere für das Untersuchungsobjekt die Schwierigkeit darin besteht, zu bestimmen, welche Arten von Leistungen Call Center unter Definitionsgesichtspunkten überhaupt erbringen. Daher liefert die oben erfolgte Auseinandersetzung Hilfestellungen, auf die an den erforderlichen Stellen rekurriert wird.[87]

2.2 Call Center

2.2.1 Entwicklungslinien

Der Terminus *Call Center* findet erstmals Verwendung in den Vereinigten Staaten von Amerika zu Beginn der siebziger Jahre des zwanzigsten Jahrhunderts.[88] In Deutschland wird er hingegen erst Anfang der neunziger Jahre in größerem Umfang bekannt.[89] In beiden Fällen waren es zunächst Anwender in Unternehmen, die diesen Begriff prägten und verwendeten.[90] Die Entwicklung von Call Centern läßt sich unter Bezugnahme auf die hierfür notwendige technologische Entwicklung bis in die sechziger Jahre des zwanzigsten Jahrhunderts zurückverfolgen.[91] Mit der Entwicklung des sogenannten *Automatic Call Distributor* (ACD) wurde es erstmals möglich, eine große Anzahl eingehender Anrufe mit Hilfe eines Kapazitätsmanagements zu bewältigen.[92] Als Folge etablierten immer mehr Unternehmen in den Vereinigten Staaten seit Ende der sechziger Jahre gebührenfreie Rufnummern[93], um für ihre Kunden einfach telefonisch

[87] Vgl. die Ausführungen zu Call Center Leistungen als Dienst- bzw. Serviceleistungen in Kap. 2.3 der vorliegenden Arbeit.

[88] Aus dieser Dominanz der USA in diesem Bereich erklärt sich wohl auch die fast ausschließlich verwendete amerikanische Schreibweise des Begriffes im Gegensatz zu der angelsächsischen Schreibweise *call centre*.

[89] Vgl. Tolkiehn (1998), S. 26.

[90] Vgl. Greff (1999), S. 492. Dabei wurde in Deutschland der Begriff vorbehaltlos aus dem Amerikanischen übernommen, in Frankreich findet dagegen der Terminus "centre d'appels" Verwendung, vgl. beispielsweise N'Kaoua (1998). Die englische, kanadische und australische Schreibweise lautet *call centre*.

[91] Vgl. Davis (1997), S. 102; Cusack (1998), S. 3.

[92] Zu dieser und anderen relevanten Basistechniken vgl. ausführlich Kap. 2.2.4.

[93] Diese sogenannten *800-numbers* oder *toll-free numbers* wurden 1967 von der amerikanischen Telefongesellschaft AT & T eingeführt, vgl. Bellur (1993), S. 3.

erreichbar zu sein.[94] Zunächst wurden Call Center im Versandhandel[95], von Hotelketten[96], bei Fluggesellschaften[97], der Telekommunikationsindustrie, im Banken- und Finanzdienstleistungsbereich[98] sowie im Rahmen von Kundendienstleistungen in der Automobilbranche[99] eingesetzt.

Die treibende Kraft der Entwicklung von Call Center Anwendungen ist in der rasanten Weiterentwicklung der Informations- und Kommunikationstechniken bei gleichzeitiger Verringerung der Kosten dieser Techniken zu sehen.[100] Insbesondere durch den liberalisierten Telekommunikationsmarkt ist es für Unternehmen, aber auch Kunden zunehmend kostengünstiger geworden, Call Center Leistungen anzubieten bzw. in Anspruch zu nehmen.

Call Center sind Innovationen, die durch neue technologische Potentiale ermöglicht wurden.[101] Insbesondere die durch ihren Einsatz ermöglichten neuartigen effizienten Formen der Arbeitsorganisation erklären ihre schnelle Verbreitung in Unternehmen. Call Center unterscheiden sich von herkömmlichen Telefonarbeitsplätzen durch die organisatorische Gestaltung und die eingesetzten Techniken. Insbesondere handelt es sich bei ihnen nicht um eine Umschreibung für herkömmliche Telefonzentralen.[102] Schon der Begriff ist insofern nicht angemessen, da der Zentralenbegriff als "Inbegriff

94 Bereits im Jahr 1982 gingen in den Vereinigten Staaten von Amerika ca. 200 Mio. Anrufe bei gebührenfreien Nummern ein, vgl. TARP (1984), S. 1. Im Jahr 1984 lag die Anzahl dieser gebührenfreien Anschlüsse in den Vereinigten Staaten bereits bei 180000, vgl. Bellur (1993), S. 4; Major (1990), S. 6. Mittlerweile setzen 86 % aller amerikanischen Unternehmen gebührenfreie Nummern ein, vgl. SOCAP (1998). In Deutschland begann die damalige Deutsche Bundespost 1988 mit einem Pilotprojekt zum Service 130, vgl. für ein Praxisbeispiel Graf (1990), S. 122 f. Die Anzahl gebührenfreier Telefonnummern betrug 1997 in Deutschland 45000, vgl. Spoden (1999), S. 5.

95 Vgl. Greff (1999), S. 492.

96 Vgl. Major (1990), S. 6.

97 Vgl. Durr (1996), S. 5.

98 Vgl. Lunt (1996), S. 34 f.; Schmid (1996), S. 29; o.V. (1996), S. 29.

99 Das erste Call Center in der Automobilbranche in Deutschland wurde 1989 bei der Volkswagen AG in Betrieb genommen.

100 Zu allgemeinen Entwicklungstendenzen im Bereich Informations- und Telekommunikationstechniken vgl. beispielsweise Picot/Reichwald/Wigand (1998), S. 136 ff., zu den sinkenden Technikkosten im Bereich der Telekommunikation vgl. beispielsweise Durr (1996), S. 3.

101 Das Wesen einer Innovation besteht in einer neuartigen Verknüpfung von Zwecken und Mitteln, vgl. Hauschildt (1997), S. 1. Zum Begriff und Arten von Innovationen vgl. Brose (1982), S. 9 ff.

102 Vgl. Schmidt/Mentzl (1996), S. 15.

für mangelnde Kunden- und Kostenorientierung und [..] als Barriere auf dem Weg zu einer verbesserten Wettbewerbsfähigkeit"[103] gilt.

2.2.2 Begriffsklärung

Der Bedeutungsinhalt des Begriffes Call Center ist weder in der Managementwissenschaft noch in der Managementpraxis klar umrissen. Sowohl in bezug auf die Begriffsabgrenzung, als auch bezüglich der zugeordneten Aufgabenfelder existieren weitgehend unterschiedliche Auffassungen.[104] Definitorisch reichen Begriffsauslegungen von einem primär operativen Blickwinkel von Call Centern als "Einrichtungen, die sich auf die Entgegennahme von Kundenanrufen spezialisiert haben"[105] bis zu einer umfassenden Sichtweise von Call Centern als einem Bereich, dem eine "ausgesprochen strategische Bedeutung für das Management eines Unternehmens"[106] zugemessen wird.[107]

Eine Definition des Begriffes Call Center ist aus zweierlei Gründen nur schwierig zu leisten. Zum einen sind die definitorischen Ansätze und Begriffsauffassungen, vor allem in der praxisorientierten Literatur, auf denen eigene Überlegungen aufgebaut werden könnten, äußerst uneinheitlich. Zum anderen bringt der dynamische Charakter dieser neuartigen Organisationsform fortlaufend neue Ausprägungen und somit neue Begriffsverwendungen hervor.

Die folgende Tabelle gibt einen Überblick über die Vielfalt der Begriffsbildungen in der Literatur, indem sie die verschiedenen Begriffsinhalte und -umfänge darstellt.

---

[103] Reiß/Schuster (1998), S. 1301.
[104] Vgl. Taylor/Bain (1999), S. 101.
[105] Hillebrecht (1998), S. 895.
[106] Pribilla/Reichwald/Goecke (1996), S. 110.
[107] Die den Call Center Anwendungen zugrundeliegende Technik wird von Picot, Reichwald und Wigand sogar in den Rang einer " 'strategischen Allianz' [...], die eine Vielzahl innovativer Lösungen ermöglicht" (Picot/Reichwald/Wigand (1998), S. 420) erhoben. Hierbei bleibt allerdings unklar, welche Bedeutung der Begriff strategische Allianz in diesem Zusammenhang aufweisen soll. Schmitt spricht von einer hohen strategischen Relevanz, vgl. Schmitt (1999), S. 73; ähnlich Kruse (1998), S. 11 ff.

Abb. 2.4 : Definitorische Ansätze zum Begriff Call Center

Autor	Definition Call Center als ...
Hampe/Schönert (1997a), S. 173	"... technikgestützte, strategische Unternehmenseinrichtungen für den telefonischen Kundendialog."
Bergmann (1998), S. 158	"... eine Unternehmensabteilung, deren Mitarbeiter ausschließlich über das Telefon mit dem Kunden in Kontakt treten."
Wetzels/de Ruyter (1999), S. 229	"... organizational units which have as their primary task the processing in- and outbound communications with customers and prospects ..."
Spoden (1999), S. 8	"... Telefonarbeitsplätze, die unter dem Aspekt wirtschaftlicher Optimierung und der Erhöhung des Servicegrades als eigenständige Organisationseinheit verstanden werden kann."
Kudernatsch (1998), S. 8	"... Organisationseinheiten, sie sich eines oder mehrerer verschiedenartiger Kommunikationsmedien bedienen, um eine direkte mittelbare, eine indirekte oder eine Zwei-Stufen-Kommunikation von hoher Effizienz zwischen Kommunikator und Rezipient herzustellen."
Hillebrecht (1998), S. 895	"... Einrichtungen, die sich auf die Entgegennahme von Kundenanrufen spezialisiert haben."
Pribilla/Reichwald/ Goecke (1996), S. 101	"... ein strategischer Bereich innerhalb einer Organisation, in der Personen [...] eingehende Anrufe bearbeiten und/oder abgehende Telefonanrufe tätigen."
Picot/Reichwald/ Wigand (1998), S. 420	"... CTI-Anwendungen, die darauf abzielen, große Anrufvolumina möglichst schnell und effizient abzuwickeln."
Durr (1996), S. 15	"An operation [...] whenever more than one person answers incoming calls of a fairly predictable nature and actually completes the transaction."
Definition der Fachgruppe "TeleMedien-Services" des Deutschen Direktmarketingverbandes e.V., zitiert nach Klocke/von Reichenbach (1996), S. 33.	"... ein Instrument zur Organisation der Kunden- und Marktkommunikation mit Mitteln der Telekommunikation."
Dawson (1998), S. 1	"... a physical location where calls are placed, or received, in high volume for the purpose of sales, marketing, customer service, telemarketing, technical support or other specialized business activity."
Mindermann/Schubert/ Prümm (1999), S. 311	"... eine betriebliche Organisationsform, die sich moderne Kommunikations- und Informationstechniken zunutze macht, um kommunikationsintensive Geschäftsprozesse effizienter zu bewältigen."
Brændengen (1999), S. 1	"... a *separate building* constructed in order to offer direct line services, meaning interactions with customers through computer-telephony links."
Kruse (1998), S. 15	"... Organisationseinheiten, deren Aufgabe darin besteht, einen serviceorientierten und effizienten telefonischen Dialog mit Kunden und Interessenten durch Einsatz modernster Informations- und Telekommunikationstechnologien unter Wahrung von qualitativen und quantitativen Unternehmens- und Marketingzielen zu ermöglichen."

Autor	Definition Call Center als ...
Wiencke/Koke (1999), S. 9	"... Unternehmensabteilungen oder eigenständige Firmen, die unter Wahrung von Unternehmens- und Marketingzielen und mit Hilfe modernster Informations- und Telekommunikationstechnik einen serviceorientierten telefonischen Dialog des Unternehmens mit Kunden, Interessenten und Lieferanten gewährleisten."
Thieme/Steffen (1999), S. 39	"... eine selbständige Organisationseinheit, deren Ziel es ist, mit Einsatz modernster Kommunikationstechniken einen serviceorientierten und effizienten Dialog zwischen einem Unternehmen und dessen Kunden, Interessenten und Lieferanten zu führen."
Böse/Flieger (1999), S. 5	"... die organisatorische Zusammenfassung von Telefonarbeitsplätzen mit dem Ziel der Erhöhung des Servicegrades (z.B. durch Verbesserung der Erreichbarkeit) und der Optimierung der wirtschaftlichen Rahmenbedingungen."
Taylor/Bain (1999), S. 102	"... a dedicated operation in which computer-utilising employees receive inbound - or make outbound - telephone calls, with those calls processed and controlled either by an Automatic Call Distribution (ACD) or predictive dialling system."
Nawroth (1998), S. 13	"... organisatorische Einheiten in Unternehmen oder Institutionen zur Erhöhung der Servicequalität für den Kunden bei der Abwicklung von telefonischen Kontakten mittels computergesteuerter Telekommunikationstechnik."
Batz/Andreschak (1998), S. 164	"... Synonym für ein [...] telefonisches Dialogmarketing."
Halves/Klagge (1999), S. 108	"... organisatorische Einheiten zur Abwicklung von Telefonkontakten mit Kunden, die unter Einsatz moderner Telekommunikationstechnik und in der Regel mit technischer Unterstützung durch optimierte computerisierte Work Flow-Programme die Servicequalität verbessern sollen."
Isic/Dormann/Zapf (1999), S. 202	"... eine organisatorische Einheit oder ein selbständiges Unternehmen, dessen Spezifikum es ist, daß Mitarbeiterinnen und Mitarbeiter über das Telefon mit Kunden kommunizieren."
Biehler/Vogl (1999), S. 261	"... eigenständige Betriebe oder Betriebsabteilungen, die - als Telefonarbeitsplätze zusammengefaßt - als Auftragnehmer für das eigene Unternehmen, für die Muttergesellschaft, für den Konzern oder für Fremdbetriebe zumeist kundenorientierte Dienstleistungen erbringen."
Richardson (1998), S. 1	"... offices in which particular types of telephone activities, such as sales or customer care, are concentrated."
Richardson/Belt/Marshall (2000), S. 358	"... offices established by organizations to deliver services remotely over the phone, replacing the need for face-to-face interaction with customers".
Bullinger (1998b), S. 47	"... Electronic Front Door of the Enterprise."
Link (2000), S. 110	"... ein informationstechnologisch gestütztes System zur Verbesserung der telephonischen Außenkommunikation einer Institution"

Quelle: Eigene Darstellung

Die aufgeführten Definitionen veranschaulichen, daß in bezug auf den Begriff Call Center sich bisher keine einheitliche Auffassung hat durchsetzen können. Viele Definitionen sind technisch geprägt, andere greifen nur Teilaspekte auf und lassen eine umfassende Sichtweise vermissen. Weiterhin vernachlässigt die Mehrzahl der Definitionen eine Akzentuierung von Dienstleistungsaspekten. Auch ist der häufig anzutreffende allgemeine Verweis auf eine Wahrung bestimmter Unternehmensziele diffus.

Aus diesen Kritikpunkten ergeben sich Anknüpfungspunkte für die Herleitung der im Rahmen der vorliegenden Arbeit zu verwendenden Definition.

Da ein Call Center ein Instrument zur Aufnahme bzw. Ermöglichung von Kontakten zu verschiedenen Akteuren im Umfeld einer Unternehmung darstellt, ist für die Erarbeitung einer Definition die Systematisierung möglicher Akteure hilfreich. Einen Ansatz zur Konzeptualisierung der möglichen Interaktionsbeziehungen einer Unternehmung zu ihrer Umwelt liefern Hodge und Anthony.[108] Sie unterscheiden verschiedene Umgebungen, in denen eine Unternehmung als System agiert. Diese sind die Mikroumgebung als das Unternehmen selbst, die Zwischenumgebung als die Summe derjenigen Akteure zwischen Mikro- und Makroumgebung - beispielsweise Händler, Lieferanten, Kunden - , und der Makroumgebung, dem soziokulturellen, politisch-rechtlichem, ökonomischen und technologischen Umsystem[109]. Anstelle von Mikro-, Zwischen- und Makroumgebung wird auch von dem Im-, Zwischen- und Umsystem der Unternehmung gesprochen.[110] Einzelne Akteure dieses Im-, Zwischen- und Umsystems können nun mit einem Call Center in eine Interaktion treten, indem sie eine dialogorientierte Kommunikation[111] aufnehmen.

[108] Vgl. Hodge/Anthony (1991), S. 55 ff.

[109] Diese fünf Teilfelder des Umsystems werden gelegentlich auch als globale Umwelt bezeichnet, vgl. Schreyögg (1998), S. 317 ff.

[110] Vgl. Hentze (1994), S. 44 f.; Hentze/Brose/Kammel (1993), S. 224 ff. Dabei erfolgt zum Teil eine Unterscheidung zwischen Umwelt, Umfeld oder Umgebung als unendliche Menge unternehmensexterner Elemente und dem Umsystem als endliche Menge der als unternehmensrelevant identifizierten Elemente, vgl. Hentze/Brose (1985a), S. 17.

[111] *Kommunikation* bezeichnet einen Prozeß, durch den eine Information oder Nachricht von einem Sender an einen Empfänger übermittelt wird, wobei als Mindestvoraussetzungen für das Zustandekommen einer Kommunikation ein Informationssender, eine Informationsempfänger sowie ein Kanal vorhanden sein müssen, vgl. beispielsweise Hentze (1995), S. 178.

In diesem Zusammenhang ist der Begriff der Interaktion zu klären. Die sozialpsychologische Forschung versteht unter sozialer Interaktion "... *wenn zwei Personen in der Gegenwart des jeweils anderen auf der Grundlage von Verhaltensplänen Verhaltensweisen aussenden und wenn dabei die grundsätzliche Möglichkeit besteht, daß die Aktionen der einen Person auf die der anderen Person einwirken und umgekehrt.*"[112]

Diese enge Begriffsfassung bedingt eine physische Anwesenheit des Interaktionspartners. Eine weiter gefaßte Sicht versteht unter sozialer Interaktion das wechselseitig sich bedingende Verhalten von zwei oder mehr Individuen aufgrund verbaler und nicht-verbaler Kommunikation.[113] Durch das Verhalten der Interaktionspartner kommt es zu einer zweckgerichteten wechselseitigen sozialen Beziehung.[114] Die wichtigste Form der wechselseitigen Beeinflussung, die im Rahmen einer Interaktion auftritt, stellt die persönliche Kommunikation in Form eines Informationsaustausches dar.[115]

Die konkrete Interaktion zwischen Unternehmensmitarbeitern und Kunden wird in der deutschsprachigen Literatur zumeist als *Dienstleistungsinteraktion* und in der angloamerikanischen Literatur als *service encounter* bezeichnet.[116] Hierunter versteht man "... a period of time during which a consumer directly interacts with a service"[117]. SURPRENANT und SOLOMON definieren service encounter als "... the dyadic interaction between a customer and a service provider"[118]. Diese Interaktionen besitzen einen ökonomischen Kontext und lassen sich anhand bestimmter Kriterien gegenüber sozialen Interaktionen abgrenzen. So sind Dienstleistungsinteraktionen gekennzeichnet durch eine Zweckorientierung, nicht altruistische Motive und die fehlende Notwendigkeit einer vorherigen Bekanntschaft der Handelnden, eine inhaltliche Begrenzung, den Austausch aufgabenbezogener Informationen, eine klar abgrenzbare Rollenverteilung zwischen Anbieter und Kunden sowie die Möglichkeit einer vorübergehenden Aufhebung sozialer Statusunterschiede.[119] Dienstleistungsinteraktionen stellen somit eine

---

[112] Piontkowski (1976), S. 10 (Hervorhebungen im Original).
[113] Vgl. Hentze/Kammel/Lindert (1997), S. 43; Irle (1975), S. 398.
[114] Vgl. Staehle (1999), S. 308.
[115] Vgl. Nerdinger (1998), S. 1179.
[116] Vgl. Grund (1998), S. 26.
[117] Shostack (1985), S. 243.
[118] Surprenant/Solomon (1987), S. 87.
[119] Vgl. Lewis/Entwistle (1990), S. 42 f.; Czepiel/Solomon/Surprenant/Gutman (1985), S. 4 ff.

Teilmenge sozialer Interaktionen dar.[120] Nach SHOSTACK können drei Arten von Dienstleistungsinteraktionen bzw. service encounters unterschieden werden.[121] Der *remote encounter* beinhaltet keine direkte menschliche Interaktion[122], während der *indirect personal encounter* eine direkte humane Interaktion auf verbaler, nicht jedoch auf physischer Ebene beinhaltet. Ein *direct personal encounter* liegt vor, wenn eine direkte, unmittelbare soziale Interaktion im Sinne der engen Begriffsfassung stattfindet.

Interaktionen von Call Center Mitarbeitern mit Marktteilnehmern können als Dienstleistungsinteraktionen aufgefaßt werden. Für den Fall, daß die Interaktion mit Kunden stattfindet, handelt es sich dann um Kundenkontakte oder Mitarbeiter-Kunden-Interaktionen, die als *indirect personal encounters* auftreten.[123]

Für das Verständnis des Untersuchungsgegenstandes ist weiterhin die Betrachtung des Begriffsbestandteils *Center* notwendig.[124] Dieser eine Zentrierung ausdrückende Begriff impliziert nicht notwendigerweise eine räumliche Zentralisation.[125] Vielmehr wird mit diesem Begriff eine aufgaben- oder inhaltsbezogene Zentralisation im Sinne einer Zusammenfassung inhaltlich gleichartiger Tätigkeiten[126] umschrieben.[127]

---

120 Vgl. Murmann (1999), S. 35.

121 Vgl. Shostack (1985), S. 248 ff.

122 Diese Sichtweise, nach der bei Dienstleistungsinteraktionen überhaupt keine humane Interaktion erfolgen muß, wird in der Literatur kritisch gesehen, vgl. beispielsweise Bitner/Booms/Tetreault (1990), S. 72.

123 Kundenkontakte (*customer contacts*) stellen Elemente von Dienstleistungsinteraktionen dar, vgl. Kellog/Chase (1995), S.1734 ff. Zur synonymen Verwendung der Begriffe Kundenkontakt und Dienstleistungsinteraktion vgl. Murmann (1999), S. 35. Mitarbeiter in Call Centern können demnach als *Kundenkontaktpersonal* bezeichnet werden. Hierunter versteht das Schrifttum "employees directly interacting with customers" (Grönroos (1990a), S. 209). Die Interaktion kann dabei sowohl unmittelbar als *face-to-face* Interaktion, als auch mittelbar durch Medienträger wie Telefon, Fax, Briefe etc. vollzogen werden, vgl. Lovelock/Wright (1999), S. 46; Grönroos (1990a), S. 209.

124 Vgl. Nippa/Hachenberger (1999), S. 7.

125 Zu den organisatorischen Gestaltungsoptionen vgl. Kap. 5.3 der vorliegenden Untersuchung.

126 Zu den verschiedenen aufgabenbezogenen Einsatzmöglichkeiten vgl. Kap. 4 der vorliegenden Untersuchung.

127 Demnach handelt es sich bei Call Center Tätigkeiten um eine Verrichtungszentralisation, die sowohl als räumliche Zentralisation als auch Dezentralisation realisiert werden kann. Zu diesen Strukturierungsprinzipien vgl. allgemein Hentze/Brose (1985b), S. 53 ff.

Aus den Überlegungen ergibt sich folgende Definition von Call Centern als

Organisationseinheiten, die aufgabenzentriert durch die Erbringung von Dienst- oder Serviceleistungen im Rahmen von kommunikationsintensiven Unternehmungsprozessen eine dialogorientierte Kommunikation mit Interaktionspartnern einer Unternehmung mit Hilfe computergestützter Telekommunikationstechnik realisieren können.

2.2.3 Volkswirtschaftliche Bedeutung

Um die Bedeutung der Organisationsform Call Center für die Volkswirtschaft abschätzen zu können, ist ein Rückgriff auf verschiedene Studien vonnöten, die Daten über die Anzahl der in Call Centern Beschäftigten liefern. Bei diesen Untersuchungen ist allerdings zum einen zu beachten, daß teilweise verschiedene Call Center Definitionen zugrundegelegt werden, wodurch die Zahlen nicht ohne weiteres vergleichbar sind. Zum anderen wird insbesondere bei von Beratungsunternehmen durchgeführten Studien in der Regel die angewandte Forschungsmethodik nicht offengelegt, weshalb die Validität und Reliabilität der Untersuchungsergebnisse schwer abzuschätzen ist. Dennoch können diese Untersuchungen zumindest als Indikatoren für bestimmte Entwicklungen dienen.

1996 waren im Call Center Bereich in Deutschland 85000 Menschen beschäftigt, davon lediglich knapp 20 % in Unternehmen der Anbieterbranchen, die die Technik bereitstellen.[128] 1997 arbeiteten bereits über 20000 Personen in den Anbieterbranchen mit einem geschätzten Potential von 71000 im Jahr 2002.[129] Der überwiegende Teil arbeitete bereits in Unternehmen als Anwender von Call Center Techniken. Inzwischen existieren in Deutschland 1800 Call Center mit insgesamt 185000 Mitarbeitern in Teil- oder Vollzeitbeschäftigungsverhältnissen.[130] Andere Studien sprechen von 2500 Call Centern und 130000 Arbeitsplätzen.[131] Der Call Center Markt in Deutschland weist so-

[128] Vgl. Booz, Allen & Hamilton (1998), S. 4.
[129] Vgl. Bundesministerium für Wirtschaft und Technologie (1999a), S. 36 f.
[130] Vgl. o.V. (1999a), S. 30.
[131] Vgl. o.V. (1998c), S. 5. Dabei darf die Zahl der Agentenplätze nicht mit der Anzahl der Arbeitsplätze gleichgesetzt werden, da aufgrund eines Schichtbetriebes ein Call Center Arbeitsplatz mit

wohl bezüglich der Branchenverteilung als auch hinsichtlich der jeweils beschäftigten Mitarbeiter eine stark heterogene Struktur auf.[132] Noch im Jahre 1997 setzten 70 % der 5000 umsatzstärksten deutschen Unternehmen keine Call Center Anwendungen ein.[133] Hieraus wird die große beschäftigungsrelevante Bedeutung von Call Centern deutlich.[134]

Für Europa geht eine Studie des Marktforschungsinstitutes DATAMONITOR von einer Steigerung der Anzahl von Arbeitsplätzen auf über 900000 im Jahr 2002 gegenüber 430000 im Jahr 1997 aus.[135]

2.2.4 Technische Komponenten

Das Verständnis der Neuartigkeit arbeitsorganisatorischer Abläufe und möglicher Einsatzoptionen ist ohne einen näheren Einblick in die zugrundeliegende Technik eines Call Centers nicht möglich. Daher erfolgt an dieser Stelle eine Schilderung technischer Aspekte.

Eine grundlegende Unterscheidung im Bereich von Call Centern liegt in der Differenzierung zwischen sogenannten *inbound* und *outbound* Anwendungen. Diese Differenzierung bezieht sich auf die Richtung, aus der der Kommunikationskontakt initiiert

bis zu drei Mitarbeitern besetzt sein, mithin drei Arbeitsplätze umfassen kann.

132 Der Anteil der Finanzdienstleistungsbranche an der Gesamtanzahl an Call Centern beträgt 27 %, gefolgt vom Handel (24 %), der Industrie (17 %), Unternehmen der Informations- und Kommunikationstechnologie (17 %), der Medienbranche (12 %) sowie Verkehrs- und Touristikunternehmen (9 %), vgl. o.V. (1998a), S. 7. Vgl. auch Bundesministerium für Wirtschaft und Technologie (1999b), S. 5. Diese heterogene Struktur stellt kein Spezifikum des deutschen Marktes dar; beispielsweise ist die Branchenstruktur auch in den Vereinigten Staaten stark heterogen, vgl. Anton (1998), S. 3-3. Eine weitere Studie bestätigt sowohl die heterogene Branchenstruktur in Deutschland, als auch die Ähnlichkeit der Branchenstrukturen im europäischen Vergleich, vgl. Cap Gemini Ernst & Young (2000), S. 5. Die Mitarbeiterzahlen von Unternehmen, die Call Center einsetzen, schwanken in Deutschland zwischen 2 und 45000, vgl. o.V. (1998a), S. 8.

133 Vgl. Deutscher Direktmarketing Verband e.V. (1997), S. 7.

134 Vgl. Schmitt (1999), S. 58; kritisch hierzu Biehler/Vogl (1999), S. 261, die die Nichtberücksichtigung von induzierten Arbeitsplatzverlusten bemängeln.

135 Vgl. Datamonitor (1998); die Studie umfaßt die Länder Belgien, Dänemark, Deutschland, Finnland, Frankreich, Großbritannien, Irland, Italien, Niederlande, Norwegen, Schweden, Spanien sowie die Schweiz.

wird. Während durch inbound Call Center eingehende Kontakte bearbeitet werden, besteht der zentrale Aufgabenbereich von outbound Call Centern darin, aktiv Kontakte zu Marktteilnehmern aufzubauen. Diese Unterteilung ist in praxi nicht strikt getrennt, da in Zeiten schwacher Auslastung des inbound Bereiches dieselben Mitarbeiter als sogenannte *swinging agents* auch ausgehende Telefonkontakte bewältigen.[136] Mitarbeiter in Call Centern werden im deutschsprachigen Raum in Übernahme der angelsächsischen Begrifflichkeit *agent*[137] in der Regel als *Agenten* bezeichnet.[138]

Call Center können verschiedene Rufnummernkonzepte verwenden, die sich in der Art der verwendeten Rufnummern unterscheiden. Die Höhe der Kosten, die ein Anruf für den Anrufenden verursacht, variiert dabei zum Teil erheblich. Die Deutsche Telekom bietet verschiedene Dienste an, durch die jeweils landesweit eine einzige, ortsunabhängige Rufnummer geschaltet werden kann. Bei den Servicenummern 0130 und 0800[139] entstehen für den Anrufenden keinerlei Kosten. Bei den 0180x Nummern reichen die Kosten von 12 Pfennig bis 48 Pfennig pro Minute[140], erkennbar an der auf die 0180 folgende Nummer. Solche sogenannten *shared cost* Nummern werden zum einen verwendet, um einen Teil der Kosten den Anrufer tragen zu lassen. Zum anderen können sogenannte *junk calls* - Spaßanrufe ohne ein ernsthaftes Anliegen - dadurch unter Umständen vermieden werden. 0180x Nummern machen den Großteil der in Deutschland verwendeten Rufnummernkonzepte aus.[141] Schließlich existieren 0190 bzw. 0900[142] Nummern, die hohe Gesprächsgebühren verursachen. Hierbei gibt der Netzbetreiber einen Teil der eingenommenen Gebühren an den Diensteanbieter weiter, wo-

---

[136] Vgl. Wiencke/Koke (1999), S. 134.

[137] Vgl. Carwardine (1996), S. 517, die als Synonyme *operator*, *customer service representative* (CSR) aufführt. Als weitere gleichbedeutende Begriffe können gelten *Telephone Service Representative* (TSR) oder *attendant*, vgl. Anton (1999), S. 6.

[138] Eine Übersicht weiterer Bezeichnungen liefern Wiencke/Koke (1999), S. 97.

[139] Ursprünglich wurden von der Deutschen Telekom nur 0130 Nummern zunächst als Rufnummer zum Ortstarif, später als kostenfreie Rufnummern vergeben. Um jedoch eine international einheitliche Vorwahl für kostenfreie Anrufe zu gewährleisten, wird seit 1998 die neue 0800 Vorwahl vergeben. Durch den neuartigen *vanity* Service wird es darüber hinaus möglich, neben einer Ziffernfolge auch eine Buchstabenkombination zu wählen, beispielsweise entspricht die Buchstabenkombination "0800-Auskunft" der Ziffernfolge 0800-28758638.

[140] Anruferpreise der Deutschen Telekom AG, Stand Januar 2000.

[141] Sechzig Prozent der Call Center in Deutschland verwenden *shared cost numbers*, vgl. o.V. (1998a), S. 21.

[142] Diese Nummern werden auch als *Premium Rate Nummern* bezeichnet.

durch zum Teil erhebliche Erlöse realisiert werden können. Derartige Nummern sind für Call Center Anwendungen eher selten anzutreffen.

Hinsichtlich der Entwicklung in bezug auf die Mediennutzung ist zu beobachten, daß neben dem Kommunikationsmedium Telefon noch weitere Medien wie etwa Telefax und in jüngster Zeit vor allem die Nutzung elektronischer Datennetze durch E-Mail und das Internet im Call Center eingesetzt werden.[143]

Die wesentliche technische Komponente eines Call Centers bildet die Telekommunikationsanlage, die das Unternehmen mit dem ISDN-Netz der Deutschen Telekom oder Netzen alternativer Anbieter verbindet. Mit Hilfe der Sammelanschlußtechnik[144] von Telekommunikationsanlagen können eingehende Anrufe an verschiedene, festgelegte interne Stellen verteilt werden.[145]

Die Verteilung einer großen Zahl eingehender Anrufe kann jedoch erst mit Hilfe einer *Automatic Call Distribution* (ACD) vorgenommen werden.[146] Sie ermöglicht eine automatische, gleichmäßige Verteilung sehr hoher Anrufvolumina auf die einzelnen Mitarbeiter und stellt damit das Kernstück von inbound Anwendungen dar. Eingehende Anrufe werden in Warteschlangen eingereiht und anhand bestimmter festgelegter Kriterien auf freie Agentenplätze verteilt.[147] Als verschiedene Formen der Anrufverteilung (*routing*) kommen prinzipiell in Betracht:

- Anrufverteilung nach Auslastung,
- Anrufverteilung anhand eines Qualifikationsprofiles (*skill based routing*),
- Anrufverteilung nach Merkmalen des Anrufers (*customer based routing*).

---

143 Vgl. Schellhaas/Blomeyer (1998), S. 12 ff sowie den Exkurs in Kap 4.6 der vorliegenden Arbeit.
144 Vgl. im einzelnen Baderschneider/Lemke/Menzler-Trott (1999), S. 179 f.
145 Diese Funktionalität wird in herkömmlichen Telefonzentralen verwendet.
146 Zu technischen Details vgl. detailliert Mindermann/Schubert/Prümm (1999), S. 322 ff.; Wiencke/ Koke (1999), S. 129 ff.; Sisk (1995), S. 41 ff.; Böse/Flieger (1999), S. 144 ff.; Baderschneider/ Lemke/Menzler-Trott (1999), S. 195 ff.
147 Zu technischen Einzelheiten der Anrufverteilung vgl. detailliert Durr (1996), S. 18 ff.

Bei einer Anrufverteilung nach Auslastung erfolgt die Zuordnung eines ankommenden Anrufes an denjenigen Mitarbeiter, dessen letztes Gespräch am längsten zurückliegt (*longest-idle-Prinzip*).[148] Bei auslastungsorientierten Verteilungsverfahren stehen Effizienzgesichtpunkte im Vordergrund. Ein *skill based routing* erfolgt, wenn mit Hilfe eines Mitarbeiterprofils Anrufe an denjenigen Mitarbeiter vermittelt werden, dessen Fähigkeiten und Erfahrungen vermutlich den Anforderungen des aktuellen Anrufs am besten entsprechen. Ein *customer based routing* ermöglicht die Anrufzuordnung anhand bestimmter Kriterien des Anrufers. Auf diese Weise können ausgewählte Kunden bevorzugt behandelt werden, indem sie etwa besonders schnell oder aber an bestimmte Mitarbeiter (*agent direct routing*) vermittelt werden.[149]

Die beiden letztgenannten Formen der Anrufverteilung erfordern entweder eine direkte Identifikation des Anrufers mittels *Automatic Caller Identification*[150] oder eine Preselektion durch den Anrufenden mittels sogenannter *interactive voice response* (IVR). Hierbei handelt es sich um interaktive Sprachdialogsysteme, die einen Mensch-Maschine Dialog ermöglichen. Diese, an Bedeutung zunehmende, technische Komponente wird als Halb- oder Vollautomatiksystem eingesetzt.[151] Mittels Spracherkennung oder Erkennen von eingegebenen Ziffernfolgen[152] können bestimmte Sprachmenüs durchlaufen werden. Mit ihrer Hilfe können Standardauskünfte abgewickelt, eine Vorselektion eingehender Anrufe vorgenommen oder die Funktion eines Anrufbeantworters übernommen werden.[153]

---

148 Vgl. Thieme/Steffen (1999), S. 88. Zu anderen Algorithmen der Anrufverteilung vgl. Mindermann/Schubert/Prümm (1999), S. 334 ff.; Baderschneider/Lemke/Menzler-Trott (1999), S. 179 ff.

149 Vgl. Mindermann/Schubert/Prümm (1999), S. 335. Dieser Form kommt im Rahmen des Einsatzes als Instrument des Beziehungsmanagements eine hohe Bedeutung zu, da sie eine gezielte Selektion von Anrufern ermöglicht.

150 Hierbei wird der Anrufende anhand der übermittelten Telefonnummer identifiziert. Durch eine Verknüpfung mit hinterlegten Kundendaten können so bestimmte Kundenmerkmale erkannt werden.

151 Bei Vollautomatiksystemen erfolgt ein ausschließlicher Dialog mit einem Sprachcomputer (z.B. Ansage eines Kinoprogrammes), bei Halbautomatiksystemen schließt sich ein Gespräch mit einem Agenten an (z.B. Reservierungshotlines von Autovermietungen).

152 Dies setzt das Vorhandensein eines mit MFV-Tonwahlverfahren ausgestatteten Telefons auf Seiten des Anrufers voraus. In diesem Fall können beispielsweise PIN-, Kunden- oder Artikelnummern eingegeben werden.

153 Vgl. Böse/Flieger (1999), S. 152 f.

Von besonderer Bedeutung ist neben den Möglichkeiten einer Anrufverteilung in erster Linie die Funktionalität von ACD-Anlagen, detaillierte Kennziffern bereitzustellen. Es können beispielsweise Daten über die Anzahl und Dauer beantworteter Anrufe, die durchschnittliche Antwort- und Wartezeit, den Servicelevel[154], den Status der Agenten im Zeitverlauf oder die Anzahl verlorener Anrufe bereitgestellt werden.[155] Diese Daten lassen sich den einzelnen Mitarbeitern zuordnen und erlauben so detaillierte Auswertungen über mitarbeiterindividuelle Produktivitätskennzahlen.[156] Diese Auswertungen können sowohl durch ein sogenanntes *Monitoring* während des Betriebes erfolgen[157], als auch als ex-post Analysen etwa zur Mitarbeiterbeurteilung vorgenommen werden.

Für den Bereich von *outbound* Anwendungen haben automatische Anwahlsysteme eine hohe Bedeutung erlangt. Sie stellen anhand vorgegebener Anrufpläne automatisch Telefonverbindungen her und weisen sie bei erfolgtem Verbindungsaufbau einzelnen Agenten zu.[158] Als Verfahren können *power dialing*, *predictive dialing* und *preview dialing* unterschieden werden.[159] Power dialing und predictive dialing Systeme versuchen möglichst viele Verbindungen herzustellen, um unproduktive Wartezeiten zwischen zwei Gesprächen oder während des Verbindungsaufbaus zu minimieren. Beim halbautomatischen *preview dialing* initiiert dagegen der Agent den Wählvorgang selbständig anhand einer vorgegebenen Liste.

Eine weitere, zunehmend an Bedeutung gewinnende Basistechnik stellt die Konvergenz von EDV-Technik und Telefonie, die sogenannte *Computer Telephony Integra-*

154 Der sogenannte *Servicelevel* gibt als Kennzahl Auskunft über die Anzahl der angenommenen Anrufe pro Zeiteinheit. Eine Servicelevel von 80/20 bedeutet, daß 80 % der Anrufe innerhalb von 20 Sekunden entgegen genommen werden, vgl. Cleveland/Mayben/Greff (1998), S. 38 ff.

155 Vgl. Mindermann/Schubert/Prümm (1999), S. 323.

156 Dieser Tatsache kommt im Rahmen des Problemfeldes Kontrolle eine hohe Bedeutung zu, vgl. Kap. 5.4.5 der vorliegenden Arbeit.

157 In diesem Fall kann durch einen Vorgesetzten, den sogenannten *Supervisor*, unmittelbar auf den Mitarbeiter eingewirkt werden, falls bestimmte Vorgabenzeiten nicht eingehalten worden sind. Beispielsweise können Nachbearbeitungs- oder Pausenzeiten verkürzt werden und der Agent wieder im System für die Annahme weiterer Anrufe freigeschaltet werden.

158 Vgl. Kruse (1998), S. 22.

159 Vgl. im einzelnen Pleteit (1998), S. 428 ff.

tion (CTI), dar.[160] Computer Telephony Integration bezeichnet allgemein "the connection of a computer or computer system to telephone equipment"[161]. CTI-Architekturen verbinden "telephone switches with computers to coordinate computer information and intelligence with inbound call handling that automatically incorporates pertinent data, fax, graphics, and/or video-to-voice communications"[162]. Somit ermöglicht CTI "eine automatisch synchronisierte Verwendung von Telekommunikationstechnik und datentechnischen Ressourcen"[163]. In dieser technisch ermöglichten Verbindung zwischen Telefongespräch und bereits gespeicherten Daten - etwa in unternehmensintern vorhandenen Datenbanken - liegt eine der wichtigsten Voraussetzungen für die breiten Anwendungsfelder von Call Center Anwendungen.[164]

Abb. 2.5 : Technische Komponenten eines Call Centers

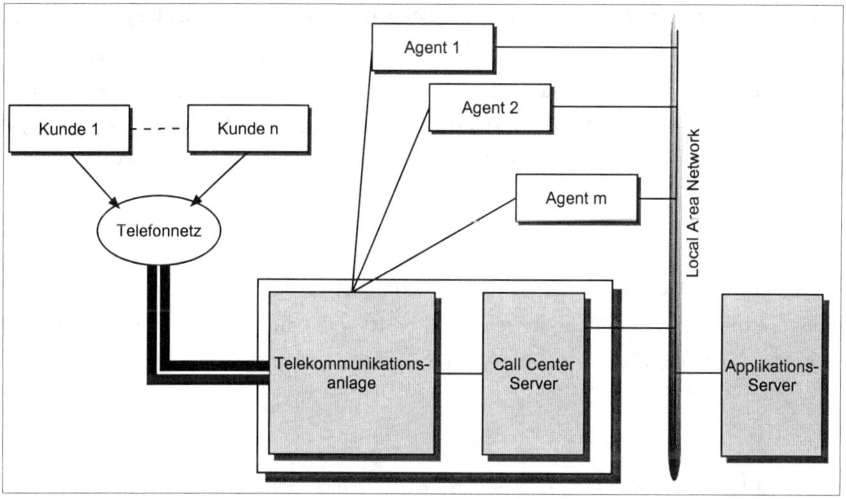

Quelle: In Anlehnung an Hampe/Schönert (1997a), S. 174

160 Vgl. Merwin/Boulware/Merwin/Drury (1998), S. 26 ff. sowie zu den technischen Grundlagen detailliert Hampe/Schönert (1997b), S. 270-273 und S. 275-277; Klein (1998), S. 339 ff. sowie Walters (1999). LOVELOCK und WRIGHT weisen der Konvergenz von Computertechnik und Telekommunikationstechnik eine überragende Rolle im Dienstleistungsbereich zu, vgl. Lovelock/ Wright (1999), S. 9.

161 Merwin/Boulware/Merwin/Drury (1998), S. 26.

162 Sisk (1995), S. 76.

163 Mindermann/Schubert/Prümm (1999), S. 190.

164 Siehe ausführlich Kap. 4 der vorliegenden Arbeit.

Das Zusammenwirken der einzelnen technischen Komponenten veranschaulicht schematisch Abbildung 2.5.

In der Literatur ist verschiedentlich der Versuch unternommen worden, anhand der technischen Entwicklungsstufen verschiedene Gruppen von Call Centern zu unterscheiden.[165] Im Rahmen dieser Diskussion ist für technisch hochentwickelte Call Center, die beispielsweise CTI einsetzen, vor allem in der Praxisliteratur die Tendenz einer Ablösung des Begriffes Call Center durch verschiedene Wortschöpfungen zu beobachten.[166] NOUVORTNE und PLIEFKE sprechen von einem "Customer Relation Center"[167], weitere Autoren von einem "Customer Service Center"[168], während NAWROTH eine künftige Entwicklung vom Call Center zu einem "Communication Center"[169] sieht. GALBREATH spricht von einem "Multimedia Contact Center", "Transaction Management Center" sowie "Customer Optimization Center".[170] NIPPA und HACHENBERGER schließlich verwenden den Begriff "Multimedia Service Center".[171] AKSIN und HARKER verwenden sowohl den Ausdruck *Phone Center* als auch Call Center in ihren Untersuchungen im Finanzdienstleistungsbereich.[172] Auch die Begriffe "Contact Center"[173], "Customer Call Center"[174], "Customer Contact Centre"[175] und "Total-Customer-Management-Center"[176] werden verwendet.

Um jedoch nicht einer weiteren Begriffsvielfalt, etwa durch die Verwendung eines neuen Terminus, Vorschub zu leisten, wird im Rahmen dieser Arbeit der Begriff Call Center im Sinne der oben gegebenen Definition verwendet.

165 Vgl. Wiencke/Koke (1999), S. 12; Denger/Wirtz (1999), S. 90; Bamberger/Wetzel (1998), S. 235, Galbreath (1998), S. 16; Schmitt (1999), S. 62.

166 So ist in Tagungsunterlagen von Praxismessen und -kongressen sowie in Veröffentlichungen von Beratungsgesellschaften in jüngster Zeit beispielsweise die Rede von *Customer Relationship Centers*, *Kunden-Kontakt-Center*, *Customer Service Center*, *Customer Loyalty Center*, *Contact Center*, *Customer Interaction Center* oder *Tele Service Center*.

167 Nouvortne/Pliefke (1997), S. 44.

168 Vgl. Töpfer (1999b), S. 13 sowie Ostrowski (1997), S. 128.

169 Vgl. Nawroth (1998), S. 279.

170 Vgl. Galbreath (1998), S. 16 ff.

171 Vgl. Nippa/Hachenberger (1999), S. 1.

172 Vgl. Aksin/Harker (1998a); Aksin/Harker (1998b), S. 3.

173 Vgl. Amuso et al. (1998).

174 Vgl. Denger/Wirtz (1999).

175 Vgl. Staples/Minifie (1998).

176 Vgl. Schmidt (1999).

2.3 Call Center Leistungen als Dienst- und Serviceleistungen

Einige beispielhafte Aufzählungen verdeutlichen, daß Call Center Leistungen sowohl einen Dienstleistungs- als auch einen Serviceleistungscharakter aufweisen können.

Im Falle, daß durch ein Call Center eine Leistung erbracht wird, die im Zusammenhang mit einer anderen, nämlich der Hauptleistung, erfolgt, weist die Leistung den Charakter eines Service auf. Beispiele hierfür sind die Annahmen von Beschwerden, eine Flugbuchung oder die Beratung hinsichtlich der Nutzung eines Produktes. Stellt die erbrachte Leistung jedoch eine eigenständige Hauptleistung dar und wird sie damit nicht im Zusammenhang mit einer anderen Leistung erbracht, handelt es sich um eine Dienstleistung. In diese Kategorie fallen beispielsweise Telefonauskünfte oder eigenständige Beratungsleistungen.

Call Center Leistungen sind stets mit einer Interaktivität zwischen Kundenkontaktpersonal und dem Leistungsnachfrager verknüpft. Nach der Typologie von MILLS und MARGULIES können derartige Leistungen daher aufgefaßt werden als persönlich-interaktive oder problemorientiert-interaktive Dienstleistungen. Die Interaktionsintensität steigt dabei in dem Maße, in dem Beratungsleistungen erbracht und nicht lediglich einfache Transaktionen angestoßen werden.

Die folgende Definition gibt die in der Untersuchung zugrundegelegte Sichtweise von Call Center Leistungen wieder.

Call Center Leistungen sind Serviceleistungen, die freiwillig, entgeltlich oder unentgeltlich als Nebenleistungen erbracht werden, um die Inanspruchnahme oder Nutzung von Hauptleistungen in Form von Sach- oder Dienstleistungen zu ermöglichen oder zu erleichtern oder Dienstleistungen, die als eigenständige Hauptleistung erbracht werden und dabei sowohl einen persönlich-interaktiven als auch einen problemorientiert-interaktiven Charakter aufweisen können.

3 Beziehungsmanagement als Option der Unternehmensführung

In der Literatur werden Call Center oftmals explizit oder implizit als Instrumente des Managements von Kundenbeziehungen dargestellt.[1] Einige Autoren sprechen Call Center Anwendungen ohne weiteres die Fähigkeit zu, eine höhere Kundenbindung und Kundenzufriedenheit oder generell eine bessere Beziehungsqualität zu ermöglichen.[2] Jedoch mangelt es an einer Diskussion, inwiefern durch den Einsatz von Call Centern tatsächlich ein Management von Beziehungen erfolgen kann. Um eine Einordnung des Instrumentes Call Center in das Konzept Beziehungsmanagement vornehmen zu können, müssen im folgenden zunächst die Charakteristika dieses Konzeptes herausgearbeitet werden. Aufgrund der Heterogenität der Forschungsansätze und -ergebnisse gestaltet sich dies insofern schwierig, als daß kein allgemein akzeptiertes Wissen hierzu vorliegt, auf dem die eigenen Überlegungen aufbauen könnten. Daher werden im folgenden zunächst, den momentanen Stand der Forschung reflektierend, die Grundlagen, Definitionsansätze, Ziele, Strategien und Instrumente des Konzeptes Beziehungsmanagement aufgezeigt, um anschließend zu einem Bezugsrahmen für die weitere Analyse zu gelangen.

3.1 Grundlagen des Beziehungsmanagements

3.1.1 Bedeutung von Geschäftsbeziehungen in der Unternehmenspraxis

Immer mehr Unternehmen beschäftigen sich in jüngerer Zeit intensiv mit der Erhaltung und Pflege bestehender Geschäftsbeziehungen als unternehmerischer Aufgabe, die vor dem Hintergrund des bestehenden Leistungswettbewerbes eine strategische Herausforderung darstellt.[3] Dieser Perspektivenwechsel von einer transaktionsorientierten zu

1 MAHONEY führt dazu aus "Today, the call center can play a major role in creating and managing customer relationships" (Mahoney (1996), S. 67). ANTON bemerkt "Driving the call center development is the growing awareness that managing customer relationships is a key driver of bottom-line profits" (Anton (1999), S. 2) FRENKEL und DONOGHUE konstatieren einen Aufgabenwechsel "... from simple inquiry handling to customer relationship management" (Frenkel/Donoghue (1996), S. 2). Vgl. auch Peppers/Rogers (1999), S. 26 ff.; Peppers/Rogers (1998), S. 36; Dawson (1998), S. 2; Riggs/Thyfault (1999), S. 53 und S. 56; Anton (1998), S. 1-1.

2 Vgl. Mindermann/Schubert/Prümm (1999), S. 15 f.; Schuler/Henn (1999), S. 94; Achermann (1998), S. 46.

3 Vgl. Hildebrand (1997), S. 2 f.; Hansen/Jeschke (1992), S. 88; Richter-Mundani (1999), S. 38;

einer beziehungsorientierten Marktbearbeitung begründet sich in erster Linie mit der Hoffnung, hierdurch Erfolgspotentiale realisieren zu können. Im Zuge einer derartigen Neuorientierung von Unternehmensaktivitäten wird die Fokussierung auf "längerfristig angelegte, intensive, vertrauensvolle und ergiebige Geschäftsbeziehungen"[4] betont. Die Neuartigkeit und die stark wachsende Bedeutung, die das Beziehungsmanagement zu einem vieldiskutierten Konzept hat werden lassen, bezieht sich dabei vor allem auf die Fokussierung der Unternehmenspolitik auf beziehungsorientierte Ziele sowie zu deren Erreichung eingesetzte Aktionsgrößen.[5]

Für die zunehmende Verbreitung der Beschäftigung mit Fragen des Managements von Beziehungen in der Unternehmenspraxis lassen sich drei wesentliche Gründe anführen. Zum einen sind es ökonomische Zwänge, die Unternehmen auf die Etablierung stabiler Kundenbeziehungen einen zunehmenden Wert legen lassen. Hierunter fallen zunächst der Handlungsdruck, der sich durch die im Zuge der Globalisierung weltweit zunehmende Angebotsvielfalt und -gleichheit ergibt. Weiterhin können durch kürzere Innovations- und Produktzyklen für Unternehmen bestehende Wettbewerbsvorteile - etwa im Bereich von spezifischen Produkteigenschaften - durch Wettbewerber als Folge einer größeren Flexibilität in kürzerer Zeit kopiert werden. Zum zweiten sind durch das Entstehen und die Weiterentwicklung moderner Informations- und Kommunikationstechniken überhaupt erst die Möglichkeiten einer Fokussierung auf einzelne Kundenbeziehungen geschaffen worden. Drittens hat die allgemeine Individualisierung der Gesellschaft dafür gesorgt, daß von Seiten der Nachfrager die Bereitschaft für die Abnahme individualisierter Leistungen und das Eingehen von Beziehungen zu Unternehmen gestiegen ist.[6] Gleichzeitig ist bei Konsumenten eine Differenzierung der Bedürfnisse bei gestiegenen Service- und Qualitätsansprüchen zu beobachten.

Zusammenfassend läßt sich festhalten, daß die genannten Veränderungen im ökonomischen, technologischen und sozio-kulturellen Umsystem der Unternehmungen die

Venohr/Zinke (1999), S. 153 f.

4 Diller (1995a), S. 447.

5 Vgl. Diller (1995a), S. 442.

6 Vgl. Bleicher (1991), S. 280; Link/Hildebrand (1997a), S. 16.

zunehmende Betonung des Aufbaus und der Aufrechterhaltung von Geschäftsbeziehungen als Option der Unternehmensführung gefördert haben.

3.1.2 Beziehungsmanagement in der wissenschaftlichen Diskussion

Nicht nur in der unternehmerischen Praxis hat die Relevanz kundenindividueller Beziehungen stark zugenommen. Auch in der wissenschaftlichen Diskussion nimmt die Beschäftigung mit Geschäftsbeziehungen seit einiger Zeit einen zunehmend breiten Raum ein.[7] Das Beziehungsmanagement hat damit sowohl als "discipline and as a practical orientation"[8] große Bedeutung erlangt.

3.1.2.1 Abgrenzung Beziehungsmanagement und Beziehungsmarketing

In der Diskussion um die Gestaltung von Beziehungen ist im wissenschaftlichen Schrifttum sowohl von Beziehungsmarketing (*Relationship Marketing*) als auch von Beziehungsmanagement (*Relationship Management*) die Rede. Während DILLER explizit Beziehungsmanagement als "die systematische Analyse, Selektion, Planung, Gestaltung und Kontrolle von Geschäftsbeziehungen im Sinne eines ganzheitlichen Konzeptes von Zielen, Leitbildern, Einzelaktivitäten und Systemen"[9] auffaßt und das Beziehungsmarketing als eine Unterkategorie darstellt[10], erfolgt die Verwendung dieser beiden Begrifflichkeiten im übrigen Schrifttum im wesentlichen gleichbedeutend[11], wobei

---

7 Vgl. Hildebrand (1997), S. 2; Backhaus (1997), S. 21; Lehmann (1995), S. 1; Hansen/Bode (1999), S. 307.

8 Payne/Christopher/Clark/Peck (1995), S. X.

9 Diller (1995a), S. 442.

10 KRICK bewertet diese Auffassung als weitgehend willkürlich, vgl. Krick (1998), S. 159.

11 DICHTL und SCHNEIDER verwenden ausschließlich den Begriff Beziehungsmanagement, vgl. Dichtl/Schneider (1994), S. 6 ff.; ebenso Rieker (1995), S. 42 ff. MACHARZINA verwendet den Begriff *Relationship Management* für die "intensive Pflege langfristiger Beziehungen" (Macharzina (1999), S. 26). HENTSCHEL benutzt den Begriff *Beziehungsmarketing* als "Übersetzung der im englischen Sprachraum üblichen Bezeichnungen 'relationship marketing' oder 'relationship management'" (Hentschel (1991), S. 25). SCHÜTZE spricht vom "Management einer Geschäftsbeziehung" (Schütze (1992), S. 20). Eine synonyme Verwendung findet sich weiterhin bei Stone/Woodcock/Wilson (1996), S. 675 ff.; Bruhn/Bunge (1996), S. 177 und S. 190; Eckel (1997), S. 44 ff. sowie Link/Hildebrand (1997a), S. 31. HANSEN und BODE plädieren ausdrücklich für eine synonyme Verwendung, vgl. Hansen/Bode (1999), S. 294.

nicht explizit auf mögliche Unterschiede der beiden Begriffe eingegangen wird.[12] Ein kurzer Überblick über die Begriffe Marketing und Management soll an dieser Stelle die Grundlage für das Verständnis des Konzeptes erleichtern helfen.

In der heutigen, modernen Auffassung[13] versteht man unter *Marketing* das Konzept einer marktorientierten Unternehmensführung, in dem unternehmerisches Handeln sowohl eine konsequente Kunden- als auch Wettbewerbsorientierung umfaßt.[14] Zum Begriff *Management* lassen sich grundsätzlich zwei verschiedene Bedeutungsauffassungen unterscheiden.[15] Zum einen bezeichnet Management im institutionellen Sinne diejenigen Instanzenträger[16] in der Unternehmung, die Entscheidungs- und Weisungskompetenzen besitzen.[17] Es umfaßt somit alle Personen, die Führungsaufgaben wahrnehmen.[18] Zum anderen kennzeichnet Management im funktionalen Sinn alle Prozesse und Funktionen, die der Leistungserbringung und -sicherung dienen und in arbeitsteiligen Organisationen notwendig werden.[19] Nach dieser Sichtweise beinhaltet Management alle zur Steuerung einer Unternehmung notwendigen Aufgabenkomplexe und umfaßt somit alle Tätigkeiten, die nicht ausschließlich einen ausführenden Charakter aufweisen.[20] Als die klassischen funktionalen Managementaufgaben gelten im einzelnen

- Planung ("planning")
- Organisation ("organizing")

---

12 Für einen weiteren Überblick der verschiedenen Quellen vgl. Krick (1998), S. 158 f.

13 Zu den Entwicklungsstufen des Marketing vgl. Fritz/von der Oelsnitz (1998), S. 17 ff.

14 Vgl. Fritz (1995), S. 32 ff. sowie die dort zitierte Literatur.

15 Vgl. Steinmann/Schreyögg (1997), S. 6; Ulrich/Fluri (1995), S. 13 f.; Staehle (1999), S. 71; Gerhard (1997), S. 7; Schierenbeck (1998), S. 81 f.

16 Unter einer Instanz versteht man diejenige Organisationseinheit, die bei der Zusammenfassung mehrerer gleichgeordneten Stellen zu größeren organisatorischen Einheiten diesen gegenüber eine Vorgesetzten- oder Leitungsfunktion übernimmt, vgl. Kieser/Kubicek (1992), S. 82; Hentze/Brose (1985b), S. 30.

17 Zu den Aufgaben des Managements in institutioneller Sicht als Gesamtheit der Entscheidungsträger bei der Bewältigung unternehmerischer Entscheidungsfelder bezüglich des Einsatzes von Call Centern vgl. Kap. 5.1 der vorliegenden Arbeit.

18 Vgl. Hentze/Brose/Kammel (1993), S. 26.

19 Vgl. Staehle (1999), S. 71.

20 Vgl. Hentze/Brose/Kammel (1993), S. 26.

- Personaleinsatz ("staffing")
- Führung ("leading")
- Kontrolle ("controlling").[21]

Diese Funktionen stellen Phasen eines dynamisch aufeinander aufbauenden Ablaufs von Aufgaben dar.[22] In einem weit gefaßten Sinn kann Management verstanden werden als umfassende zielorientierte Führung, die die materiellen und personellen Aspekte einer Unternehmung durch institutionalisierte Managementsysteme und den funktionalen Managementprozeß in bezug auf die abgestimmten Ziele und Strategien unter Berücksichtigung eines sparsamen Ressourceneinsatzes in einer Querschnittsfunktion koordiniert und integriert.[23]

Da in der vorliegenden Untersuchung der gestalterische Aspekt im Sinne der Bewältigung bestimmter Aufgaben im Vordergrund steht, und nicht etwa ein spezieller Personenkreis, wird im Rahmen der vorliegenden Arbeit der Begriff *Beziehungsmanagement* in einem funktionalen Sinne verwendet.

3.1.2.2 Entwicklungen im wissenschaftlichen Schrifttum

Die Veröffentlichungen zur Thematik Beziehungsmanagement sind im wissenschaftlichen Schrifttum mittlerweile nahezu unüberschaubar geworden. Dieses läßt sich zum einen mit der hohen Praxisrelevanz und der großen Ergiebigkeit des Themas für wissenschaftliche Untersuchungen begründen. Zum anderen ist der theoretische Bezugsrahmen, derer sich Arbeiten zum Beziehungsmanagement bedienen, sehr breit gefaßt[24], wodurch die herangezogenen Bezugspunkte, Theorien und Disziplinen sehr vielfältig sind. Entsprechend heterogen sind die Auffassungen und Anwendungsvorschläge dieses Konzeptes.[25]

---

21 Vgl. Steinmann/Schreyögg (1997), S. 8 f.
22 Vgl. Steinmann/Schreyögg (1997), S. 9; Staehle (1999), S. 81.
23 Vgl. Hentze/Kammel/Lindert (1997), S. 21.
24 Vgl. Diller (1994a), S. 19.
25 Vgl. Morris/Brunyee/Page (1998), S. 370.

Unterschiedliche Forschungsrichtungen der Betriebswirtschaftslehre befassen sich mit der Untersuchung des Konzeptes und versuchen, auftretende Phänomene mit Hilfe einer wissenschaftlichen Theorie[26] zu erklären.[27]

Abb. 3.1 : Theoriekonzepte, Anwendungsfelder u. Zielgruppen des Beziehungsmanagements

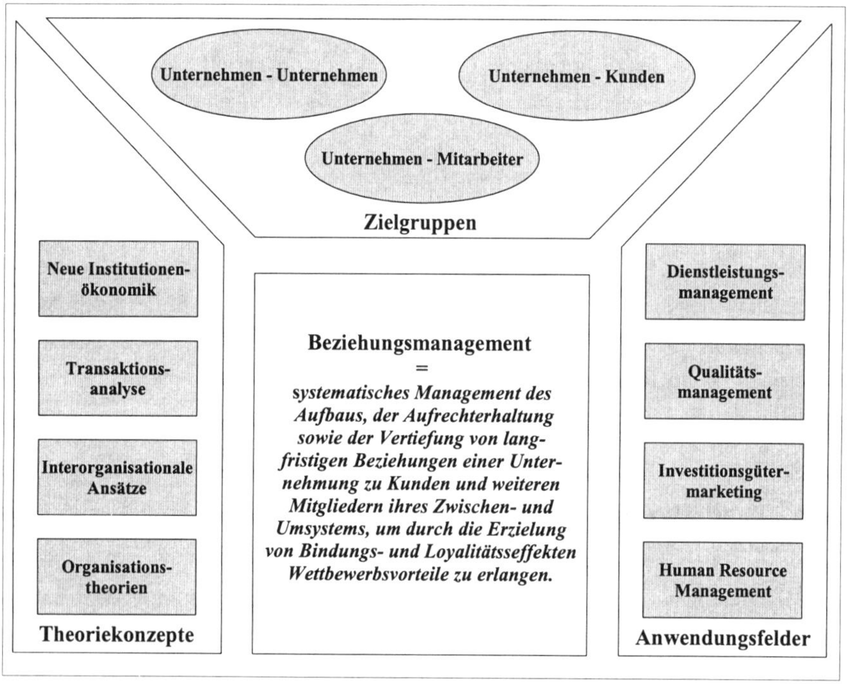

Quelle: Eigene Darstellung

Die einzelnen Arbeiten der verschiedenen Forschungsrichtungen lassen sich nach den ihnen jeweils zugrundeliegenden Theoriekonzepten, den möglichen disziplinären

[26] Unter einer Theorie versteht man eine "zweckorientierte Gesamtheit von Grundannahmen [...] und Schlußfolgerungen [...], die sich auf ein Modell oder eine Gesamtheit von Modellen beziehen" (Busse von Colbe/Laßmann (1988), S. 48). Unter einem Modell ist dabei "eine vereinfachte problemadäquate Abbildung eines Ausschnittes der Wirklichkeit durch ein abstraktes System" (Busse von Colbe/Laßmann (1988), S. 48) zu verstehen.

[27] Vgl. Bruhn/Bunge (1996), S. 177 f.; Krick (1998), S. 24 ff.

Anwendungsfeldern sowie den betroffenen Zielgruppen mit den jeweiligen Beziehungsarten grob unterteilen.[28] Abbildung 3.1 gibt einen Überblick der diversen Forschungsrichtungen bezüglich des Konzeptes *Beziehungsmanagement* im Schnittpunkt dieser drei Fokusse.

Aufgrund der großen Fülle an Veröffentlichungen lassen sich die vielfältigen Forschungsrichtungen schwer in eindeutig abgrenzbare Gruppen unterteilen. Ein Abriß des zeitlichen Auftretens der unterschiedlichen Forschungsansätze verdeutlicht jedoch gut die Entwicklung in der Schwerpunktsetzung und dem Blickwinkel der verschiedenen Untersuchungen in diesem Bereich.

In der Literatur wurde die Eignung des Beziehungsmanagementansatzes zunächst vor allem für den Bereich der Investitionsgüter gesehen[29], in jüngerer Zeit aber auch für den Konsumgüter[30]- und den Dienstleistungsbereich.[31] Inzwischen herrscht in der Literatur weitgehend Einigkeit darüber, daß unter den bestehenden Wettbewerbsbedingungen die Umsetzung eines Beziehungsmanagements nicht nur im Investitionsgüterbereich, sondern auch im Konsumgüterbereich und bei Dienstleistungsunternehmen eine zunehmende Bedeutung gewinnt.

Frühe Ansätze zum Beziehungsmanagement finden sich in den späten siebziger Jahren in Form von Untersuchungen zu Austauschbeziehungen im Business-to-Business Bereich. Hierbei sind insbesondere die Arbeiten der Mitte der siebziger Jahre etablierten *International Marketing and Purchasing Group (IMP)*[32] zu nennen, die Anbieter-Lieferanten-Beziehungen auf internationaler Ebene untersuchen. Diese Forschungs-

---

28 Vgl. Diller (1994b), S. 3; Bruhn/Bunge (1994), S. 12; Grund (1998), S. 69.

29 Vgl. Shani/Chalasani (1992), S. 36; Belz et al. (1994), S.15; Homburg (1998), S. 130; Morris/Brunyee/Page (1998), S. 359 f.; Plinke (1989), S. 305 f.

30 Vgl. Sheth/Parvatiyar (1995a); Hennig-Thurau (1999); Gruen (1995); Moriarty/Gronstedt/Duncan (1996); Stone/Woodcock/Wilson (1996).

31 Vgl. Eckel (1997), S. 43; Holmlund/Kock (1996), S. 287 ff. und bereits frühzeitig Grönroos (1990a), S. 3 ff. und Gummesson (1987b), S. 10 ff. Abweichend hierzu vgl. Bergmann (1998), S. 18 f., die das Konzept nur für den Business-to-Business Bereich gelten läßt. Krick spricht in diesem Zusammenhang von einer nur langsamen konzeptionellen Öffnung der Beziehungsorientierung auf die auf den Endkunden bezogene Sphäre, vgl. Krick (1998), S. 269 f.

32 Vgl. Gemünden/Ritter/Walter (1996).

gruppe untersucht Geschäftsbeziehungen von Investitionsgüterherstellern, wobei insbesondere Netzwerke untersucht werden, in denen sich die Interaktionen vollziehen. Im deutschsprachigen Raum hat insbesondere PLINKE auf interorganisationaler Ebene Lieferanten-Kunden-Beziehungen als eine Folge von Transaktionen untersucht.[33] Zahlreiche weitere Untersuchungen beschäftigen sich mit Geschäftsbeziehungen im Business-to-Business Bereich, beispielsweise aus dem Blickwinkel der inneren Struktur und dem Verlauf einer Geschäftsbeziehung[34], dem Commitment als einer Form der Bindung eines Unternehmens an Geschäftsbeziehungspartner[35], der Entwicklung eines Beziehungsmanagements gegenüber Wettbewerbern[36], der Bedeutung von Kundenzufriedenheit in Geschäftsbeziehungen[37], aus verhaltenswissenschaftlicher Sicht bezüglich der Zusammenarbeit innerhalb von Kundenbeziehungsteams[38] sowie aus einer internationalen Betrachtung im Hinblick auf grenzüberschreitende Geschäftsbeziehungen[39]. Für den Bereich der Dienstleistungen hat sich die sogenannte *Nordic School*[40] schon früh mit Beziehungen auseinandergesetzt, wobei diese Forschungsrichtung sich hauptsächlich mit dem Dienstleistungsmanagement auseinandersetzt.[41] PAYNE, CHRISTOPHER, CLARK und PECK vertreten das Konzept einer *relationship management chain*, die in einer vierstufigen Abfolge ("Define the value proposition", "Segmentation, targeting and positioning", "Operations and delivery systems", "Measurement and feedback") ein Instrument zur Steigerung des Kundenwertes darstellen soll.[42] Für den Konsumgüterbereich haben schließlich vor allem die Arbeiten von SHETH und PARVATIYAR einen wichtigen Beitrag geleistet.[43]

33 Vgl. Plinke (1989).

34 Vgl. Schwaner (1996).

35 Vgl. Söllner (1993), der die Entstehung von engen Geschäftsbeziehungen zwischen Industriegüterunternehmen und Zulieferern im Rahmen von *Lean-Production*-Geschäftsbeziehungen theoretisch mit Hilfe des *Commitment* als Konstrukt einer empfundenen Bindung erklärt.

36 Vgl Gremminger (1995).

37 Vgl. Schütze (1992).

38 Vgl. Helfert (1998)

39 Vgl. Werp (1998).

40 Diese Forschergruppe besteht aus skandinavischen Wissenschaftlern um GRÖNROOS und GUMMESSON, die sich bereits in den achtziger Jahren formierte, vgl. Grönroos (1997), S. 1.

41 Vgl. Grönroos (1984); Grönroos (1990a); Gummesson (1994); Gummesson (1999).

42 Vgl. Payne/Christopher/Clark/Peck (1995), S. 6 ff.; Peck/Payne/Christopher/Clark (1999), S. 419 ff.

43 Vgl. Sheth/Parvatiyar (1995a), Sheth/Parvatiyar (1995b), Parvatiyar/Sheth (1996). Diese Autoren sind die Begründer der gelegentlich als *Emory School* bezeichneten Denkschule, vgl. Möller/ Halinen-Kaila (1997), S. 2.

DILLER sieht vier unterschiedliche Betrachtungsperspektiven bezüglich des Konstruktes Beziehungsmanagement, die von der Ausrichtung und Vorgehensweise der jeweiligen wissenschaftlichen Forschungsansätze abhängen.[44] Zunächst kann Beziehungsmanagement als neues theoretisches Paradigma zu Erklärung von Koordinationsprozessen in der Wirtschaft aufgefaßt werden. Weiterhin können Geschäftsbeziehungen als verhaltenswissenschaftliche Erfahrungsobjekte oder als Objekte der Erfolgsfaktorenforschung dienen. Schließlich kann das Beziehungsmanagement als Anwendungsfeld für bestimmte Management-Techniken gelten, indem es "stärker pragmatisch ausgerichtet nach Instrumenten zur Analyse und Gestaltung von GB [Geschäftsbeziehungen, L.F.] sucht"[45]. Die vorliegende Arbeit legt letztere Perspektive zugrunde, da sie den Einsatz von Call Centern als angewandtes Managementinstrument zur Umsetzung eines Beziehungsmanagements untersucht und damit in erster Linie auf gestalterische Aspekte abhebt.

3.1.2.3 Abgrenzung zu verwandten Begriffen

In der Diskussion um das Konzept Beziehungsmanagement ist in der wissenschaftlichen Literatur eine Vielzahl weiterer Begriffe anzutreffen, die zum Teil schon länger diskutiert, zum Teil erst seit kurzem Bestandteil der Diskussion sind. Für das eindeutige Verständnis der Bedeutung des Begriffes Beziehungsmanagement sind zunächst diese im folgenden näher zu betrachten und abgrenzend zu erläutern.

In der Marketingwissenschaft werden seit längerem verschiedene Ansätze diskutiert, die einen direkten Dialog oder direkte Lieferbeziehungen zwischen Unternehmen und Endabnehmern betreffen.[46] LINK versteht in diesem Zusammenhang unter *Direktmarketing* die "Herstellung unmittelbarer Kundenbeziehungen auf informationeller und ggf. auch leistungsmäßiger Ebene"[47]. Direktmarketing bedient sich somit "direkter Kommunikation und/oder des Direktvertriebes, um Zielgruppen direkt zu erreichen, und mehr-

---

44 Für die folgenden Ausführungen vgl. Diller (1994b), S. 5 ff.; vgl. auch Bruhn/Bunge (1994), S. 15 f.

45 Diller (1994b), S. 6.

46 Vgl. Link (1998b), S. 4.

47 Link (1998b), S. 4.

stufiger Kommunikation, um einen direkten Kontakt herzustellen"[48]. Es ist in der Literatur umstritten, ob sich die Direktheit nur auf die kommunikative Ebene oder auch auf andere Marketinginstrumente beziehen sollte.[49] Falls sich die Direktheit nur auf die kommunikative Ebene bezieht, kann Direktmarketing definiert werden als "Marketing auf der Grundlage individueller direkter kommunikativer Beziehungen"[50]. Der Unterschied zum Konzept des Beziehungsmanagements liegt insbesondere darin, daß letzteres explizit langfristige Beziehungen zwischen Unternehmen und Kunden anstrebt.[51] Weiterhin bezieht es sich - jedenfalls in der erweiterten Sichtweise[52] - auf alle Elemente des In-, Zwischen- und Umsystems der Unternehmung. Schließlich erfolgt im Rahmen eines Direktmarketing in der Regel eine einseitige Kommunikation über Massenmedien, die zwar in personalisierter Form erfolgt, jedoch keine interaktive Kommunikation zuläßt.

Unter *Online-Direktmarketing* versteht man die direkte Kommunikation im Zuge der Durchführung von Marketingaktivitäten auf der Basis von Datennetz-Techniken.[53]

Mit dem Begriff *Databasemarketing* kann man allgemein jene auf den Markt ausgerichtete Aktivitäten eines Unternehmens bezeichnen, die auf der Basis kundenindividueller, in einer Datenbank gespeicherter Informationen erfolgen.[54] Durch die Sammlung von diversen Daten ehemaliger, bestehender und potentieller Kunden soll der unternehmerische Mitteleinsatz in bezug auf den Kunden effizienter werden.[55]

Während die Konzepte des Database- und Direktmarketing viele Gemeinsamkeiten aufweisen, da sie von ähnlichen Voraussetzungen ausgehen und dieselben Instrumente zur Zielerreichung verwenden, ist das Konzept des Beziehungsmanagements eindeutig

48 Dallmer (1997b), S. 6.
49 Vgl. Hünerberg (1998), S. 108.
50 Hünerberg (1998), S. 108.
51 Vgl. Copulsky/Wolf (1990), S. 17.
52 Vgl. Kap 3.2.2 der vorliegenden Untersuchung.
53 Vgl. Hünerberg (1998), S. 110.
54 Vgl. Link/Hildebrand (1993), S. 30 ff.; Cespedes/Smith (1993), S. 7 ff.
55 Vgl. Shani/Chalasani (1992), S. 34; Eckel (1997), S. 62; Link/Hildebrand (1997a), S. 19 ff.

abgrenzbar.[56] Die folgende Abbildung veranschaulicht die Hauptunterschiede der beiden Konzepte.

Abb. 3.2 : Database versus Relationship Marketing

Database Marketing	Relationship Marketing
Transaction driven	Relationship driven
Single addressable message	One-to-one communication
Short-term interest in consumer	Long-term interest (customer lifetime value)
Keeps Traditional customer information (demographics, lifestyle)	Requires a much larger information base (transactions, preferences, satisfaction)
One-way communication channel	Interactive communication
Emphasis on efficient reach of customers	Emphasis on making customer equal partner

Quelle: Shani/Chalasani (1992), S. 37

Ein weiterer Begriff, der in besonderem Maße in der Telekommunikationsbranche anzutreffen ist, ist der Terminus *Customer Care*. Er bezeichnet allgemein eine umfassende Kundenausrichtung eines Unternehmens mit dem Ziel, eine Steigerung der Kundenzufriedenheit und -bindung zu erreichen.[57] Customer Care beschäftigt sich mit "customer satisfaction, that is, putting the customer first, anticipating needs and problems, tailoring products and services to meet needs, and establishing customer relationships"[58]. Insofern handelt es sich bei diesem Begriff, der oft im Zusammenhang mit neuen Techniken, vor allem in der Praxisliteratur, zu finden ist, lediglich um eine Umschreibung für den Begriff *Kundenorientierung*.

Der Begriff *Electronic Customer Care* wird von einigen Autoren für die Umschreibung des Einsatzes von Informationstechniken in Anbieter-Kunden-Beziehungen verwendet.[59]

---

56 Vgl. Eckel (1997), S. 62.
57 Vgl. Hünerberg/Mann (1999), S. 289; Lewis (1995), S. 58.
58 Cunningham (1995), S. 57.
59 Vgl. Muther/Österle (1998), S. 167 ff.

3.1.2.4 Paradigmadiskussion

In der wissenschaftlichen Diskussion beschäftigt sich eine zum Teil heftig geführte Debatte mit der Frage, ob es sich bei dem Konzept des Beziehungsmanagements um eine grundlegend neue Perspektive oder um "alten Wein in neuen Schläuchen"[60] handelt.[61] Dabei wird in der Diskussion sogar der Begriff des Paradigmas herangezogen und diskutiert, ob es sich bei der zunehmenden Beschäftigung mit Beziehungen in der Wissenschaft um einen Paradigmenwechsel des Marketing im speziellen und der Betriebswirtschaftslehre generell handele.[62] Die große Bandbreite an völlig unterschiedlichen Sichtweisen liegt unter anderem darin begründet, daß eine Unklarheit über den Paradigmabegriff an sich besteht. Der Begriff wurde von KUHN in die Wissenschaftstheorie eingeführt, der unter einem Paradigma "universally recognised scientific achievements that for a time provide model problems and solutions to a community of practitioners"[63] versteht.[64] Jedoch ist der Begriff bereits bei KUHN selbst, aber auch im übrigen Schrifttum, mit zahlreichen Unklarheiten behaftet.[65] So existieren auch eingeschränktere Sichtweisen, wonach ein Paradigma bereits in einem bestimmten Forschungsziel, einer Forschungsmethode oder einer Betrachtungsperspektive liegen kann.[66]

---

60 Bruhn/Bunge (1996), S. 173.

61 HANSEN und BODE ordnen das Konzept zwischen die beiden Pole "Revolution der Marketingwissenschaft" und "temporäre, modische Erscheinung" ein, vgl. Hansen/Bode (1999), S. 293.

62 Für diese Sichtweise plädiert vehement GUMMESSON, vgl. Gummesson (1998), S. 243; Gummesson (1999), S. 252 ff. Von einem Paradigmenwechsel sprechen weiterhin Grönroos (1995a), S. 10 f., Gruen (1997), S. 32; Payne/Christopher/Clark/Peck (1995), S. VII und S. 3 sowie Sheth/Parvatiyar (1995b), S. 397. Kritisch äußern sich dagegen Möller/Halinen-Kaila (1997), S. 6; Bliemel/Eggert (1997), S. 1; Backhaus (1997), S. 33; Bruhn/Bunge (1994), S. 45 sowie Hansen/Bode (1999), S. 293.

63 Kuhn (1970), S. VIII.

64 Kennzeichnend für ein Paradigma ist eine "underlying unity in terms of its basic and often 'taken for granted' assumptions, which separate a group of theorists in a very fundamental way from theorists located in other paradigms" (Burrell/Morgan (1979), S. 23). Vereinfacht gesprochen handelt es sich bei einem Paradigma in der Betriebswirtschaftslehre um einen "theorieleitende[n] Basiszusammenhang" (Schreyögg (1998), S. 356) oder schlicht um einen "Grundansatz" (Steinmann/Schreyögg (1997), S. 39).

65 Vgl. Backhaus (1997), S. 29; Engelhardt (1997), S. 5.

66 Vgl. Engelhardt (1997), S. 14.

Diese Diskussion soll an dieser Stelle nicht näher vertieft werden. Vielmehr soll hier festgehalten werden, daß über die wissenschaftstheoretische Bedeutung eines möglichen Perspektivenwechsels zu einer Beziehungsorientierung im wissenschaftlichen Schrifttum kein Konsens herrscht.

3.2 Definitionsansätze

3.2.1 Die Begriffe Geschäftsbeziehung und Kundenbeziehung

In der deutschsprachigen betriebswirtschaftlichen Literatur läßt sich die Diskussion zum Beziehungsmanagement auf die Beschäftigung mit dem Begriff der *Geschäftsbeziehung* zurückführen. Dieser Begriff wurde im Schrifttum zunächst vor allem für die Charakterisierung von Beziehungen zwischen Unternehmen im Business-to-Business-Bereich verwendet.[67]

GEMÜNDEN versteht unter einer Geschäftsbeziehung "langfristig angelegte, von ökonomischen Zielen geleitete Interaktionsprozesse und Bindungen zwischen Mitgliedern verschiedener Organisationen, die auf eine Folge von Austauschvorgängen gerichtet sind"[68]. Nach PLINKE handelt es sich bei einer Geschäftsbeziehung um "eine Folge von Markttransaktionen zwischen einem Anbieter und einem Nachfrager, die nicht zufällig ist"[69] und die durch eine innere Verbindung gekennzeichnet ist.[70] DILLER und KUSTERER bezeichnen "jeden von ökonomischen Zielen zweier Organisationen geleiteten Organisationsprozeß zwischen zwei und mehr Personen ab dem ersten Geschäftsabschluß"[71] als eine Geschäftsbeziehung. In einer jüngeren Definition versteht DILLER unter Geschäftsbeziehungen "von ökonomischen Zielen geleitete Interaktionsprozesse mit personalen Kontakten, langfristigen Geschäftsperspektiven und (damit verbunden) einer investiven Komponente"[72].

67 Vgl. Plinke (1989), S. 306 ff.; Plinke (1997), S. 3; Werp (1998), S. 25 f.; Engelhardt/Freiling (1994), S. 53 ff.
68 Gemünden (1990), S. 34.
69 Plinke (1997), S. 23.
70 Vgl. Plinke (1989), S. 307 f.
71 Diller/Kusterer (1988), S. 211.
72 Diller (1994), S. 1.

Einen Ansatz, die vielfältigen Dimensionen und Formen möglicher Geschäftsbeziehungen zu strukturieren, liefern Bruhn und Bunge, wie die folgende Tabelle zeigt.

Abb. 3.3 : Formen von Geschäftsbeziehungen im Überblick

Dimensionen von Geschäftsbeziehungen	**Formen von Geschäftsbeziehungen**		**Beispiele**
Träger von Geschäftsbeziehungen	Unternehmen		Konsumgüter-, Investitionsgüter-, DL-Unternehmen
	Institutionen		Staat, öffentliche Einrichtungen, Vereine
	Gruppen		Abteilungen, Familien, Aktionäre
	Individuen		Konsumenten, Zwischenhändler, Mitarbeiter
Richtung der Geschäftsbeziehungen	unternehmens-extern gerichtet	horizontal	Joint Ventures, strategische Allianzen
		vertikal	Hersteller-Konsument, Buying Center-Selling Center
		lateral	Beziehung zu Behörden, Medien, Mafo-Instituten
	unternehmens-intern gerichtet	horizontal	Beziehung Marketingleiter-Leiter Vertrieb
		vertikal	Beziehung Filialleiter-Schalterpersonal
		lateral	Beziehung Personalsachbearbeiter-Marketingleiter
Inhaltliche Ebene der Geschäftsbeziehungen	Sachproblemebene		Produkt-/DL-Transaktionen, Preisverhandlungen
	Organisationsebene		Warenlogistik, Zahlungsverkehr, Komm.kanäle
	Machtebene		Abhängigkeit Vorgesetzter-Mitarbeiter (Art/Ausmaß)
	Menschlich-emotionale Ebene		Wertetransaktion (Ideen, Meinungen, Normen)
Dauer/Intensität der Geschäftsbeziehungen	Dauer der Beziehung	kurz	2wöchiges Unternehmensberatungsprojekt
		mittel	2-Jahres-Garantie beim Autokauf
		lang	langjährige Geschäftsbeziehungen
	Häufigkeit der Interaktion	kurz	Hauserwerb
		mittel	Beziehung Autowerkstatt-Kunde
		lang	LH-Einkauf, Bankdienstleistungen, Arbeitsverhältnis
Symmetrie der geschäftlichen Bindung	asymmetrisch		einseitige Markentreue des Nachfragers Automobilhersteller-abhängiger Zulieferer
	symmetrisch		ausgeglichene Business-to-Business-Geschäfte

Quelle: Bruhn/Bunge (1996), S. 183

Aus dieser Darstellung wird deutlich, daß der Begriff der Geschäftsbeziehung sich nicht nur auf den Bereich der interorganisationalen Markttransaktionen, sondern auch auf die Sphäre der Endverbraucher richten kann.

Bereits die Definition von Plinke beschränkt sich nicht nur auf Geschäftsbeziehungen im business-to-business Bereich, da auch Beziehungen zu privaten Kunden als eine

Folge von Transaktionen mit einer inneren Verbindung angesehen werden können, wenn auch in der Regel nicht mit einer in gleichem Umfang vertraglichen Absicherung wie auf Investitionsgütermärkten.[73] Auch im übrigen Schrifttum bezieht sich der Begriff auch auf Beziehungen zwischen Personen und Institutionen und kann insofern mit dem Begriff Kundenbeziehung gleichgesetzt werden.[74] Daher soll im folgenden der Begriff Kundenbeziehung synonym für eine Geschäftbeziehung von Unternehmen mit Endkunden verwendet werden.

3.2.2 Überblick über verschiedene Definitionsansätze

Generell herrscht in der Literatur Einigkeit dahingehend, daß das Beziehungsmanagement die "aktive und systematische Analyse sowie zielorientierte Gestaltung individueller Geschäftsbeziehungen"[75] umfaßt. Es hebt insbesondere auf eine langfristige, interaktionale Beziehung zwischen Anbieter und Kunden ab.[76]

Weiterhin wird allgemein als Kernidee die Handhabung bestehender Kundenbeziehungen im Gegensatz zur Gewinnung von Neukunden herausgestellt.[77] Uneinigkeit herrscht jedoch darin, welchen Umfang das Konzept in bezug auf die angesprochenen Zielgruppen umfassen sollte. Hier lassen sich in der Literatur eine eher eingeschränkte Sichtweise und eine umfassende Sichtweise unterscheiden.[78]

Die engere Sichtweise beschränkt Adressaten eines Beziehungsmanagements ausschließlich auf Kunden - wobei es sich um bestehende, ehemalige oder potentielle Kunden handeln kann - eines Unternehmens, während die umfassendere Sichtweise auch weitere Interessengruppen im Umfeld der Unternehmung einbezieht.

---

73 Vgl. Grund (1998), S. 91.

74 Vgl. Richter-Mundani (1999), S. 8.

75 Eckel (1997), S. 44.

76 Vgl. Gummesson (1994), S. 81.

77 Vgl. Backhaus (1997), S. 22; Meffert (1994), S. 2 ff.; Grönroos (1995b), S. 253; Diller (1996), S. 81; Sheth/Parvatiyar (1995b), S. 397 f.

78 Vgl. Krick (1998), S. 158 ff.; Eckel (1997), S. 44 ff.

Die Definition von Berry, auf die die Auseinandersetzung mit Formen von Austauschbeziehungen im wissenschaftlichen Schrifttum allgemein zurückgeführt wird[79], legt die engere Sichtweise zugrunde und definiert Beziehungsmanagement als "attracting, maintaining and [...] enhancing customer relationships"[80]. Shani und Chalasani fokussieren gleichfalls ihre Überlegungen ausschließlich auf Kunden, indem sie Beziehungsmanagement als "... an integrated effort to identify, maintain and build up a network with individual consumers and to strengthen the network for the mutual benefit of both sides, through interactive, individualized and value-added contacts over a long period of time"[81] definieren. Sheth und Parvatiyar sehen den Fokus einer Beziehungsorientierung in "establishing and enhancing a long-term, mutually beneficial relationship between the consumer and the marketer"[82]. Gordon definiert Beziehungsmanagement als "the ongoing process of identifying and *creating new value* with individual customers and then *sharing the benefits* from this over a lifetime of association."[83] Auch Rau beschränkt sich in seiner Untersuchung zum Beziehungsmanagement auf eine Betrachtung von Kunden eines Unternehmens.[84]

Bei dieser engeren Sichtweise eines Beziehungsmanagements handelt es sich im Grunde lediglich um eine Rückbesinnung auf die "Leitidee der zwischen Marktteilnehmern stattfindenden Austauschbeziehungen"[85]. Homburg und Bruhn belegen dieses ausschließlich auf Kunden ausgerichtete Beziehungsmanagement mit dem Begriff Kundenbindungsmanagement, das sie als "die systematische Analyse, Planung, Durchführung sowie Kontrolle sämtlicher auf den aktuellen Kundenstamm gerichteten Maßnahmen mit dem Ziel, daß diese Kunden auch in Zukunft die Geschäftsbeziehung aufrechterhalten oder intensiver pflegen"[86] definieren.[87] Meffert versteht unter Kunden-

79 Vgl. stellvertretend Backhaus (1997), S. 22. Der Begriff *Relationship Marketing* geht allerdings zurück auf Motley, der den Terminus bereits 1980 in einem Aufsatz verwendet, vgl. Motley (1980).

80 Berry (1983), S. 25. Diese Definition wird von Grund als tautologisch abgelehnt, da das Definiendum *Beziehung* auch als Definiens fungiert, vgl. Grund (1998), S. 69.

81 Shani/Chalasani (1992), S. 34.

82 Sheth/Parvatiyar (1995a), S. 264.

83 Gordon (1998), S. 9 (Hervorhebungen im Original).

84 Vgl. Rau (1994), S. 27 f.

85 Bruhn/Bunge (1994), S. 8.

86 Homburg/Bruhn (1999), S. 8.

87 Vgl. ähnlich Meffert, der als Unterschied zum Kundenbindungsmanagement die Ausrichtung des Beziehungsmanagements "... auch auf *andere Geschäftsbeziehungen* sowie nicht unmittelbar ge-

bindungsmanagement die "... systematische Planung, Realisation, Kontrolle und Anpassung aller auf den aktuellen Kundenstamm gerichteten Aktivitäten mit dem Ziel, die Wechselbereitschaft durch die Herstellung oder Intensivierung von faktischen und emotionalen Bindungen zu verringern bzw. temporär einen Wechsel auszuschließen"[88]. Demnach umfaßt es alle Anstrengungen, die "... geeignet erscheinen, Geschäftsbeziehungen zu Kunden enger zu gestalten"[89].

DILLER versteht unter Beziehungsmanagement die "aktive und systematische Analyse, Selektion, Planung, Gestaltung und Kontrolle von Geschäftsbeziehungen im Sinne eines ganzheitlichen Konzeptes von Zielen, Leitbildern, Einzelaktivitäten und Systemen"[90]. Dieses Konzept bildet eine "*aufeinander abgestimmte Gesamtheit der Grundsätze, Leitbilder und Einzelmaßnahmen zur langfristig zielgerichteten Selektion, Anbahnung, Steuerung und Kontrolle von Geschäftsbeziehungen*"[91]. Demnach handelt es sich um eine Ausprägung einer kundenorientierten Unternehmensführung. GUMMESSON definiert "Relationship Marketing is marketing seen as relationships, networks and interactions"[92] und betont die Notwendigkeit einer Beziehungsorientierung aller Unternehmensmitglieder und das Prinzip einer gegenseitigen *win-win-Relation* von Anbieter und Nachfrager.[93] GRÖNROOS definiert eine Beziehungsorientierung als "*the process of identifying and establishing, maintaining, enhancing, and when necessary terminating relationships with customers and other stakeholders, at a profit, so that the objectives of all parties involved are met, where this is done by a mutual giving and fulfilment of promises*"[94]. Nach HENTSCHEL bezieht sich der Begriff auf die "Planung, Koordination und Kontrolle aller auf mögliche und bestehende Geschäftsbeziehungen ausgerichteten Aktivitäten"[95] eines Unternehmens.

---

schäftsbedingte Zielgruppenkontakte ..." (Meffert (1999), S. 119, Hervorhebungen im Original) herausstellt.

88 Meffert (1998), S. 119.

89 Diller (1996), S. 82.

90 Diller (1995a), S. 442.

91 Diller (1995b), Sp. 286 (Hervorhebungen im Original).

92 Gummesson (1999), S. 1.

93 Gummesson (1994), S. 81.

94 Grönroos (1997), S. 4 (Hervorhebungen im Original). BACKHAUS kritisiert in diesem Zusammenhang die nahezu vollständige Übernahme von Begrifflichkeiten der Definition von BERRY durch GRÖNROOS, vgl. Backhaus (1997), S. 22.

95 Hentschel (1991), S. 25.

Der in den vorstehenden Definitionen zum Ausdruck kommende erweiterte Sichtweise soll auch in der vorliegenden Arbeit gefolgt werden. Unter Beziehungsmanagement wird daher im folgenden verstanden das

systematische Management des Aufbaus, der Aufrechterhaltung sowie der Vertiefung von langfristigen Beziehungen einer Unternehmung zu Kunden und weiteren Mitgliedern ihres Zwischen- und Umsystems, um durch die Erzielung von Bindungs- und Loyalitätsseffekten Wettbewerbsvorteile zu erlangen.

Während die Beschäftigung mit unterschiedlichsten Interaktionspartnern als keine spezifische Neuartigkeit des Konzeptes Beziehungsmanagement aufgefaßt werden kann, ist die Fokussierung auf eine zielgerichtete Individualisierung durch die Etablierung von Beziehungen mit einzelnen Interaktionspartnern sowie die langfristige Orientierung dieses Handelns als wesentliches Charakteristikum des Konzeptes hervorzuheben.

Hieraus wird gleichfalls deutlich, daß das Konzept Beziehungsmanagement keinen Ersatz für das Marketing als Unternehmensführungskonzept darstellt, sondern lediglich einerseits einen neuen Fokus auf langfristige Beziehungen mit Interaktionspartnern legt und andererseits sich neuer Methoden bedient, die durch die Entwicklung moderner Kommunikations- und Informationstechniken erst möglich geworden sind.[96] Hierin kommt der Charakter des Beziehungsmanagements als ein kundenorientierter Managementansatz zum Ausdruck.[97]

3.2.3 Kritik am Konzept

Das Denken in Beziehungen ist jedoch in der Betriebswirtschaftslehre keineswegs neu, weshalb dem Konzept des Beziehungsmanagements im wissenschaftlichen Schrifttum ein hoher Neuigkeitsgrad abgesprochen wird.[98] In diesem Zusammenhang weist BUTTLE

96 Vgl. die Ausführungen in Kap. 3.3.3.1 der vorliegenden Arbeit.
97 Vgl. Bruhn/Georgi (1999), S. 413.
98 Vgl. Backhaus (1997), S. 31; Webster (1992), S. 6; Meffert (1994), S. 1; Möller/Halinen-Kaila (1997), S. 3.

auf die lange Geschichte des Denkens in Beziehungen in der Wirtschaftspraxis hin.[99] Auch sind Elemente des Beziehungsmanagementansatzes schon immer Gegenstand der angloamerikanischen Managementlehre[100] gewesen. So führt DRUCKER bereits 1954 aus: "Because the purpose of business is to create and keep customers [...] the basic function of marketing is to attract and retain customers at a profit"[101]. Neuartig ist daher nicht der Gegenstand selbst, sondern die Fokussierung der Unternehmenspolitik auf beziehungsorientierte Gesichtspunkte und Gestaltungsparameter.[102]

Ein geschichtlicher Rückblick verdeutlicht, daß Beziehungsmanagement im Grunde von jeher einen Bestandteil menschlichen Handelns ausmachte.[103] So wurden in der vorindustriellen Zeit im wesentlichen alle Leistungsaustausche in Form individueller Interaktionen zwischen Anbietern und Nachfragern vollzogen.[104] Erst mit einer ständigen Verbesserung von Produktions- und Distributionstechnologien im Zuge der Industrialisierung kam es zu einer Massenproduktion, die in einer zunehmenden Entfremdung der Marktteilnehmer resultierte.[105] Erst in jüngerer Zeit haben Informations- und Kommunikationstechnologien ihren Rückstand gegenüber Produktionstechnologien aufholen können, indem sie etwa eine kostengünstige direkte Ansprache von Endkunden ermöglichen. Die hierdurch realisierbare massenhafte Individualansprache ermöglicht eine Reindividualisierung von Geschäfts- bzw. Kundenbeziehungen.[106] Insofern kommt den neuen Techniken die Rolle eines *enabler* für die Umsetzung dieses Konzeptes zu. Dies wird jedoch in der Literatur nicht uneingeschränkt so gesehen. Für KRICK bedeutet der Technikeinsatz lediglich "die Fortführung herkömmlicher Marktbearbeitung mit verbesserten technologischen Möglichkeiten"[107].

99 Vgl. Buttle (1996b), S. 10; ähnlich Möller/Halinen-Kaila (1997), S. 4.

100 Die Managementlehre als Lehre von der Unternehmensführung ist eine "Lehre der systematischen Erörterung von betrieblichen Steuerungsproblemen" (Steinmann/Schreyögg (1997), S. 37), die praktische Probleme in den Vordergrund stellt, die mit Hilfe methodisch fundierter Bezugsrahmen formuliert und einer möglichen Lösung zugeführt werden sollen, vgl. Staehle (1999), S. 74 sowie Steinmann/Schreyögg (1997), S. 38.

101 Drucker (1954), S. 37.

102 Vgl. Diller (1995a), S. 442; Diller/Kusterer (1988), S. 211.

103 Vgl. Sheth/Parvatiyar (1995b), S. 403 f.

104 GRUND spricht von einem "nativen" Beziehungsmanagement, in dem Geschäfte per Handschlag getätigt wurden, vgl. Grund (1998), S. 66.

105 Vgl. Grund (1998), S. 66.

106 Vgl. Child et al. (1995), S. 113 f.; Sheth/Parvatiyar (1995b), S. 408 f.

107 Krick (1998), S. 161.

Die folgende Abbildung veranschaulicht schematisch die geschilderte Entwicklung.

Abb. 3.4 : Wirtschaftsgeschichtliche Phasen der Beziehungen

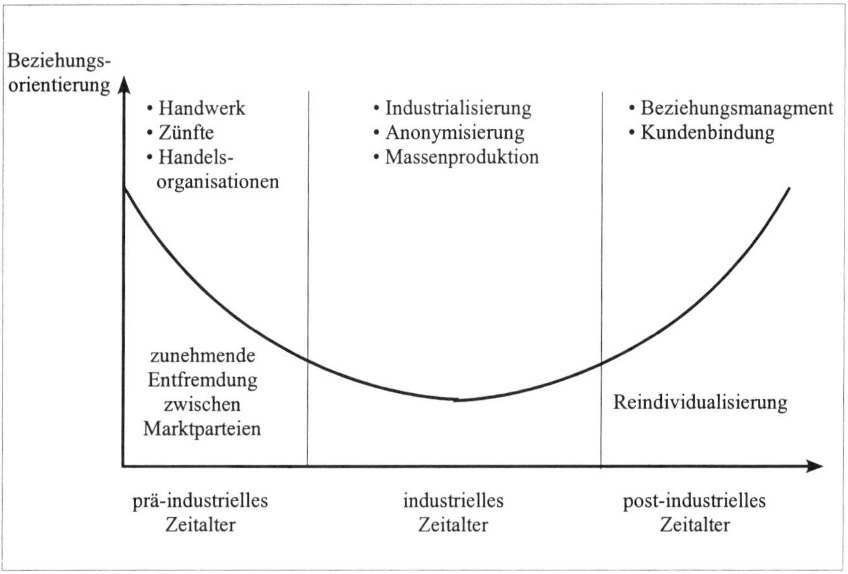

Quelle: In Anlehnung an Sheth/Parvatiyar (1995b), S. 409 und Grund (1998), S. 66.

3.3 Umsetzung eines Beziehungsmanagements

In der Unternehmenspraxis ist dem Konzept noch bis vor kurzem allgemein wenig Aufmerksamkeit gewidmet worden. So führt WEBSTER aus, Beziehungsmanagement sei "not new in management thinking. However, there appears to have been a fairly long period of time when it was not a top priority for most companies ..."[108].

Die folgenden Ausführungen geben einen Überblick über Ziele, Strategien und Instrumente in der Umsetzung eines Beziehungsmanagements.

[108] Webster (1992), S. 6 f.

3.3.1 Ziele

Ziel eines Beziehungsmanagements ist es, "to involve and integrate customers, suppliers and other infrastructural partners into a firm's developmental and marketing activities"[109]. Durch eine Abkehr von einem bislang überwiegend praktizierten Beeinflussungsmanagement, das mit seiner transaktionsorientierten Sichtweise[110] auf die Bearbeitung eines Massenmarktes ausgerichtet ist, soll eine Individualisierung der Marktbeziehungen vollzogen werden.[111] Diese Entwicklung kann man als einen Übergang von einer Transaktions- zu einer Beziehungsökonomie charakterisieren.[112] Hierdurch kommt es zu einem Perspektivenwechsel von einer tendenziell kurzfristigen Betrachtung hin zu einer langfristigen, interaktionsbezogenen Sichtweise.[113]

Abb. 3.5 : Der Wechsel zu einer Beziehungsorientierung

Transactional focus	*Relationship focus*
• Orientation to single sales	• Orientation to customer retention
• Discontinuous customer contact	• Continuous customer contact
• Focus on product features	• Focus on customer value
• Short time scale	• Long time scale
• Little emphasis on customer service	• High customer service emphasis
• Limited commitment to meeting customer expectations	• High commitment to meeting customer expectations
• Quality is the concern of production staff	• Quality is the concern of all staff

Quelle: Payne/Christopher/Clark/Peck (1995), S. VIII

109 Sheth/Parvatiyar (1995b), S. 399.

110 Auch diese Behauptung von Marketing als einer Theorie, die sich mit Transaktionen als isolierten Ereignissen befaßt, ist nicht nicht unumstritten. So führen BLIEMEL und EGGERT aus "... can traditional marketing theory really be epitomised as the study of and theory for discrete events ? In our opinion it cannot." (Bliemel/Eggert (1997), S. 4).

111 Vgl. Hesse (1997), S. 22; Hildebrand (1997), S. 2 ff.; Gruen (1995), S. 447; Töpfer/Mann (1999), S. 62; Wehrli (1994), S. 191; Sheth/Parvatiyar (1995b), S. 397 f.

112 Vgl. Dichtl/Schneider (1994), S. 6. WEBSTER spricht von "a shift from a transactions to a relationship focus" (Webster (1992), S. 14).

113 Vgl. Grönroos (1995b), S. 253; Gruen (1997), S. 33 f.; Diller (1995a), S. 447; Meffert (1994), S. 2 f.; Gummesson (1987b), S.12; Copulsky/Wolf (1990), S. 17; Möller/Halinen-Kaila (1997), S. 18.

Grundlegende Aspekte eines solches Wechsels zu einer Beziehungsorientierung stellt Abbildung 3.5 dar.

3.3.1.1 Intendierte ökonomische Erfolgswirkungen

Potentielle ökonomische Erfolgswirkungen eines Beziehungsmanagements werden in der Literatur mit Hinweis auf eine Wirkungs- bzw. Kausalkette begründet, die sich aus den Gliedern Kundenzufriedenheit, Kundenloyalität, Kundenbindung und ökonomischer Erfolg zusammensetzt.[114] Insbesondere wird die höhere Erfolgswahrscheinlichkeit einer auf Kundenbindung ausgerichteten Unternehmensstrategie gegenüber einer aggressiven Strategie zur Neukundenakquisition betont.[115] Diese höhere Erfolgswahrscheinlichkeit wird begründet mit dem vermuteten Zusammenhang zwischen dem Beitrag eines Kunden zum Unternehmenserfolg und der Dauer der Geschäftsbeziehung dieses Kunden mit dem Unternehmen.[116] Dieser Wert eines Kunden in Form des abgezinsten Ertrages, den ein Unternehmen aus der Beziehung über ihre Dauer erzielt, wird als *customer lifetime value*[117] oder *customer equity*[118] bezeichnet. REICHHELD und SASSER haben die vermuteten Wirkungszusammenhänge für einige Branchen des Dienstleistungs- und Konsumgüterbereiches empirisch nachgewiesen.[119] So konnte für den Bankenbereich gezeigt werden, daß Reduktion einer Abwanderungsrate um 5 % eine Erlössteigerung von 85 % zur Folge hatte.[120]

---

114 Vgl. Homburg/Bruhn (1999), S. 9 f.; Bruhn/Meffert (1998b), S. 11; Töpfer/Mann (1999), S. 63; DeSouza (1992), S. 24; Hildebrand (1998), S. 61 f.; Richter-Mundani (1999), S. 26; Krafft (1999), S. 525 ff.; Heskett et al. (1994), S. 165 f.; Meffert (1999), S. 118; Homburg/Faßnacht (1998), S. 423 f.; Storbacka/Strandvik/Grönroos (1994), S. 23 f.

115 Vgl. Bruhn/Georgi (1999), S. 413 sowie die dort aufgeführten Quellen.

116 Vgl. Reichheld/Sasser (1990), S. 107 ff.; Heskett et al. (1994), S. 164 ff.; Peter (1997), S. 268 f.; Gordon (1998), S. 145 f.

117 Vgl. Vavra (1992), S. 39 ff.; Blattberg/Deighton (1991), S. 7 f. RICHTER-MUNDANI verwendet den Begriff *Lebenszeitwert*, vgl. Richter-Mundani (1999), S. 22.

118 BLATTBERG und THOMAS verstehen darunter "the value associated with a customer based on : (1) the customer's lifetime economic value and (2) the indirect economic return from influencing other prospective or current customers" (Blattberg/Thomas (1999), S. 362).

119 Vgl. Reichheld/Sasser (1990), S. 105 ff.

120 Vgl. Reichheld/Sasser (1990), S. 107.

Abb. 3.6 : Ökonomische Wirkungskette des Beziehungsmanagements

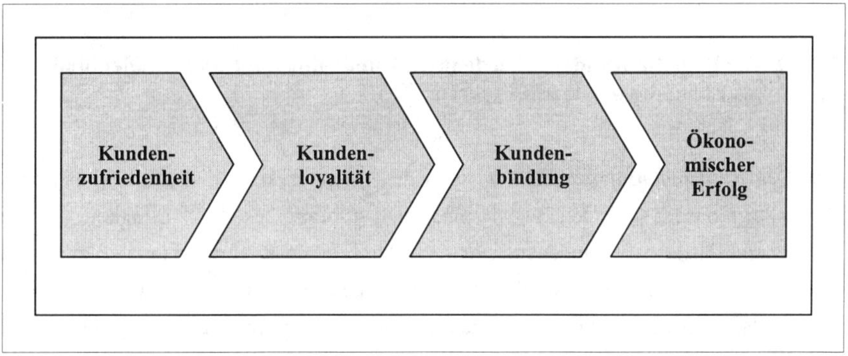

Quelle: Eigene Darstellung

Das Konzept der in Abbildung 3.6 dargestellten Wirkungskette sieht vor, daß sich nach einer positiven Bewertung eines Produktes oder einer Dienstleistung durch den Kunden Zufriedenheit einstellt, die zu einer positiven Überzeugung und einer geringeren Wechselbereitschaft und damit zu Kundenloyalität führen kann, woraufhin es zu einer Kundenbindung in dem Fall kommen kann, wenn die positive Überzeugung sich in einem realen Wiederkaufverhalten manifestiert.[121] Die eingetretenen Wirkungseffekte sollen dann zu einer Steigerung des ökonomischen Erfolges führen.[122]

Aus den bisherigen Ausführungen wird deutlich, daß die Beziehung zum Kunden einen entscheidenden Wert innerhalb der gesamten unternehmerischen Leistungserbringung darstellt.[123]

[121] Vgl. Homburg/Bruhn (1999), S. 9 f. Als weiteres Konstrukt innerhalb dieser Kette wird mitunter der Begriff *Kundennähe* verwendet, vgl. beispielsweise Homburg/Faßnacht (1998), S. 408. Kundennähe bezeichnet allgemein das Verhalten eines Anbieters und stellt damit ein institutionelles Phänomen dar, vgl. Homburg/Faßnacht (1998), S. 408. HOMBURG konzeptualisiert Kundennähe als Kundennähe des Leistungsangebotes und Kundennähe des Interaktionsverhaltens, vgl. Homburg (1998), S. 164 ff. In seiner empirischen Studie im Industriegüterbereich weist er "... eine starke positive Assoziation zwischen Kundennähe und Profitabilität ..." (Homburg (1998), S. 209) nach.

[122] Vgl. Homburg/Bruhn (1999), S. 9. Die Wirkungskette darf trotz empirischer Nachweise jedoch nicht als Automatismus aufgefaßt werden, da insbesondere die Bedeutung moderierender Variablen zu beachten ist, vgl. Murmann (1999), S. 3 f.

[123] Vgl. Lehmann (1995), S. 31.

Es folgt eine Erläuterung der Begriffe der einzelnen Elemente der Wirkungskette.

3.3.1.2 Die Begriffe Kundenzufriedenheit, Kundenloyalität und Kundenbindung als Elemente der Wirkungskette

Der Begriff *Kundenzufriedenheit* wird in der Literatur stark diskutiert, wobei kein genereller Konsens über den Begriffsinhalt und -umfang besteht.[124] Einigkeit herrscht weitgehend darin, daß Kundenzufriedenheit durch einen Evaluationsprozeß zwischen erwarteten und erlebten Leistungen eines Unternehmens entsteht.[125] Diese Grundannahme, daß Zufriedenheit entsteht, wenn Erwartungen erfüllt werden, folgt dem sogenannten *Erwartungsdiskonfirmations-Paradigma.*[126] Das positive Ergebnis des Abgleichs zwischen Erwartungen und wahrgenommener Leistungen stellt Kundenzufriedenheit, das negative Ergebnis Kundenunzufriedenheit dar. Zwischen diesen Polen existiert weiterhin eine Toleranzzone, in der der Nachfrager indifferent gegenüber der erbrachten Leistung ist.[127]

Kundenloyalität bezeichnet ein grundsätzliches Vertrauensverhältnis, allgemein positive Einstellungen sowie die Akzeptanz eines Kunden in Bezug auf die Leistungsfähigkeit eines Unternehmens.[128] Dick und Basu definieren *customer loyalty* als "... relationship between the relative attitude toward an entity (brand/service/store/vendor) and patronage behavior"[129].

Zum Begriff *Kundenbindung* liegt noch kein einheitliches Begriffsverständnis vor.[130] Generell lassen sich jedoch zwei Sichtweisen in der Literatur ausmachen. Die erste nimmt eine anbieterbezogene Perspektive ein, in der der Begriff Kundenbindung einen

---

[124] Vgl. Schütze (1992), S. 10 ff und S. 127; Peter (1997), S. 7; Simon/Homburg (1998b), S. 19 f.; Wimmer/Roleff (1998b), S. 1242.

[125] Vgl. Dichtl/Schneider (1994), S. 7; Homburg/Giering/Hentschel (1998), S. 84; Matzler/Hinterhuber/Handlbauer (1997b), S. 733.

[126] Vgl. Homburg/Bruhn (1999), S. 6; Matzler/Hinterhuber/Handlbauer (1997b), S. 733; Fornell (1992), S. 11.

[127] Vgl. beispielsweise Parasuraman/Berry/Zeithaml 1991, S. 42.

[128] Vgl. Homburg/Bruhn (1999), S. 9.

[129] Vgl. Dick/Basu (1994), S. 100.

[130] Vgl. Bliemel/Eggert (1998), S. 39; Meyer/Blümelhuber (1999), S. 193; Diller (1996), S. 81.

instrumentellen Charakter aufweist, während die zweite Sichtweise eine nachfragerorientierte Perspektive einnimmt, die die Kundenbindung verhaltensorientiert interpretiert.[131]

Die anbieterbezogene Perspektive betont die managementrelevanten Aspekte und versteht unter dem Konstrukt eine unternehmerische Aufgabe, die mit dem Ziel der Erreichung ökonomischer Ziele erfolgt, mithin eine dynamische Komponente beeinhaltet.[132] Kundenbindung kann dann aufgefaßt werden als "... Realisierung oder Planung wiederholter Transaktionen zwischen einem Anbieter und einem Abnehmer innerhalb eines in Abhängigkeit von der Transaktion bestimmten Zeitraums"[133]. Der Begriff wird dann als "ein im vorökonomischen Bereich angesiedeltes Marketingziel"[134] charakterisiert.[135]

In der nachfragerorientierten Sichtweise wird Kundenbindung als das Ergebnis unternehmerischer Aktivitäten verstanden und bezeichnet insofern einen Zustand bzw. eine statische Größe.[136] In dieser Perspektive dient Kundenbindung als Maßgröße der "Beziehungsstärke einer Person zu einem in der Vergangenheit mindestens einmal in Anspruch genommenen Anbieter, die sich - unter Berücksichtigung situativer Bedingungen - in einem für das Unternehmen positiven Kundenverhalten manifestiert"[137]. Sie bezeichnet insofern eine Verhaltensorientierung von Konsumenten und umfaßt deren bisheriges Kauf- und Weiterempfehlungsverhalten sowie zukünftige Wiederkauf-, Zusatzkauf- und Weiterempfehlungsabsichten.[138] Da die vorliegende Untersuchung einen instrumentellen Blickwinkel hat, wird die nachfragerorientierte Perspektive im folgenden vernachlässigt.

---

131 Vgl. Homburg/Giering/Hentschel (1999), S. 88; Meffert (1999), S. 119.
132 Vgl. Meyer/Blümelhuber (1999), S. 193; Meffert (1999), S. 119.
133 Peter (1997), S. 8.
134 Diller (1996), S. 92.
135 Mitunter wird in der Kundenbindung sogar ein zentrales unternehmerisches Ziel gesehen, vgl. Stauss (1999), S. 215.
136 Vgl. Meyer/Blümelhuber (1999), S. 194.
137 Grund (1998), S. 11.
138 Vgl. Meyer/Oevermann (1995), Sp. 1341; Homburg/Faßnacht (1998), S. 415.

Obgleich die Wirkungszusammenhänge innerhalb der erläuteten Wirkungskette in zahlreichen Untersuchungen zumindest in Teilbereichen nachgewiesen wurden[139] und die Loyalitäts-Gewinn-Kette einige Plausibilität aufweist, stehen fundierte Studien zur positiven ökonomischen Wirkung von kundenbindenden Maßnahmen eines Beziehungsmanagements noch aus.[140]

Da es Ziel dieser Arbeit ist, mögliche Einsatzpotentiale eines Instrumentes (Call Center) innerhalb eines Konzeptes (Beziehungsmanagement) aufzuzeigen, nicht aber kausale Wirkungszusammenhänge (Beitrag des Instrumentes etwa zum Unternehmenserfolg) zu erforschen, ist es für die Zielsetzung der Untersuchung nicht notwendig, diese Wirkungskette zu überprüfen.

3.3.2 Strategien und Prinzipien

3.3.2.1 Kundenstrategien im Beziehungsmanagement

Die mit der bereits erläuterten Abkehr von einem Beeinflussungsmanagement verbundene Neuausrichtung unternehmerischen Handelns auf das Binden bestehender Kunden bedeutet eine Abweichung von bisherigen Konzeptionen im strategischen Management, die in erster Linie auf die Ausweitung bestehender Märkte oder die Erhöhung eigener Marktanteile ausgerichtet waren.[141] Diese Konzeptionen waren von wissenschaftlicher Seite in erster Linie durch die Ergebnisse der PIMS-Studien[142] fundiert, wonach die Steigerung des Marktanteils einen Schlüsselfaktor zur Erhöhung des Unternehmensgewinnes (operationalisiert durch den *ROI* oder den *Cash Flow*) darstellt.[143] Die Ausweitung des Marktanteils wurde als entscheidender Erfolgsfaktor für die Steigerung der Profitabilität von Unternehmen betrachtet.[144]

---

139 Vgl. für den Business-to-Business Bereich Bliemel/Eggert (1998b), S. 14; im Dienstleistungsbereich Reichheld/Sasser (1990), S. 105 ff.

140 Vgl. Krafft (1999), S. 523 f.

141 Vgl. Fornell (1992), S. 8; Heskett et al. (1994), S. 164; Grönroos (1995b), S. 252 f.

142 Im *Profit-Impact-of-Market-Strategies* Projekt des *Strategic Planning Instituts* in Cambridge (Massachusetts) werden Daten verschiedener Mitgliedsunternehmen im Hinblick auf mögliche Einflußfaktoren auf den Gewinn analysiert, vgl. Hentze/Brose/Kammel (1993), S. 174; Staehle (1999), S. 644 f.

143 Vgl. Hentze/Brose/Kammel (1993), S. 176.

144 Vgl. Fornell (1992), S. 8.

Mit der Übernahme eines Beziehungsmanagements als Option der Unternehmensführung erfahren die grundsätzlich bestehenden Strategieoptionen einer auf Kunden ausgerichteten Marktbearbeitung eine Verlagerung zugunsten einer Ausrichtung auf aktuelle und ehemalige Kunden. Strategieoptionen, die sich auf potentielle Kunden fokussieren, und damit primär auf Geschäftsvolumen- und Marktanteilszuwächse ausgerichtet sind, vernachlässigen durch ihre tendenziell vergangenheitsorientierte und kurzfristige Sichtweise den Aufbau langfristiger Erfolgspotentiale.[145] Daher treten Kundenbindungs-, Beschwerdemanagement- und Kundenwiedergewinnungsstrategien gegenüber Kundenneugewinnungsstrategien in den Vordergrund.

Die folgende Abbildung veranschaulicht die prinzipiellen Handlungsbereiche im Kundenmanagement, das vier strategische Stoßrichtungen aufweisen kann.[146]

Abb. 3.7 : Strategieoptionen des Kundenmanagements

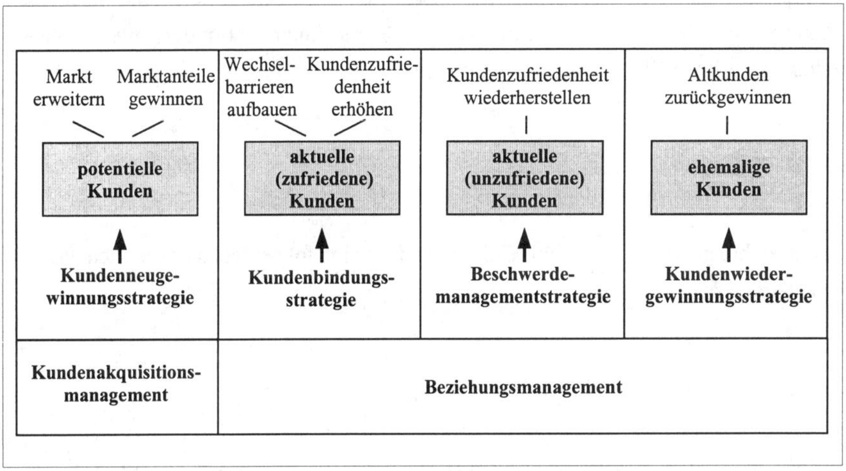

Quelle: Eigene Darstellung

145 Vgl. Oevermann (1996), S. 112.

146 Vgl. Stauss/Seidel (1998), S. 26 f.; Grund (1998), S. 2; Oevermann (1996), S. 112; Fornell (1992), S. 8.

Die im Rahmen eines Kundenakquisitionsmanagements verfolgte Kundenneugewinnungsstrategie fokussiert sich auf potentielle Kunden und versucht den bestehenden Markt zu erweitern oder Marktanteile zu gewinnen.

Strategieoptionen innerhalb des Beziehungsmanagements knüpfen dagegen an bestehenden Kundenbeziehungen an bzw. fokussieren sich auf solche, die in der Vergangenheit bestanden haben. Im Rahmen einer Kundenbindungsstrategie werden aktuelle, zufriedene Kunden an das Unternehmen gebunden, indem Wechselbarrieren aufgebaut und/oder Kundenzufriedenheit erhöht wird.[147] Ein weiterer potentieller Handlungsbereich konzentriert sich auf gefährdete Beziehungen zu aktuellen, jedoch unzufriedenen Kunden und versucht diese, etwa mittels eines aktiven Beschwerdemanagements, zu binden.[148] Schließlich zielt eine weitere strategische Stoßrichtung auf bereits verlorene Kunden ab. Da zu ehemaligen Kunden in der Vergangenheit eine Kundenbeziehung bestand, die durch geeignete Maßnahmen reaktiviert werden soll, kann auch diese Strategieoption dem Beziehungsmanagement zugeordnet werden. Eine solche Wiedergewinnungsstrategie mit dem Ziel einer Kundenrückgewinnung ist in der Unternehmenspraxis bisher fast völlig vernachlässigt worden.[149]

3.3.2.2 Prinzipien

Das Beziehungsmanagement läßt sich anhand der im folgenden dargestellten Prinzipien charakterisieren.

3.3.2.2.1 Das Prinzip der Individualisierung

Das Prinzip der Individualisierung wird als ein zentrales konstituierendes Merkmal des Beziehungsmanagements angesehen.[150] Hierunter versteht man die Ausrichtung aller

[147] Vgl. Stauss (1998), S. 1256.
[148] Vgl. Stauss (1997), S. 2.
[149] Vgl. Homburg/Schäfer (1999), S. 2; Stauss (1997), S. 2.
[150] Vgl. Hildebrand (1997), S. 24; Diller (1995a), S. 443; Eckel (1997), S. 59; Gruen (1995), S. 448 f.; Shani/Chalasani (1992), S. 36; Copulsky/Wolf (1990), S. 16 f.; Sheth/Parvatiyar (1995a), S. 264; Berry (1995), S. 236; Buttle (1996b), S. 1 f.

kundenfokussierten Aktivitäten auf spezifische Bedürfnisse einzelner Kunden.[151] Damit werden nicht ganze Märkte oder Kundensegmente angesprochen, sondern es erfolgt eine Fokussierung auf individuelle, einzelne Kunden.[152] Durch die Etablierung einzigartiger Beziehungen sollen individuelle Anbieter-Nachfrager-Beziehungen entstehen, deren nur schwere Imitierbarkeit strategische Wettbewerbsvorteile darstellen.[153]

Ein erfolgversprechendes Beziehungsmanagement setzt somit eine Orientierung auf eine Kundenbindung und die Bereitschaft des Unternehmens voraus, mit jedem einzelnen Kunden eine individuelle Beziehung zu entwickeln.[154] SHETH und PARVATIYAR unterscheiden *willingness* und *ability* von Unternehmen, Beziehungsmanagement zu betreiben.[155] Jedoch wird erst durch die Fähigkeit, dieses Konzept auch umzusetzen, die Bedeutung des Beziehungsmanagements für die Praxis evident. Diese Fähigkeit wird erst durch neue technologische Möglichkeiten sowie sinkende Kosten für deren Einsatz erreicht.[156]

In diesem Zusammenhang wird im wissenschaftlichen Schrifttum die überragende Bedeutung der modernen Informations- und Kommunikationstechniken für die instrumentelle Umsetzung eines Beziehungsmanagements besonders betont.[157] HILDEBRAND weist der Informationstechnologie die Rolle eines zentralen Erfolgsfaktors für das Beziehungsmanagement zu.[158] Auch MUTHER und ÖSTERLE unterstreichen die Bedeutung der Informationstechnik für die Entwicklung und Qualität von Beziehungen zwischen Anbietern und Abnehmern.[159] Insbesondere ermöglicht die heute verfügbare Informa-

---

151 Vgl. Diller (1995a), S. 443.

152 BLATTBERG and DEIGHTON bemerken hierzu, daß eine beziehungsorientierte Marktbearbeitung "... does not deal with consumers as a mass or as segments, but creates individual relationships, managing markets of one, addressing each in terms of its stage of development." (Blattberg/ Deighton (1991), S. 5).

153 Vgl. Hildebrand (1998), S. 58.

154 Vgl. Sheth/Parvatiyar (1995a), S. 264.

155 Vgl. Sheth/Parvatiyar (1995a), S. 265.

156 Vgl. Gordon (1998), S. 5; Sheth/Parvatiyar (1995a), S. 265; Peter (1997), S. 236; Berry (1995), S. 238 und S. 243.

157 Vgl. Sheth/Parvatiyar (1995a), S. 264; Meffert/Wagner/Backhaus (1994), S. 87; Picot/Reichwald/ Wigand (1998), S. 5; Anton (1996), S. 3 und S. 136; Link/Hildebrand (1995), S. 30 ff.; Lovelock/ Wright (1999), S. 9.

158 Hildebrand (1997), S. 257.

159 Vgl. Muther/Österle (1998), S. 168.

tions- und Kommunikationstechnik erst das Management von individualisierten Kundenbeziehungen auf Märkten mit bis zu Millionen von Teilnehmern.[160]

Die Bedeutung einer individualisierten Marktbearbeitung im Rahmen eines Beziehungsmanagements ist in der Praxis in Ansätzen bereits erkannt worden. Dennoch mangelt es insbesondere an einer Umsetzung in konkrete Aktivitäten sowie die Schaffung entsprechender Voraussetzungen organisatorischer und informationstechnologischer Art.[161]

Das Prinzip der Selektion wird in der Literatur als weiteres, eigenständiges konstituierendes Merkmal des Beziehungsmanagements genannt.[162] Damit wird die Notwendigkeit ausgedrückt, im Wege eines investitionspolitischen Kalküls Marktpartner, die ein geeignetes Potential für langfristige Geschäftsbeziehungen aufweisen, gegenüber denjenigen abzugrenzen, die nur kurzfristig, transaktionsorientiert zu bearbeiten sind.[163] In der vorliegenden Arbeit wird der Auffassung von HILDEBRAND gefolgt, der diesen Aspekt implizit im Prinzip der Individualisierung enthalten sieht.[164]

Einen wichtigen Aspekt im Zusammenhang mit dem Untersuchungsgegenstand bildet die Frage, inwieweit das Kriterium der Selektion auf das Instrument Call Center anzuwenden ist. Nach BELZ ET AL. soll sich das Beziehungsmanagement "auf wichtige Kunden konzentrieren"[165]. Auch BACKHAUS hält Relationship Marketing (nur) dann für vorteilhaft, wenn die Bedeutung eines einzelnen Kunden für den Anbieter sehr hoch ist.[166] KLEINALTENKAMP und RIEKER führen aus, daß ein Unternehmen nicht jedem Kunden die gleiche Aufmerksamkeit widmen kann, mithin eine Konzentration auf sogenannte bedeutende Kunden zu erfolgen habe.[167] Solche *Key Accounts* oder *Schlüsselkunden* werden bevorzugt behandelt und ihre Behandlung in organisationaler Form als Key-

[160] Vgl. Link/Hildebrand (1995), S. 31; Hildebrand (1997), S. 22.
[161] Vgl. Peter (1997), S. 237.
[162] Vgl. Diller (1995a), S. 443.
[163] Vgl. Eckel (1997), S. 59.
[164] Vgl. Hildebrand (1998), S. 60.
[165] Belz et al. (1994), S. 37.
[166] Vgl. Backhaus (1997), S. 32.
[167] Vgl. Kleinaltenkamp/Rieker (1997), S. 163.

Account-Management implementiert. Diese Form der Kundenbearbeitung als "the process of allocating and organising resources to achieve optimal business with a balanced portfolio of identified accounts"[168] ist schon seit langem Gegenstand von Managementlehre und -praxis.[169]

Bezüglich einer Ausweitung dieses Gedankens auf alle Marktteilnehmer, die für ein Unternehmen interessant sein können, herrschen jedoch in der Literatur unterschiedliche Auffassungen. So vertritt beispielsweise Rieker die Auffassung, es sei "in der Praxis nicht durchführbar, für alle Kunden eines Unternehmens ein explizites Beziehungsmanagement umzusetzen"[170].

Damit wird jedoch die Möglichkeit vernachlässigt, alle Kunden anzusprechen bzw. zu gewinnen. Gerade vor dem Hintergrund der bestehenden Wettbewerbsbedingungen kommt der Pflege der Beziehung zu einzelnen Kunden auch auf Massenmärkten eine entscheidende Bedeutung zu. So spricht Meffert davon, daß im Rahmen des Beziehungsmanagements eben gerade keine Konzentration auf ausschließlich hochrentable Geschäftsbeziehungen stattfinden soll, wie dies Backhaus und Belz et al. mit dem Verweis auf die Wichtigkeit eines Kunden implizit unterstellen.[171]

Für die vorliegende Untersuchung wird das Kriterium der Selektion auf hochrentable Kunden daher verworfen und der Blickwinkel darauf gelenkt, daß gerade mit den technologischen Möglichkeiten eine Beziehungspflege zu einer Vielzahl von Kunden ermöglicht wird.

---

168 Burnett (1992), S. 6.

169 Vgl. beispielsweise Kempeners (1996), S. 937 ff. Meffert, Wagner und Backhaus führen das Beziehungsmanagement sogar historisch auf das Key-Account Management zurück, vgl. Meffert/Wagner/Backhaus (1994), S. 87.

170 Rieker (1995), S. 42.

171 Vgl. Meffert (1999), S. 119.

3.3.2.2.2 Das Prinzip der Interaktion

Ein weiteres wesentliches konstituierendes Merkmal des Beziehungsmanagements stellt das Prinzip der Interaktion dar.[172] Wesentlich ist dabei das Ziel, "... möglichst direkte und intensive Kontakte zum Beziehungspartner herzustellen und diesen zu veranlassen, in einen Dialog zu treten, welcher die Geschäftsbeziehungen vertieft und festigt"[173]. Entscheidend ist dabei ein direkter, interaktionsfähiger Kontakt, der erst eine individuelle Ausgestaltung einer Beziehung ermöglicht.[174] Dieser kann sowohl auf telefonischem, postalischem oder persönlichem *face-to-face* Wege erfolgen.[175]

Der interaktionsbezogene Charakter des Beziehungsmanagements impliziert nicht die Beeinflussung des Verhaltens von Marktteilnehmern in einer Richtung, sondern führt zu einem Wechselspiel der Akteure.[176]

3.3.2.2.3 Das Prinzip der Integration

Aus der Interaktionsorientierung ergibt sich unmittelbar eine Einbeziehung der Beziehungspartner in den Leistungserstellungsprozeß des Anbieters.[177] Diese interaktive Einbindung von Kunden begründet unter anderem die Neuartigkeit des Konzeptes.[178] Die Integration des Kunden stellt somit ein charakteristisches Merkmal von Geschäftsbeziehungen dar.[179] Diese Integration sollte nach DILLER aktiv forciert werden, "... um den Nachfrager in mehrfacher Hinsicht und an vielerlei Stellen an der Leistungserbringung mitwirken zu lassen".[180] SHETH und PARVATIYAR betonen die positiven Effekte

---

172 Vgl. Gummesson (1997), S. 11 ff.; Payne/Christopher/Clark/Peck (1995), S. 4; Grönroos (1997), S. 8 f.; Duncan/Moriarty (1998), S. 8; Diller (1995a), S. 443; Hildebrand (1997), S. 32; Blattberg/Deighton (1991), S. 8 f.; Meffert (1994), S. 2.

173 Diller (1995a), S. 443.

174 Vgl. Blattberg/Deighton (1991), S. 8 f.; Diller (1994a), S. 8.

175 Vgl. Diller (1994a), S. 8.

176 Vgl. Diller/Kusterer (1988), S. 211.

177 Vgl. Morris/Barnes/Lynch (1999), S. 660; Eckel (1997), S. 58; Hildebrand (1998), S. 59; Sheth/Parvatiyar (1995a), S. 264.

178 Vgl. Meffert/Wagner/Backhaus (1994), S. 87.

179 Vgl. Hildebrand (1997), S. 35.

180 Diller (1995a), S. 444.

eines "... consumer involvement in the design, development, and marketing processes of the company"[181]. Somit kann das Prinzip der Integration als drittes konstituierendes Merkmal des Beziehungsmanagmentkonzeptes aufgefaßt werden.

3.3.3 Instrumente

Für die instrumentelle Umsetzung des Beziehungsmanagements ist in der Literatur bereits eine Vielzahl möglicher Instrumente analysiert und dargestellt worden.

Meffert betont, daß ein effektives Beziehungsmanagement vor allem solche Instrumente nutzen muß, die die Interaktivität zwischen Herstellern und Kunden unterstützen.[182] Dabei ist die Mehrzahl der eingesetzten Instrumente nicht neuartig; vielmehr greift das Konzept auf bestehende und bewährte Methoden zurück.[183] Im einzelnen handelt es sich dabei beispielsweise um Kundenclubs, Kundenzeitschriften, Kundenkarten, Produktproben, Rabatte usw.[184]

Da sich die vorliegende Arbeit nur mit dem Instrument Call Center beschäftigt, erfolgt eine Diskussion weitere Instrumente im Rahmen der Untersuchung nicht.

Abschließend bleibt festzuhalten, daß das Konzept Beziehungsmanagement als ein wichtiges strategisches Konzept aufgefaßt werden kann, um auf die Herausforderungen aktueller Marktsituationen adäquat reagieren zu können.[185]

---

181 Sheth/Parvatiyar (1995a), S. 264.

182 Vgl. Meffert (1994), S. I.

183 Vgl. Meffert/Wagner/Backhaus (1994), S. 87.

184 Vgl. Diller (1995), S. 445; Bergmann (1998), S. 79 ff.; Diller/Kusterer (1988), S. 213.

185 Vgl. Hansen/Bode (1999), S. 293. Berry spricht von einer "potent strategy for today and tomorrow" (Berry (1995), S. 244).

4 Anwendungsfelder von Call Centern bei der instrumentellen Umsetzung des Beziehungsmanagements

4.1 Vorbemerkung

Durch die vorliegende Arbeit soll nicht der Versuch unternommen werden, den verschiedenen Erklärungsversuchen zum Beziehungsmanagement einen weiteren hinzuzufügen oder etwa die verschiedenen Ansätze einer integrierenden Betrachtung zu unterziehen. Vielmehr liefert dieses Gedankengebäude eine Strukturierungshilfe, auf der aufbauend Anknüpfungspunkte für die nähere Betrachtung des Untersuchungsgegenstandes abgeleitet werden. Wie oben ausgeführt, lassen sich die Prinzipien der Individualisierung, Interaktion und Integration zur Charakterisierung eines Beziehungsmanagements heranziehen.[1] Diese Prinzipien dienen im folgenden als strukturierender Bezugsrahmen, um die Anwendungsfelder von Call Centern darzustellen.

In der Diskussion über das Konzept Beziehungsmanagement verweisen mehrere Autoren auf die Bedeutung von Call Centern für dessen instrumentelle Umsetzung, ohne jedoch auf nähere Aspekte einzugehen.[2] Diese Lücke zu schließen ist ein Anliegen der vorliegenden Untersuchung, was durch die nun folgende Darstellung von Einsatzmöglichkeiten anhand der erläuterten Prinzipien geschieht.

Wie bereits ausgeführt, kommen als potentielle Beziehungspartner nicht nur Kunden, sondern auch weitere Mitglieder des Um- und Zwischensystems der Unternehmung, beispielsweise Lieferanten oder auch Konkurrenten, in Betracht.[3] Die folgenden Ausführungen fokussieren in erster Linie auf Endkunden, ohne jedoch andere Interaktionspartner prinzipiell auszuschließen.

---

1 Vgl. Kap. 3.3.2.2 der vorliegenden Arbeit.

2 Vgl. Stone/Woodcock/Wilson (1996), S. 681; Stauss (1997), S. 3; Denger/Wirtz (1999), S. 92; Gordon (1998), S. 168 und S. 180; de Ruyter/Wetzels (2000), S. 276.

3 Vgl. Kap. 3.2.2 der vorliegenden Arbeit.

4.2 Allgemeine Anwendungsfelder von Call Centern

Grundsätzlich sind Einsatzmöglichkeiten von Call Centern sehr vielfältig und betreffen nahezu alle Fälle, in denen eine Kommunikation des Unternehmens mit Interaktionspartnern erfolgen kann.[4]

Für die Darstellung von Einsatzpotentialen von Call Center Leistungen ist eine phasenbezogene Darstellung sinnvoll. Hierzu existieren in der Literatur verschiedene Ansätze, die insbesondere auf mögliche Kundenkontakte im Rahmen eines Phasenmodells abheben und damit den Fokus auf eine prozessuale Sichtweise von sich entwikkelnden Geschäfts- bzw. Kundenbeziehungen legen. SIMON und HOMBURG sprechen von einer Kontaktkette und unterscheiden die Phasen

- Erstkontakt
- Pre-Sales-Kontakte (Beratung, Verhandlungen)
- Kauf
- Gebrauch/Verbrauch des Produktes; After-Sales Kontakte
- Wiederkaufkontakte.[5]

TÖPFER unterteilt wesentliche Kontakte mit potentiellen Kunden in die Phasen

- Informationsphase
- Kontaktphase
- Verkaufsphase
- Nutzungsphase
- Betreuungphase.[6]

---

4 Exemplarische Aufzählungen von Einsatzmöglichkeiten liefern beispielsweise Köpf (1998), S. 68; Martin (1998), S. 136; Menzler-Trott (1999b), S. 16; Cenarius (1995), S. 16; Böse/Flieger (1999), S. 24 ff.

5 Vgl. Simon/Homburg (1998b), S. 24.

6 Vgl. Töpfer (1999b), S. 4.

Als einfache Strukturierungshilfe für das Aufzeigen von Einsatzmöglichkeiten werden im folgenden die Phasen Pre-Sales (Anregungs- und Evaluationsphase), Kauf und After-Sales unterschieden.

Die folgende Abbildung stellt Einsatzmöglichkeiten anhand dieses Phasenmodells dar, wobei unterschieden wird in solche Leistungen, die die Unternehmung selbst initiiert (*outbound*) und diejenigen, die von außen an das Unternehmen herangetragen werden (*inbound*).

Abb. 4.1 : Einsatzmöglichkeiten von Call Center Leistungen im Überblick

Phasen		**inbound Aktivitäten**	**outbound Aktivitäten**
Pre-Sales	Anregung	• Adreßerfassung nach einem DRTV-Spot	• Markt- und Meinungs-forschung
	Evaluation	• Beratungsserviceleistungen • Produktinformations-serviceleistungen	• Direktmarketingaktivitäten
Kauf		• Bestellannahme • Auftragsannahme • Buchungsdurchführung • Telefonauskunft • Reservierungsannahme	• Vereinbarung von Besuchsterminen für Außendienstmitarbeiter • Vertriebsunterstützung
After-Sales-Kontakte		• Ge- und Verbrauchs-informationen zu Produkten • Beschwerdemanagement • Notfall-Serviceleistungen	• Adreßüberprüfung • Teleservice im Industriegüterbereich[7] • Inkasso

Quelle: Eigene Darstellung

7 *Teleservice* stellt eine Form der industriellen Dienstleistung dar, bei der der Kundendienst durch Anwendung von Informations- und Kommunikationstechnologien aus der Ferne unterstützt wird. Im einzelnen können beispielsweise Inbetriebnahmeunterstützung, Ferndiagnose oder Fernprogrammierung unterschieden werden, vgl. Jaschinski/Spiess/May (1998), S. 4 f.

Im folgenden werden nun diejenigen Aufgabenbereiche detailliert behandelt, denen im Rahmen eines Beziehungsmanagements eine besondere Bedeutung zukommt. Hierbei wird unter anderem der Entwicklung Rechnung getragen, daß neue, beziehungsorientierte Anwendungsfelder für Call Center in klassischen Dienstleistungs- und Industrieunternehmen gegenüber ihrem Einsatz als Instrument des Direktvertriebs eine zunehmende Bedeutung erlangen.[8]

Die Schilderung der zentralen Anwendungsfelder von Call Center Leistungen im Rahmen des Beziehungsmanagements erfolgt anhand der oben identifizierten Charakteristika der Individualisierung, der Interaktion und der Integration. Die Zuordnung zu diesen Charakteristika erfolgt dabei anhand der schwerpunktmäßigen Funktion des jeweiligen Anwendungsfeldes.

4.3 Instrumentelle Umsetzung der Individualisierungsfunktion

4.3.1 Einführende Überlegungen

Als ein zentrales Merkmal des Beziehungsmanagementkonzeptes wurde die Individualisierung herausgestellt.[9] Grundsätzlich kommen für eine Individualisierung alle Bereiche der Leistungsgestaltung in Betracht.[10] Berry spricht hierbei von "customizing the relationship to the individual customer"[11]. Im Bereich der Produktgestaltung ist es durch computergesteuerte, flexible Fertigungssysteme möglich, individuelle Produkte als maßgeschneiderte Einzelanfertigungen für einen Massenmarkt anzubieten. Diese Synthese aus Massenproduktion und dem Eingehen auf individuelle Kundenbedürfnisse wird unter dem Begriff *mass customization* oder *Massen-Maßfertigung* diskutiert.[12] Dabei kann mass customization definiert werden als "the process of providing and supporting profitably individually tailored goods and services, according to each customer's preferences with regard to form, time, place and price"[13]. Durch eine

---

[8] Vgl. Nawroth (1998), S. 278.
[9] Vgl. Kap. 3.3.2.2.1 der vorliegenden Arbeit.
[10] Vgl. Hildebrand (1997), S. 24.
[11] Berry (1995), S. 236.
[12] Vgl. Mertens (1995), S. 503 ff.; Hart (1995), S. 36 ff.
[13] Gordon (1998), S. 217.

genaue, flexible und kostenoptimale Abstimmung von Leistungsangeboten soll auf individuelle Bedürfnisse von Beziehungspartnern eingegangen werden.[14] In der Zwischenzeit existieren zahlreiche Beispiele für derartige individualisierte Massenprodukte im Konsumgüterbereich.[15]

Neben diesen Formen der individualisierten Leistungsgestaltung wird insbesondere einer individuellen Kommunikation eine wesentliche Rolle für die Etablierung von langfristigen Geschäftsbeziehungen zugeschrieben.[16]

Eine solche individualisierte Kommunikation ist bereits seit längerem ein Instrument von Direktmarketingstrategien. Während die klassische Massenkommunikation durch herkömmliche Werbeträger als "*indirect*, *impersonal*, and *one-way*"[17] bezeichnet werden kann und zunehmend weniger erfolgversprechend erscheint[18], versucht das Direktmarketing durch eine persönliche Einzelansprache in Form einer Direktwerbung mittels Brief, Prospekt oder Katalog die Kommunikation zu individualisieren.[19] Hierbei beschränkt sich die Individualisierung allerdings zumeist auf die personalisierte Anschrift, weshalb diese Möglichkeit einer Individualisierung insgesamt kritisch gesehen wird.[20] Auch ist diese Form der Kommunikation primär einseitig ausgerichtet, da mögliche Rückkopplungen allenfalls als Antwortmöglichkeiten bei sogenannter Direct-Response-Werbung vorgesehen sind.[21] Es läßt sich demnach festhalten, daß ein wesentliches Merkmal des Direktmarketing eine direkte, individuelle Kundenansprache darstellt, eine dialogische Kommunikation jedoch allenfalls am Rande beabsichtigt ist.[22]

---

14 Vgl. Hansen/Bode (1999), S. 297.

15 Beispielsweise bietet der Jeanshersteller Levi's Kunden die Möglichkeit, eine Jeans nach ihren individuellen Größen anfertigen zu lassen, vgl. Gordon (1998), S. 33.

16 Vgl. Hildebrand (1997), S. 6; Diller (1995a), S. 443; Petrison/Blattberg/Wang (1993), S. 28; Eckel (1997), S. 59.

17 Gummesson (1999), S. 27. Weiter führt GUMMESSON zu dieser Massenkommunikation pointiert aus "At best it is *information* at worst it is barely *noise*" (Gummesson (1999), S. 27, Hervorhebungen im Original).

18 Vgl. Link/Hildebrand (1997b), S. 383 und bereits frühzeitig McKenna (1991), S. 31.

19 Vgl. Hilke (1989b), S. 21; Dallmer (1997b), S. 4 f.

20 Vgl. Krick (1998), S. 161; Howe (1998), S. 121.

21 Vgl. Hilke (1989b), S. 31.

22 Vgl. Eckel (1997), S. 61.

Hierin liegt ein entscheidender Unterschied zu Instrumenten des Beziehungsmanagements, bei denen eine "two-way-communication"[23] angestrebt wird, in der der Interaktionspartner nicht nur Rezipient, sondern aktiver Teilnehmer einer interaktiven Kommunikation ist.[24]

Somit rückt eine direkte, dialoggeprägte individuelle Interaktion mit Kunden als ein zentraler Bestandteil des Konzeptes Beziehungsmanagement in den Mittelpunkt der Überlegungen.[25]

4.3.2 Individualisierte Kommunikation

Die individualisierte Kommunikation hat als Hauptziel, die Befriedigung von Informationsbedürfnissen aktueller oder potentieller Kunden sicherzustellen. Zentrales Charakteristikum von Call Centern innerhalb der Funktion einer individualisierten Kommunikation ist es, daß eine Interaktion mit beliebigen und mit einer sehr großen Anzahl von Partnern ermöglicht werden kann.

Interaktive Prozesse zwischen Endverbrauchern und Unternehmen im Konsumgüterbereich waren bislang nur im stationären Handel üblich. Alle weiteren Prozesse waren - wie oben ausgeführt - von einer Beeinflussungssichtweise getragen, in der verschiedenste Marketinginstrumente gerade nicht individualisiert, sondern auf eine breite Massenwirkung ausgelegt waren, beispielsweise in Form der klassischen Medienwerbung. Diese ist dadurch gekennzeichnet, daß über Massenmedien eine einseitige Kommunikation mit Kunden betrieben wird.

Die Individualisierung aus Kundensicht manifestiert sich in der Bereitstellungsleistung von jederzeit möglichen dialogorientierten Kommunikationsformen. Berry stellt eine solche Bereitstellung von Kommunikationskanälen durch Unternehmen in Form von

---

23 Berry (1995), S. 238; vgl. auch Grönroos (1997), S. 7.
24 Vgl. Duncan/Moriarty (1998), S. 4 ff.
25 Vgl. Hildebrand (1997), S. 56; Vavra (1992), S. 173 ff.; Berry (1995), S. 240.

"*opening lines of communication*"[26] als wichtiges Instrument heraus. Trotz der konstatierten großen Bedeutung ist die Bereitstellung von Kommunikationskanälen, insbesondere von telefonischen, in der Unternehmenspraxis insgesamt noch nicht weit verbreitet.[27] Für diese Erkenntnis spricht auch die Tatsache, daß sich nur etwa 4 % der unzufriedenen Kunden direkt beim Hersteller beschweren.[28]

Kostenfreie Telefonnummern können auf Konsumgütern angegeben werden und so einen direkten Kontakt von Endverbrauchern mit dem herstellenden Unternehmen ermöglichen.[29]

Auch für Dienstleistungen besteht grundsätzlich diese Möglichkeit, indem etwa auf Trägermedien eine entsprechende Kundentelefonnummer angebracht wird.[30] Für den deutschsprachigen Raum konstatiert RIEMER jedoch noch Skepsis und die mangelnde Nutzung dieser Möglichkeit in der Unternehmenspraxis.[31] Diese liegt zu einem Großteil sicherlich darin begründet, daß die Bearbeitung der so induzierten Kommunikationskontakte in der bestehenden Unternehmensorganisation für nicht zu bewältigen gehalten wird.

Um eine Individualisierung der Kommunikationsbeziehungen gegenüber Marktteilnehmern zu ermöglichen, spielt die Bereitstellung eines Zuganges für mögliche Interaktionspartner eine zentrale Rolle.[32] Insbesondere in der Nachkaufphase wird die Bereitstellung einer unmittelbaren Kontaktmöglichkeit für Kunden als wichtiges kundenbindendes Instrument herausgestellt.[33] PARASURAMAN, BERRY und ZEITHAML weisen darauf

---

26 Berry (1995), S. 242.

27 Vgl. Riemer (1986), S. 215 f.; Brinkmann (1998), S. 132.

28 Vgl. Plymire (1991), S. 79; Schöber (1997), S. 17. Zu den Einsatzpotentialen von Call Centern im Rahmen des Beschwerdemanagements vgl. ausführlich Kap. 4.4.2 der vorliegenden Arbeit.

29 Vgl. Riemer (1986), S. 215. In den Vereinigten Staaten von Amerika weisen über 80 % der Einzelhandelswaren im Konsumgüterbereich eine kostenfreie Telefonnummer auf, vgl. Clyde (1996), S. 552. Procter & Gamble hat als Vorreiter bereits 1977 auf alle Verpackungen eine kostenfreie Telefonnummer gedruckt, vgl. DeSouza (1992), S. 26.

30 Beispielsweise kann durch die Applizierung eines Aufklebers auf einem gereinigten Kleidungsstück eine kundenseitige Kommunikation stimuliert werden, vgl. Wimmer/Roleff (1998a), S. 280.

31 Vgl. Riemer (1986), S. 216.

32 Vgl. Vavra (1992), S. 106 ff.

33 Vgl. Rosenberg/Czepiel (1995), S. 275 f.

hin, daß für den Aufbau von Kundenbeziehungen die jederzeitige, unproblematische Zugänglichkeit des Unternehmens für Kunden von großer Bedeutung ist: "Customers need to know whom to contact, how to make the contact, and then be able to actually make the contact, such as getting through on the toll-free number"[34]. In diesem Zusammenhang kann die Bereitstellung einer zentralisierten Kontaktmöglichkeit für Marktteilnehmer vorteilhaft sein.[35] Ein Call Center kann in diesem Fall die Funktion einer derartigen zentralisierten Kommunikationsstelle übernehmen.

Eine entscheidende Grundbedingung für die Umsetzung der Individualisierung ist die Zugänglichkeit des Unternehmens für Nachfrager. Diese Zugänglichkeit (*accessibility*) wird in der Literatur als ein wichtiges Indiz für eine hohe Dienstleistungsqualität genannt.[36] Auf das Untersuchungsobjekt übertragen sind hiermit Fragen der Erreichbarkeit des Call Centers angesprochen. Hier lassen sich die beiden Faktoren Öffnungszeiten und telefonische Kapazität unterscheiden. Während die Öffnungszeiten denjenigen Zeitraum angegeben, in denen das Call Center prinzipiell erreicht werden kann, ist die telefonische Kapazität ein Indiz dafür, ob eine Interaktion tatsächlich zustande kommt. Negative Folgen für das einsetzende Unternehmen sind insbesondere dann zu befürchten, wenn die Zugänglichkeit nicht gewährleistet wird.[37]

4.3.3 Individualisierter Vertrieb

Neben einer individualisierten Kommunikation können Call Center auch als individualisierte Vertriebskanäle genutzt werden. In dieser Funktion liegen Einsatzpotentiale insbesondere im Bereich des Telefonverkaufs. Hierbei handelt es sich eine Verkaufsform, bei dem sich die Interaktion im Unterschied zum *face-to-face-Selling* auf die verbale Ebene beschränkt. Somit versteht man unter Telefonverkauf "a systematic program of placing outbound sales calls to customers and prospects"[38]. Diese Form des

34 Parasuraman/Berry/Zeithaml (1991), S. 46.
35 Vgl. Berry (1995), S. 243.
36 Vgl. Grönroos (1990a), S. 47.
37 Vgl. auch Nippa (1999), S. 88.
38 Cardozo/Shipp/Roering (1987), S. 18.

Verkaufs ist sowohl im Industriegüter-, als auch im Konsumgüter- und Dienstleistungsbereich möglich.

Im Dienstleistungsbereich kommt Anbietern von Finanzdienstleistungen eine Vorreiterrolle bei der Nutzung von Call Centern als Vertriebskanal zu.[39] Insbesondere die Gründung von Direktbanken, die ihre Geschäfte ohne Filialnetz ausschließlich mit Hilfe von Informations- und Kommunikationstechniken abwickeln, zeigt die Bedeutung von Call Centern auf. Aber auch klassische Filialbanken wickeln zunehmend Transaktionen mit Hilfe des Einsatzes von Call Centern ab.[40] Dabei ist die Art der angebotenen Dienstleistungen prinzipiell nicht limitiert.[41] So können auch beratungsintensive und nicht standardisierte Versicherungsprodukte und Finanzdienstleistungen durch Nutzungsvereinfachungen und eine Individualisierung des Angebotes über Call Center vertrieben werden.[42] Bei Versicherungsarten mit geringen Schadenhäufigkeiten und standardisierten Schadentypen können Call Center im Rahmen einer automatisierten Schadenerledigung eingesetzt werden.[43]

Der Individualisierungscharakter kommt insbesondere darin zum Ausdruck, daß zunehmend individuelle personenbezogene Kontakte angeboten werden und dies bei weit verlängerten Öffnungszeiten gegenüber den bisherigen Filialbanksystemen.[44] Trotz zunehmender Bedeutung des Internet bei der Abwicklung von Banktransaktionen bleibt die Bedeutung von Call Centern für den Finanzdienstleistungsbereich evident, indem sie "... eventually serve as the point of integration for branch based and PC-based banking"[45].[46]

---

39 Vgl. Lovelock/Wright (1999), S. 45 f.; Bielski (1999), S. 50 ff.

40 Vgl. Cline (1997), S. 88.

41 Vgl. Evenson/Harker/Frei (1999), S. 2 f.; Cline (1997), S. 88. OGIERMANN sieht dagegen nur im Bereich von Geldausgabegeräten und Kontoauszugsdruckern Einsatzmöglichkeiten für Informations- und Kommunikationstechnologien, nicht jedoch im Bereich von Kundenakquisition, -beratung und -information, vgl. Ogiermann (1992), S. 160. Diese Einschätzung ist durch das Aufkommen und den Erfolg von Direktbanken offenkundig widerlegt worden.

42 Vgl. Lehmann (1998), S. 188; Farny (1995), S. 634 f.

43 Vgl. Farny (1995), S. 565 f.

44 Vgl. Lovelock/Wright (1999), S. 45.

45 Cline (1997), S. 88.

46 Vgl. Evenson/Harker/Frei (1999), S. 1.

4.3.4 Die Bedeutung von Kundendatenbanken als Individualisierungsermöglicher

Auf die große Bedeutung des Einsatzes von Datenbanken für die Umsetzung des Beziehungsmanagements wird in der Literatur vielfach hingewiesen.[47] LINK und HILDEBRAND betonen die Bedeutung von Datenbanken als "wichtige Grundlage für ein langfristig orientiertes Beziehungsmanagement"[48].

Für die Individualisierung des Dialoges ist das Vorhalten von bereits gespeicherten Daten für jeden individuellen Interaktionsparter wesentlich. Die Vorteile von CTI können nur dann genutzt werden, wenn eine Koppelung der im Unternehmen bereits vorliegenden Daten mit dem konkreten Anrufer erfolgt. Hierfür ist die Existenz von entsprechenden Kundendatenbanken im Unternehmen notwendig.[49] Die Nutzung von Kundendatenbanken als Wissensbasis erzeugt noch weitere Vorteile, wie etwa schnellere Antwortzeiten bei Kundenanfragen, verringerte Kosten pro Anruf sowie die Gewährleistung konsistenter Lösungen bei gleichartigen Problemen.[50]

Insbesondere für die Langfristigkeit eines Beziehungsmanagements ist es entscheidend, möglichst viele, den Kunden betreffende Daten langfristig zu speichern und gezielt zu nutzen.[51]

Als Elemente solcher Kundendatenbanken kommen die längerfristig gleichbleibenden Grunddaten, bedarfsorientierte Potentialdaten, Aktionsdaten als Abbild unternehmenseigener Aktivitäten sowie die das Kundenverhalten betreffenden Reaktionsdaten in Betracht.[52] Grunddaten wie etwa Name und Adresse bleiben über einen längeren Zeitraum unverändert und können somit der eindeutigen Identifizierung des Kunden

47 Vgl. Copulsky/Wolf (1990), S. 16 f.; Gordon (1998), S. 194; Peter (1997), S. 248; Child et al. (1995), S. 121; Cumby/Barnes (1996), S. 14.
48 Link/Hildebrand (1997a), S. 31.
49 Vgl. Schunk (1998), S. 44.
50 Vgl. Davenport/Klahr (1998), S. 197 f.
51 Vgl. Cumby/Barnes (1996), S. 14; Child et al. (1995), S. 114 ff. Insbesondere in Deutschland sind bei der Speicherung von Daten allerdings datenschutzrechtliche Aspekte zu berücksichtigen.
52 Vgl. Link/Hildebrand (1993), S. 34 ff.

dienen. Potentialdaten ergeben sich aus dem Hintergrund eines Kunden - wie etwa Hobbys, Einstellungen, Ausbildung und Einkommen - , lassen so Rückschlüsse auf mögliche Bedarfe zu und sind daher insbesondere für eine aktive Kundenansprache entscheidende Informationen. Aktionsdaten beziehen sich auf kundenspezifische Maßnahmen und dokumentieren sämtliche vom Unternehmen initiierten Aktivitäten gegenüber dem einzelnen Kunden. Die Reaktionsdaten dokumentieren schließlich Aktivitäten des Kunden - wie etwa Anfragen - sowie weitere, die Geschäftsbeziehung betreffende Daten.

Abb. 4.2 : Mögliche Datenelemente einer Kundendatenbank

Kundendatenbank
Grunddaten
- Kundennummer - Name, Adresse, Telefon, Fax, E-Mail - zuständige Geschäftsstelle
Potentialdaten
- Alter, Geburtsdatum, Geschlecht - Familienstand, Haushaltsgröße, Kinderzahl, - Ausbildung, Beruf, Einkommen - Hobbies, Interessen, Einstellungen - Zahlungsverhalten - möglicher Bedarf - bevorzugte Medien
Aktionsdaten
- Art und Zeitpunkt des Erstkontakts (Außendienst, Mailing, Telefon etc.) - Art und Zeitpunkt weiterer Aktivitäten - Betreuer, zuständiger Verkäufer
Reaktionsdaten
- Zeitpunkt und Art der Reaktion bzw. von Kundenanfragen - Kaufverhalten, Kauffrequenz - Beschwerdeverhalten - Dauer der Kundenbeziehung - Umsatz- und Deckungsbeitragshöhe - Klassifizierung der Kundenattraktivität

Quelle: Eigene Darstellung

Abbildung 4.2 veranschaulicht beispielhaft mögliche Datenelemente innerhalb einer Kundendatenbank.[53]

Von entscheidender Bedeutung für eine hohe Kontaktqualität ist die laufende Aktualisierung und Pflege der gespeicherten Datenbankeinträge.[54] Trotz der vorhandenen technologischen Möglichkeiten ist ein ausgereiftes Kundendatenbankmanagement bei vielen Unternehmen nur unzureichend.[55]

4.4 Instrumentelle Umsetzung der Interaktionsfunktion

4.4.1 Potentiale bei der Erbringung von Serviceleistungen

Im Grundlagenteil wurden Serviceleistungen als Dienstleistungen definiert, die die Inanspruchnahme und Nutzung von Kernleistungen (Sachleistungen oder Dienstleistungen) fördern und somit durch die Erhöhung eines Kundennutzens zur Differenzierung und Präferenzbildung beitragen sollen.

Im Ziel, durch den Einsatz von Call Centern gegenüber potentiellen und aktuellen Kunden Serviceleistungen zu erbringen, hierdurch die Servicequalität zu verbessern und eine höhere Kundenbindung zu erzielen, besteht nach Praxisberichten und verschiedenen Untersuchungen ein Hauptziel des Einsatzes von Call Centern.[56] Nach einer Untersuchung von Gemini Consulting ist die Verbesserung der Servicequalität mit 55 % der meistgenannte Grund für die Errichtung eines Call Centers.[57] Eine Studie des Deutschen Direktmarketing Verbandes führt als häufigsten Grund für den Einsatz den Wunsch nach einem besseren Kundenservice an, der in knapp 45 % der befragten Unternehmen den Call Center Einsatz treibt.[58] Eine weitere Studie sieht die Möglichkeit zur Kundengewinnung und -bindung an zweiter Stelle der mit der Einführung von

---

53 Vgl. Link/Hildebrand (1993), S: 102; Vavra (1992), S. 44 ff.; Richter-Mundani (1999), S. 183.
54 Vgl. Töpfer/Wieder (1999), S. 259.
55 Vgl. Schmengler (1997), S. 37; Peter (1997), S. 237 f.
56 Vgl. Thieme/Ceyp (1998), S. 90; Sansom (1998), S. 76; Wehrmeister/Vlachantonis (1999), S. 534; Anton (1999), S. 12.
57 Vgl. Gemini Consulting (1997), S. 7.
58 Vgl. Deutscher Direktmarketing Verband e.V. (1997), S. 9.

Call Centern verfolgten Ziele.[59] Nach einer Befragung von 133 Unternehmen in Deutschland und Europa sehen knapp 90 % der befragten Unternehmen in Deutschland den Grund für den Betrieb eines Call Centers in einer effizienten Möglichkeit zur Kundenbindung und 85 % in einer Verbesserung der Servicequalität.[60]

Wenngleich die oben aufgeführten wissenschaftstheoretischen Bedenken[61] auch im Hinblick auf diese Studien gelten, kann der Wunsch nach einer Verbesserung der Servicequalität und die Erreichung einer verbesserten Kundenbindung als ein Haupttreiber für den Betrieb von Call Centern angesehen werden.

Einsatzmöglichkeiten von Call Centern bei der Erbringung von Serviceleistungen sind in allen drei Phasen einer Kundeninteraktion, der Pre-Sales, Sales und After-Sales-Phase denkbar.

Sie betreffen in erster Linie Beratungsleistungen vor dem Kauf[62], während des Kaufes und in der Nachkaufphase. In der Nachkaufphase können durch Serviceleistungen, die eine Anwendungs- und Nutzungsberatung darstellen, Wettbewerbsvorteile erzielt werden.[63] Somit kann ein Call Center als "a question and answer base for the customer"[64] aufgefaßt werden.

Weitere erfolgversprechende Einsatzpotentiale in der Nachkaufphase bilden Einsatzmöglichkeiten von Call Centern im Rahmen eines Beschwerdemanagements, auf die wegen der besonderen Bedeutung im folgenden detaillierter eingegangen wird.

---

59 Vgl. Thieme/Ceyp (1998), S. 90.

60 Vgl. Cap Gemini Ernst & Young (2000), S. 3. Die Werte auf europäischer Ebene unterscheiden sich dabei nur gering von denen in Deutschland.

61 Vgl. Kap. 2.2.3 der vorliegenden Arbeit.

62 Weiterhin sind Einsatzpotentiale im Bereich der Anwendungsberatung in der Nutzungsvorbereitungsphase denkbar, vgl. Bergmann (1998), S. 145.

63 Vgl. Hoffmann (1991), S. 4.

64 Aksin/Harker (1998b), S. 2.

4.4.2 Potentiale im Rahmen eines Beschwerdemanagements

Nutzenpotentiale des Einsatzes von Call Centern ergeben sich insbesondere im Rahmen eines konsequent eingesetzten Beschwerdemanagements. Dabei entspricht ein Beschwerdemanagement im besonderen Maße dem interaktionsbezogenen Charakter des Beziehungsmanagements, da hier Marktteilnehmer aufgefordert werden, mit dem Unternehmen in einen Dialog zu treten und so unter Umständen eine Vertiefung und Festigung der Geschäftsbeziehung eintreten kann.[65]

4.4.2.1 Beschwerden als Handlungsoptionen unzufriedener Kunden

Die Beschäftigung mit Beschwerden hat in der betriebswirtschaftlichen Literatur eine bereits längere Tradition. Frühe Untersuchungen sowohl der deutschsprachigen[66] als auch der anglo-amerikanischen Literatur[67] waren vor allem durch den *Consumerism* beeinflußt, eine in den Vereinigten Staaten von Amerika Ende der sechziger Jahre entstandene Verbraucherbewegung, die sich als soziale Bewegung mit dem Ziel "den Kunden mehr Macht und mehr Rechte gegenüber den Anbietern zu erkämpfen"[68] verstand. In der Folge davon wurde die Thematik des Umgangs mit Beschwerden bereits zu Beginn der achtziger Jahre auf breiter Ebene diskutiert.[69] Im Rahmen dieser Beschwerdeforschung wurden zunächst aus verhaltenswissenschaftlicher Sicht die Determinanten des Beschwerdeverhaltens[70], später auch mögliche Unternehmensreaktionen auf Beschwerden thematisiert und untersucht.[71]

---

65 Vgl. Diller (1995a), S. 443.

66 Vgl. stellvertretend Specht (1979).

67 Hier ist insbesondere das Forschungsprogramm des TARP, eines 1971 an der Harvard University gegründeten Forschungsinstituts zu nennen, das insbesondere durch eine breit angelegte empirische Studie zur Beschwerdebearbeitung in amerikanischen Unternehmen im Auftrag des *White House Office of Consumer Affairs* (vgl. TARP (1979)) Bekanntheit erlangt hat und sich kontinuierlich mit Untersuchungen zur Konsumentenzufriedenheit und zum Beschwerdeverhalten beschäftigt. Mittlerweile ist das TARP im Wege einer Fusion in der Beratungsgesellschaft *e-satisfy* aufgegangen.

68 Kotler/Bliemel (1999), S. 297.

69 Vgl. die Literaturüberblicke bei Stauss (1989), S. 41 f. und Schöber (1997), S. 35.

70 Für einen Überblick entsprechender Quellen vgl. Schöber (1997), S. 17.

71 Für den deutschsprachigen Raum ist hier vor allem die Arbeit von Riemer zu nennen, die Gestaltungsformen unternehmerischer Reaktionen auf Beschwerden untersucht, vgl. Riemer (1986).

In jüngster Zeit ist im Zusammenhang mit der Diskussion um das Beziehungsmanagement die Thematik des Beschwerdemanagements wieder stark in den Blickpunkt gerückt.[72] Es knüpft unmittelbar an dem Konstrukt der Kundenzufriedenheit an und kann insofern als Bestandteil des Beziehungsmanagements gelten.[73] Aspekte der Kundenzufriedenheit bzw. -unzufriedenheit nehmen im Zusammenhang mit der Diskussion des unternehmerischen Umgangs mit Beschwerden einen wichtigen Platz ein.[74]

Unter Beschwerden werden individuelle Unzufriedenheitsartikulationen von Kunden verstanden.[75] Diese Unzufriedenheit kann sich auf alle möglichen Leistungen eines Unternehmens, beispielsweise Eigenschaften angebotener Produkte, auf Serviceleistungen oder das Verhalten von Mitarbeitern, beziehen.[76] Als Formen der Artikulation kommen grundsätzlich schriftliche, persönliche und telefonische Beschwerdewege in Betracht.[77] Aus Unternehmenssicht können zwei Ausprägungen möglicher Beschwerden unterschieden werden. Zum einen solche Beschwerden, die tatsächlich geäußert werden, sogenannte *voiced complaints*. Zum anderen jene, die als stille oder verdeckte Beschwerden (*unvoiced complaints*) nicht offen artikuliert werden und daher durch das Unternehmen überhaupt nicht als Unzufriedenheitsartikulation wahrgenommen werden können.[78] Wenn im folgenden von Beschwerde gesprochen wird, ist stets die artikulierte Beschwerde gemeint.

Die Bedeutung eines konsequenten Beschwerdemanagements für Unternehmen ergibt sich insbesondere aus der Betrachtung möglicher Handlungsalternativen unzufriedener

---

72 Vgl. Stauss (1999), S. 215; Meffert (1999), S. 125.

73 Vgl. Günter (1998), S. 286; Tax/Brown/Chandrashekaran (1998), S. 60 und S. 72 sowie Kap. 3.3.1.2 der vorliegenden Untersuchung.

74 Somit sind Fragen von Erwartungen, Wahrnehmungen und der Einstellungsbildung von Kunden angesprochen. Da es Ziel dieses Abschnittes ist, Potentiale von Call Centern als Instrument des Managements von Beschwerden darzustellen, sind diese verhaltenswissenschaftlichen Fragestellungen nicht von primärem Interesse. Aus diesem Grund wird im folgenden nicht näher darauf eingegangen.

75 Vgl. Riemer (1986), S. 22; Hansen/Schoenheit (1987b), S. 13; Fornell (1978), S. 294; Stauss/Seidel (1998), S. 29; Spiller (1997), S. 51 f.; Wimmer (1985), S. 228; Lovelock/Wright (1999), S. 134. Abweichend hierzu HOFFMANN, der das Vorhandensein von Unzufriedenheit nicht als notwendige Voraussetzung für Beschwerden ansieht und daher auch Anfragen als Beschwerden auffaßt, vgl. Hoffmann (1991), S. 4.

76 Vgl. Fornell (1978), S. 294; Stauss (1998), S. 1256.

77 Vgl. Graf (1990), S. 32; Schöber (1997), S. 16.

78 Vgl. Wimmer/Roleff (1998a), S. 267 f.; Günter (1998), S. 289.

Kunden. Diese können als mögliche Ergebnisse Akzeptanz, Abwanderung, die Einschaltung Dritter, negative Mundwerbung sowie eine Beschwerde zur Folge haben.[79]

Die folgende Abbildung gibt einen Überblick über die möglichen Verhaltensalternativen bei Unzufriedenheit sowie das jeweils resultierende Ergebnis.

Abb. 4.3 : Potentielle Handlungsoptionen von Kunden bei Unzufriedenheit

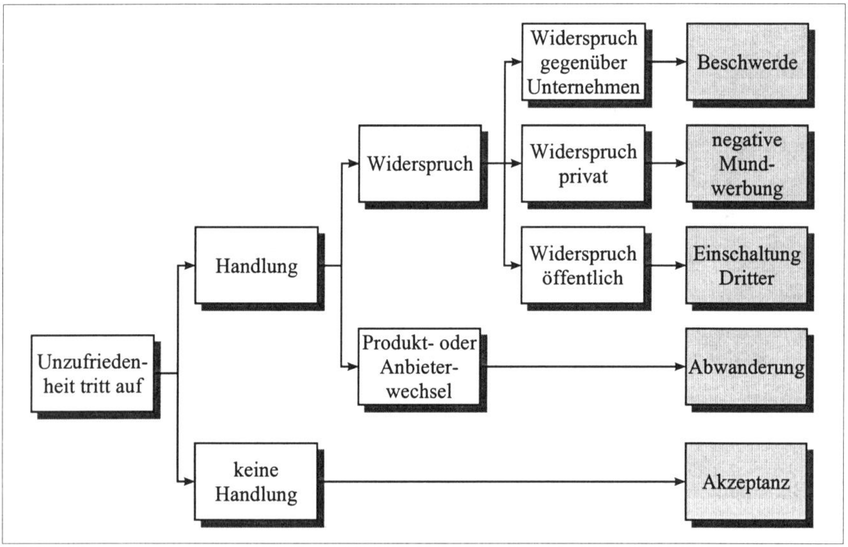

Quelle: In Anlehnung an Riemer (1986), S. 70

Wie aus der Abbildung ersichtlich, ergibt sich eine Beschwerde nur als *eine* mögliche Handlungsoption eines unzufriedenen Kunden in dem Fall, in dem dieser tatsächlich eine Handlung ergreift und einen Widerspruch gegenüber dem betreffenden Unternehmen artikuliert.[80]

79 Vgl. Wimmer (1985), S. 241; Riemer (1986), S. 70; Stauss (1989), S. 43; Schöber (1997), S. 14; Graf (1990), S. 43; Günter (1998), S. 287; Stauss/Seidel (1998), S. 48; Lovelock/Wright (1999), S. 134.

80 Diese Personen werden im folgenden als *Beschwerdeführer* bezeichnet. Diejenigen Kunden, die zwar unzufrieden sind, jedoch keine Beschwerde artikulieren, werden im weiteren Verlauf der Untersuchung als *unvoiced complainers* bezeichnet.

Weitere Formen des Widerspruches können der private sowie der öffentliche Widerspruch sein. Der private Widerspruch erfolgt als sogenannte negative Mundpropaganda oder Mundwerbung (*negative word of mouth*) durch "negative Äußerungen und Warnungen durch den Unzufriedenen im Familien-, Freundes- und Bekanntenkreis"[81]. Hierbei handelt es sich um einen Spezialfall der Mund-zu-Mund-Kommunikation, die als "zweckorientierte Übermittlung von unternehmens- oder leistungsspezifischen Informationen und Bedeutungsinhalten durch Kunden [...] mit der Folge der Beeinflussung von Meinungen, Einstellungen, Erwartungen und Verhaltensweisen der Adressaten"[82] verstanden werden kann. Verschiedene empirische Untersuchungen zeigen, daß negative Erlebnisse weitaus häufiger kommuniziert werden als positive Erfahrungen.[83] In diesem Zusammenhang ist ebenfalls die Erkenntnis von Bedeutung, daß mit dem Ausmaß der Zufriedenheit mit den Leistungen eines Anbieters die Wahrscheinlichkeit einer positiven Mund-zu-Mund-Kommunikation steigt.[84]

Der öffentliche Widerspruch erfolgt durch die Einschaltung von Drittinstitutionen, beispielsweise Verbraucherorganisationen, Medien oder juristische Stellen.[85] Durch die zunehmende Nutzung neuer Medien dürfte die Bedeutung dieser Widerspruchsart weiter zunehmen. So ist es möglich, daß unzufriedene Konsumenten mit Hilfe von Kommunikations- und Informationstechniken eine sehr große Anzahl möglicher Rezipienten erreichen. Mittlerweile gibt es spezielle *Foren* und *Bulletin Boards* im Internet, in denen unzufriedene Verbraucher ihre Erfahrungen publik machen und sich mit anderen Konsumenten zu Gruppen zusammenschließen können.[86] Erfolgt ein öffentlicher Widerspruch mit dem Ziel, mögliche Ansprüche juristisch geltend zu machen, etwa um einen Umtausch, eine Reparatur oder eine Erstattung des Kaufpreises zu erreichen,

---

81 Riemer (1986), S. 72 sowie grundlegend Richins (1983), S. 69 ff.

82 Bruhn (1998), S. 228.

83 Nach einer Untersuchung des TARP ist die Anzahl der Personen, mit denen unzufriedene Beschwerdeführer kommunizieren doppelt so groß wie im Fall von zufriedengestellten Beschwerdeführern, vgl. Goodman/Malech/Marra (1987), S. 176 sowie TARP (1997), S. 11 f. Hoffmann konnte diesen Effekt ebenfalls nachweisen, allerdings nicht in jedem Fall mit dem Ausmaß einer doppelten Kommunikationsintensität unzufriedener Beschwerdeführer gegenüber der Kommunikationsintensität zufriedener Beschwerdeführer, vgl. Hoffmann (1991), S. 198 f. Vgl. auch Stauss/ Seidel (1998), S. 58.

84 Vgl. Parasuraman/Berry/Zeithaml (1991), S. 39 ff.; Bruhn (1998), S. 230.

85 Vgl. Graf (1990), S. 42.

86 Vgl. Lovelock/Wright (1999), S. 135.

kann diese Form der rechtsrelevanten Beschwerde als *Reklamation* bezeichnet werden.[87]

Die zweite Handlungsmöglichkeit bei Unzufriedenheit besteht in einer *Abwanderung* durch einen "zeitweisen oder endgültigen Verzicht auf eine Unternehmensleistung"[88]. Dieses Verhalten kann sowohl lediglich einzelne Leistungen eines Unternehmens betreffen - und dann beispielsweise in Form eines Produktwechsels auftreten - als auch sich auf das gesamte Unternehmen beziehen; in diesem Fall kommt es zu einem Anbieterwechsel.[89]

Erfolgt trotz einer Unzufriedenheit keine Handlung auf Seiten des Kunden, wird dieses Nichtreagieren als *Akzeptanz* bezeichnet.[90] Diese Inaktivität birgt die Gefahr, daß die zugrundeliegende Unzufriedenheit langfristig verhaltenswirksam werden kann und eine spätere Reaktion erfolgt, etwa bei einem erneuten Auftreten des Problems.

In praxi sind Beschwerderaten als Verhältnis tatsächlich geäußerter Beschwerden zu den übrigen einem unzufriedenen Kunden offenstehenden Handlungsalternativen oftmals sehr gering.[91] Nach verschiedenen Untersuchungen betragen sie in Abhängigkeit der jeweiligen Branche zwischen lediglich 4 % [92], 10 % im Bankenbereich[93], 25 bis 30 % bei Konsumgütern und 68 % in der Automobilindustrie.[94] Das Vorbringen einer Beschwerde hängt dabei sowohl von situations- als auch personenspezifischen Einflußfaktoren ab.

---

87 Vgl. Graf (1990), S. 32.
88 Riemer (1986), S. 71.
89 Vgl. Riemer (1986), S. 71 f.
90 Vgl. Graf (1990), S. 42.
91 Vgl. Günter (1998), S. 289; Graf (1990), S. 41; Goodman/Malech/Marra (1987), S. 169. In diesem Zusammenhang kann von einer *Eisberg-Regel* gesprochen werden, wonach nur eine relativ kleine Spitze eines Eisbergs in Form von Beschwerden sichtbar wird, vgl. Wimmer/Roleff (1998a), S. 280; Hoffmann (1991), S. 26.
92 Vgl. Plymire (1991), S. 79; Töpfer (1999c), S. 464.
93 Vgl. Brinkmann (1998), S. 128.
94 Vgl. Lovelock/Wright (1999), S. 135.

Die Wahrscheinlichkeit einer Beschwerdeartikulation steigt in dem Maße, in dem die folgenden Determinanten des Beschwerdeverhaltens vorliegen:

- Eindeutigkeit der Ursachenattribuierung an das Unternehmen,
- Relevanz des Ereignisses in finanzieller oder sozialer Sicht,
- Art des Problems im Sinne eines manifesten Problems mit geringem subjektiven Ermessensspielraum,
- Ausmaß der Unzufriedenheit,
- günstige Einschätzung der Erfolgswahrscheinlichkeit einer Beschwerde,
- günstige Einschätzung der Beschwerdekosten in finanzieller und zeitlicher Hinsicht.[95]

Wegen des geringen Anteils der tatsächlich gegenüber dem Unternehmen artikulierten Unzufriedenheit weisen viele Autoren darauf hin, das Auftreten einer Beschwerde in erster Linie als eine Chance zu sehen.[96] Ein solcher möglicher Grundsatz von Unternehmen, Beschwerden stets als Chance zu begreifen, kann als eine "Philosophie der Beschwerdesensibilität"[97] bezeichnet werden.

Die Umsetzung eines derartigen Grundsatzes ist von besonderer Bedeutung, weil eine große Gefahr darin besteht, eine geringe Anzahl an Beschwerden positiv dahingehend zu interpretieren, die Leistungserbringung wäre einwandfrei.[98] In der Regel resultiert eine niedrige Beschwerderate jedoch aus anderen Gründen. Zum einen beschweren sich Kunden bei Unternehmen weniger, wenn das Beschwerdeverhalten keine positiven Effekte auf die Qualität der Leistungserbringung hat.[99] Zum anderen kann die

95 Vgl. Schöber (1997), S. 17; Stauss (1989), S. 43 f.

96 Vgl. Plymire (1991), S. 81; Stauss/Seidel (1998), S. 10; Töpfer (1999c), S. 461; Hansen/Schoenheit (1987b), S. 18.

97 Töpfer (1999c), S. 461.

98 Vgl. Richins (1983), S. 68; Goodman/Malech/Marra (1987), S. 171; Stauss/Seidel (1998), S. 33; Fornell (1978), S. 295.

99 Vgl. Töpfer (1999c), S. 459.

Äußerung einer Beschwerde für potentielle Beschwerdeführer mit einem Aufwand verbunden sein, den er nicht zu tragen bereit ist.[100]

Seit einiger Zeit wird verstärkt auf die große Bedeutung eines Beschwerdemanagements insbesondere für Dienstleistungsunternehmen hingewiesen, da aufgrund der Spezifika von Dienstleistungen[101], der eingeschränkten Möglichkeit einer standardisierten Qualitätskontrolle sowie spezieller Unzufriedenheitsursachen der professionelle Umgang mit Beschwerden von besonderer Bedeutung ist.[102]

4.4.2.2 Definition und Ziele des Beschwerdemanagements

Beschwerdemanagement[103] ist der planvolle und zielorientierte unternehmerische Umgang mit Beschwerden.[104] Es umfaßt die "Planung, Durchführung und Kontrolle aller Maßnahmen [...], die ein Unternehmen im Zusammenhang mit Beschwerden ergreift"[105]. Dies umfaßt insbesondere die organisatorische Implementierung der Beschwerdehandhabung, die als *Beschwerdemanagement-System* bezeichnet werden kann.[106]

Die in der Literatur genannten Ziele eines Beschwerdemanagements sind sehr vielfältig.[107] Als generelle Ziele können die Wiederherstellung der Kundenzufriedenheit, die Minimierung negativer Auswirkungen auf das Unternehmen sowie die Nutzung der in

---

100 Eine Strategie, die Artikulation einer Beschwerde durch die Errichtung von Barrieren für den Kunden kostenintensiver, schwieriger oder unangenehmer zu gestalten, wird als *Beschwerdeminimierung* bezeichnet, vgl. Fornell (1978), S. 295.

101 Hierbei handelt es sich in erster Linie um die Eigenschaften der Immaterialität sowie der Simultanität von Produktion und Absatz, vgl. Kap. 2.1.1.3 der vorliegenden Arbeit.

102 Vgl. Stauss (1989), S. 49 f.; Wimmer/Roleff (1998a), S. 278.

103 In der Literatur werden die Begriffe *Beschwerdemanagement* und *Beschwerdepolitik* sowie *complaint management* und *complaint handling* überwiegend synonym verwendet.

104 Vgl. Hoffmann (1991), S. 8.

105 Wimmer (1985), S. 233.

106 Vgl. Hoffmann (1991), S. 8.

107 Vgl. Fornell (1978), S. 289 ff.; Wimmer (1985), S. 234 ff.; Riemer (1986), S. 121 ff.; Graf (1990), S. 58 f.; Stauss (1989), S. 46 f.; Schöber (1997), S. 27 ff.; Goodman/Malech/Marra (1987), S. 191; Hoffmann (1991), S. 8; Stauss/Seidel (1998), S. 63 ff.; Günter (1998), S. 288; Stauss (1998), S. 1256 f.; Wimmer/Roleff (1998a), S. 278; Hart/Heskett/Sasser (1990), S. 150.

Beschwerden enthaltenen Informationen herausgestellt werden.[108] Im Schrifttum findet sich oftmals eine Unterteilung in ökonomische/monetäre sowie kommunikative/psychographische Ziele, die wiederum in markt- und unternehmensbezogene Teilziele differenziert werden.[109] Diese Darstellung erscheint jedoch nicht widerspruchsfrei.[110] Daher erscheint eine Unterscheidung der von Stauss identifizierten Teilziele[111] anhand der Dimensionen markt- und unternehmensbezogener Ausrichtung in ergebnis-, prozeß- und potentialorientierte Teilziele sinnvoll.

Ergebnisorientierte Ziele des Beschwerdemanagements beziehen sich auf das unmittelbar ergebnisdeterminierende Wirkungsziel. In marktbezogener Richtung wird eine Herstellung von Zufriedenheit angestrebt, die eine Herstellung von Beschwerdezufriedenheit sowie eine Vorbeugung von Beschwerdeunzufriedenheit umfaßt. Weiterhin wird die Steigerung der Beschwerderate verfolgt. Unternehmensbezogene ergebnisorientierte Ziele sind die Reduzierung von Fehlerkosten, die intern - beispielsweise durch Doppelarbeiten - oder extern - etwa durch das Auftreten von Garantiefällen - entstehen.

Prozeßbezogene Ziele stellen auf angestrebte prozessuale Verbesserungen unternehmerischer Abläufe ab. In einem marktbezogenen Fokus bestehen diese in der Schaffung akquisitorischer Effekte, indem etwa positive Mundwerbung stimuliert und negative Mundwerbung vermieden wird. Unternehmensbezogene prozeßorientierte Ziele bestehen in einer Informationsgewinnung, um so interne Abläufe verbessern zu helfen. Dies geschieht durch ein mögliches Erkennen von Schwachstellen, der Gewinnung von

---

108 Vgl. Stauss (1989), S. 46; Stauss (1999), S. 216.

109 Diese Darstellung geht zurück auf Wimmer, vgl. Wimmer (1985), S. 234 ff. Eine entsprechende tabellarische Darstellung von Hoffmann (vgl. Hoffmann (1991), S. 9) wird von Schöber modifiziert übernommen, vgl. Schöber (1997), S. 28.

110 Zum einen vernachlässigt diese Darstellung mögliche Ziele, die nicht auf kommunikative Wirkungen ausgerichtet sind. Zum anderen erscheint die Darstellung mitunter nicht konsistent. Beispielsweise ist die Subsumierung der Teilziele "Verbesserung der Qualität" und "Entdeckung von Marktchancen" unter unternehmensbezogenen kommunikativen/psychographischen Zielen (vgl. Hoffmann (1992), S. 9) unklar, da psychographische Ziele per definitionem an mentalen Prozessen des Kunden anknüpfen (vgl. beispielsweise Bruhn/Bunge (1994), S. 26) und ein entsprechender Zusammenhang nicht ersichtlich wird.

111 Vgl. Stauss (1999), S. 216 f.; Stauss (1989), S. 46 f.

Kennzahlen zur Qualitätsüberwachung und -verbesserung sowie die Identifikation von Marktchancen.

Das interne und externe Nutzbarmachen von Beschwerden steht im Mittelpunkt von potentialorientierten Beschwerdemanagementzielen. Marktbezogen wird eine Verbesserung des Unternehmensimages angestrebt, indem eine kundenorientierte Unternehmensstrategie realisiert und verdeutlicht wird. Unternehmensbezogen wird eine Vermeidung von Opportunitätskosten gewünscht, indem eine Abwanderung von Kunden vermieden und Widerspruchspotentiale langfristig abgebaut werden.

Die folgende Abbildung veranschaulicht zusammenfassend mögliche Ziele eines Beschwerdemanagements.

Abb. 4.4 : Ziele des Beschwerdemanagements

	marktbezogen	**unternehmensbezogen**
ergebnisorientiert	**Herstellung von Zufriedenheit** • Beschwerdezufriedenheit herstellen • Beschwerdeunzufriedenheit vorbeugen • Beschwerderate steigern	**Reduzierung von Fehlerkosten** • interne Fehler (z.B. Doppelarbeiten) vermeiden • externe Fehler (z.B. Garantiefälle) vermeiden
prozeßorientiert	**Schaffung akquisitorischer Effekte** • positive Mundwerbung stimulieren • negative Mundwerbung vermeiden	**Informationsgewinnung** • Schwachstellen erkennen • Kennzahlen zur Qualitätsüberwachung und -verbesserung gewinnen • Marktchancen identifizieren
potentialorientiert	**Verbesserung des Unternehmensimages** • kundenorientierte Unternehmensstrategie realisieren und verdeutlichen	**Vermeidung von Opportunitätskosten** • Abwanderung vermeiden • Widerspruchspotentiale abbauen

Quelle: Eigene Darstellung

Empirische Studien belegen, daß "investments in complaint handling can improve evaluations of service quality, strengthen customer relationships, and build customer commitment"[112].

[112] Tax/Brown/Chandrashekaran (1998), S. 72.

Trotz der großen Vorteile, die bei einer konsequenten Umsetzung für Unternehmen erzielbar sind, ist der Verbreitungsgrad eines systematischen Beschwerdemanagements in amerikanischen und deutschen Unternehmen noch nicht sehr groß.[113] Insbesondere die in der wissenschaftlichen Diskussion seit langem bekannte Tatsache, daß Beschwerden als wertvolle Informationsquellen für Unternehmen eingesetzt werden können, wird in der unternehmerischen Praxis wenn nicht vollkommen vernachlässigt, so doch zumindest erst seit kurzem umgesetzt.[114]

Dieses liegt zum einen in einer vorherrschenden mangelnden Beschwerdesensibilität begründet, zum anderen durch den fehlenden Willen oder mangelnde organisatorische Umsetzungsmöglichkeiten.[115]

4.4.2.3 Aufgaben, Funktionen und Prozesse des Beschwerdemanagements

Um die angestrebten Ziele des Beschwerdemanagements erreichen zu können, ist die organisatorische Gestaltung von Beschwerdemanagement-Systemen durch eine Konkretisierung von Aufgaben, Funktionen und Prozessen notwendig. Hierzu existieren in der Literatur verschiedene Ansätze, die sich in erster Linie an der Logik des Beschwerdeablaufs orientieren.

Einen ersten systematischen Ansatz liefert die TARP-Studie, in der die Funktionen des Beschwerdemanagements in *operations functions* und *support functions* unterteilt werden.[116] Erstere Abwicklungsfunktionen werden in die Teilfunktionen *input*, *response* und *output* zerlegt. Sie beziehen sich auf den individuellen Ablauf der Beschwerde, wobei notwendige Arbeitsschritte detailliert beschrieben werden. Die sogenannten unterstützenden Funktionen werden differenziert in die Teilfunktionen *control*, *mana-*

113 Vgl. Spiller (1997), S. 66; Tax/Brown (1998), S. 76. In diesem Zusammenhang sind die Ergebnisse einer Studie interessant, wonach 94 % der Unternehmen, die eine gebührenfreie Nummer eingerichtet haben, angaben, die Bearbeitung von Beschwerden sei ein Hauptgrund dafür gewesen, vgl. Bellur (1993), S. 4.

114 Vgl. Stauss/Seidel (1998), S. 15; Bruhn/Meffert (1998b), S. 12.

115 Vgl. Töpfer (1999c), S. 459.

116 Vgl. TARP (1979), S. 16 ff. Eine deutsche Übersetzung des TARP-Schemas findet sich bei Goodman/Malech/Marra (1987), S. 192.

gement und *public awareness* und bestehen entgegen der Bezeichnung auch aus Aufgaben, die einen dispositiven Charakter aufweisen, wie etwa das Vorgeben von Zielgrößen für die Beschwerdebearbeitung oder die Steuerung des Mitarbeiterverhaltens.

Riemer entwickelt, ausgehend von dem TARP-Schema, ein sogenanntes Strukturgitter, das in der deutschsprachigen Beschwerdeliteratur weite Verbreitung gefunden hat. Es besteht aus einer *Input-Funktion*, einer *Fallösungs-Funktion* sowie einer *Informationsgewinnungs-Funktion*.[117] Die letzten beiden Funktionen sind dabei in Analogie zu den *operations functions* des TARP-Schemas in *Verarbeitung* und *Output* unterteilt.[118] Die Input-Funktion umfaßt alle Aufgaben von der Beschwerdeentgegennahme bis zu ihrer Weitergabe an die verarbeitende Stelle.[119] Die Beschwerdeprüfung und -lösung sowie die Kommunikation mit dem Beschwerdeführer sind Inhalt der Fallösungs-Funktion.[120] Im Rahmen der Informationsgewinnungs-Funktion erfolgt die Speicherung, Auswertung und Kommunikation der aus den Beschwerden gewonnenen Informationen.[121]

Eine Weiterentwicklung dieses Ansatzes nehmen Stauss und Seidel vor. Sie ordnen die Aufgaben des Beschwerdemanagements einem direkten Beschwerdemanagementprozeß und einem indirekten Beschwerdemanagementprozeß zu.[122] Die Teilaufgaben des direkten Prozesses sind unmittelbar auf einen Einzelfall bezogen, erfordern einen Kundenkontakt und bestehen aus den Bereichen *Beschwerdestimulierung*, *Beschwerdeannahme* sowie *Beschwerdebearbeitung* und *-reaktion*.[123] An dem indirekten Beschwerdemanagementprozeß ist der Beschwerdeführer nicht unmittelbar beteiligt. Dieser Prozeß umfaßt die Bereiche *Beschwerdeauswertung* und *Beschwerdemanagement-Controlling*.[124]

---

117 Vgl. Riemer (1986), S. 129 ff.

118 Riemer verwendet als deutschen Begriff für *response* den Ausdruck *Verarbeitung*, vgl. Riemer (1986), S. 126.

119 Vgl. Riemer (1986), S. 130.

120 Vgl. Riemer (1986), S. 274 ff.

121 Vgl. Riemer (1986), S. 134.

122 Vgl. Stauss/Seidel (1998), S. 66 ff., vgl. auch Stauss (1998), S. 1257 f.

123 Vgl. Stauss/Seidel (1998), S. 66 ff.

124 Vgl. Stauss/Seidel (1998), S. 69 f.

Schöber legt eine prozessuale Sichtweise zugrunde, indem er operative, dispositive und unterstützende Beschwerdeprozesse unterscheidet.[125] Demnach umfassen die operativen Beschwerdeprozesse diejenigen Abläufe, "die im direkten Kontakt mit dem Beschwerdeführer sowie den dabei anfallenden Informationen erfolgen"[126]. Dispositive Prozesse dienen der Steuerung von Beschwerdeaktivitäten und umfassen *Planung* und *Kontrolle*, die *Personalführung* sowie die *Anreizgestaltung*.[127] Die unterstützenden Prozesse dienen der Bereitstellung der erforderlichen Unternehmensinfrastruktur und beinhalten die *Personalauswahl und -schulung*, die *Bereitstellung von Informationen* sowie *interne und externe Marktforschung*.[128]

Die folgende Abbildung integriert die verschiedenen Ansätze in eine Überblicksdarstellung.

Abb. 4.5 : Aufgaben, Funktionen und Prozesse des Beschwerdemanagements

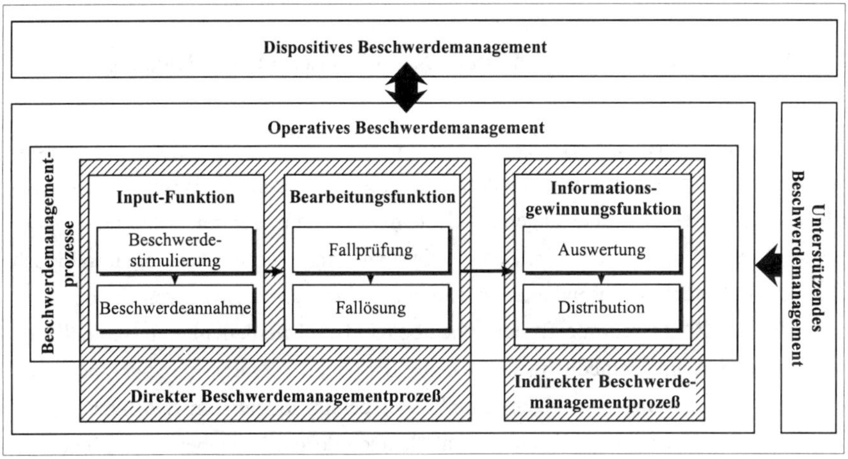

Quelle: Eigene Darstellung

---

125 Vgl. Schöber (1997), S. 93 ff. Er bezieht sich dabei auf Erkenntnisse der prozeßorientierten Organisationslehre, im besonderen auf Krüger, vgl. Schöber (1997), S. 64 f. Dieser bezieht sich auf die Wertkette von Porter (vgl. Porter (1985), S. 45 ff.) und unterscheidet Planungs-, Steuerungs- und Kontrollprozesse, operative Prozesse sowie Unterstützungsprozesse, vgl. Krüger (1993), S. 124.

126 Schöber (1997), S. 65.

127 Vgl. Schöber (1997), S. 94.

128 Vgl. Schöber (1997), S. 230.

Das operative Beschwerdemanagement umfaßt diejenigen Prozesse, die im direkten Kontakt mit Beschwerdeführern (direkter Beschwerdemanagementprozeß) sowie im Zuge der unternehmensinternen Verarbeitung anfallender Informationen (indirekter Beschwerdemanagementprozeß) erfolgen. Die Beschwerdemanagementprozesse umfassen dabei die Input-Funktion mit den Teilfunktionen Beschwerdestimulierung und Beschwerdeannahme, die Bearbeitungsfunktion mit den Teilfunktionen Fallprüfung und Fallösung sowie die Informationsgewinnungsfunktion mit den Teilfunktionen Auswertung und Distribution. Das dispositive Beschwerdemanagement umfaßt Planungs-, Steuerungs- und Kontrollprozesse, während das unterstützende Beschwerdemanagement benötigte Mitarbeiter- und Informationsressourcen zur Verfügung stellt.

Der folgende Abschnitt erläutert die von Call Centern im Rahmen des Beschwerdemanagements erfüllbaren Funktionen.

4.4.2.4 Funktionen von Call Centern im Rahmen des Beschwerdemanagements

Der organisatorischen Umsetzung des Beschwerdemanagements wird eine herausragende Rolle für den erfolgreichen unternehmerischen Umgang mit Beschwerden zugeschrieben.[129] Beschwerdemanagement-Systeme können zentral, dezentral oder gemischt-zentral organisiert sein. Zentrale Systeme sind räumlich und organisatorisch abgegrenzte Unternehmenseinheiten, die ausschließlich für die Beschwerdebearbeitung zuständig sind.[130] Dezentrale Systeme bearbeiten Beschwerden in unterschiedlichen Abteilungen mit unterschiedlichen Mitarbeitern, wobei die Bearbeitung auch bei Filialen oder Niederlassungen erfolgen kann.[131] Bei gemischt-zentralen Systemen erfolgt die Beschwerdebearbeitung sowohl zentral als auch dezentral, wobei in der Regel die zentrale Organisationseinheit Unterstützungs- und Entlastungsfunktionen wahrnimmt, während der unmittelbare Kundenkontakt dezentral erfolgt.[132]

---

[129] Vgl. Spiller (1997), S. 64.
[130] Vgl. Hoffmann (1991), S. 18.
[131] Vgl. Stauss/Seidel (1998), S. 321.
[132] Vgl. Schöber (1997), S. 38. STAUSS und SEIDEL sprechen in diesem Fall von einem *dualen Beschwerdemanagement*, vgl. Stauss/Seidel (1998), S. 321.

Im Rahmen des oben dargelegten Managements von Beschwerden kann ein Call Center die Funktion eines zentralen Beschwerdemanagement-Systems übernehmen. Der Zentralisierung des Beschwerdemanagements wird eine besondere Kundenfreundlichkeit zugesprochen.[133] Das Call Center agiert somit als eine zentrale Anlaufstelle telefonischer Beschwerdeartikulationen für alle auftretenden Beschwerden, die Nachfrager von Unternehmensleistungen vorbringen können.[134] In dieser Funktion weisen Call Center Ähnlichkeiten mit Verbraucherabteilungen bzw. *Consumer Affairs Departments* auf. Diese wurden bei öffentlichen und privaten Institutionen seit den siebziger Jahren zunächst in den Vereinigten Staaten von Amerika als Konsequenz des Erstarkens der Verbraucherinteressen und des Verbraucherschutzes eingerichtet.[135] Ihr Grundanliegen bestand in "improving their companies' relations and communications with consumers and making their companies more responsive to the valid needs and grievances of consumers"[136]. Der Ansatzpunkt dieser Abteilungen kann in erster Linie in der "internen Vertretung von Verbraucherinteressen in Unternehmen"[137] herausgestellt werden. Der Unterschied zu Call Centern gemäß des Verständnisses im Rahmen dieser Arbeit liegt insbesondere auf der ausschließlichen Fokussierung dieser Abteilungen auf Verbrauchern sowie in grundlegenden Unterschieden der technologischen und organisatorischen Gestaltung. Dennoch können sie in bezug auf den Teilaspekt einer individualisierten Kommunikation mit Kunden als ein Vorläufer von Call Centern gelten.

Als zentrales Beschwerdemanagement-System übernimmt ein Call Center sowohl Funktionen innerhalb des direkten Beschwerdemanagementprozesses als auch innerhalb des indirekten Beschwerdemanagementprozesses.

Im Rahmen der *Input-Funktion* des direkten Beschwerdemanagementprozesses werden eine Zugangs-, eine Kanalisierungs- sowie eine Erfassungsfunktion übernommen.

---

133 Vgl. Wimmer/Roleff (1998a), S. 281. Empirische Studien belegen, daß die Bereitstellung einer zentralen Abteilung für Kundenkontakte zu einer erheblichen Steigerung der Kundenzufriedenheit führt, vgl. o.V. (1993), S. 2.

134 Vgl. Graf (1990), S. 94; Schöber (1997), S. 16.

135 Vgl. Hansen/Schoenheit (1987b), S. 24; Schöber (1997), S. 22.

136 McGuire (1973), S. 4.

137 Graf (1990), S. 60.

Die Zurverfügungstellung eines leicht zugänglichen, für den Nutzer kostengünstigen Beschwerdekanals wird in der Literatur als ein zentrales Element von Beschwerdemanagement-Systemen angesehen.[138] Mit Hilfe der *Zugangsfunktion* eines Call Centers kann ein Unternehmen einen solchen leicht nutzbaren Weg für die Artikulation von Kundenproblemen schaffen.[139] Damit wird eine Strategie der Beschwerdestimulierung verfolgt, indem Barrieren für eine Beschwerdeartikulation abgebaut und potentielle Beschwerden so umfassend wie möglich auf das Unternehmen gelenkt werden.[140] Das beschwerdestimulierende Potential von telefonischen Beschwerdewegen konnte in verschiedenen Untersuchungen bereits nachgewiesen werden.[141] Telefonische Beschwerdekanäle weisen gegenüber anderen, insbesondere schriftlichen, Beschwerdekanälen eine Reihe von Vorteilen auf. So entfällt zunächst der physische Aufwand einer schriftlichen Beschwerdeartikulation. Weiterhin ermöglicht eine telefonische Beschwerdeartikulation einen direkten Dialog, in dem mögliche Verständnisprobleme unverzüglich geklärt werden können.[142] Schließlich läßt sich der Zeitraum zwischen Problemauftritt und Problemartikulation potentiell verringern.[143] Dadurch steigt zum einen tendenziell die Bereitschaft zur Beschwerdeartikulation, zum anderen nimmt tendenziell die Qualität der geäußerten Informationen zu. Auch spielt die Erkenntnis eine Rolle, daß sich verärgerte Beschwerdeführer telefonisch eher besänftigen lassen als durch eine schriftliche Beschwerdereaktion.[144] Darüber hinaus könnte es für Kunden angenehmer sein, sich telefonisch zu beschweren als über face-to-face Beschwerdekanäle.[145] Der von Hoffmann benannte Hauptmangel telefonischer Beschwerdewege in Form einer hohen Kostenbelastung der Kunden[146] entsteht bei der Nutzung von Call

---

138 Vgl. Riemer (1986), S. 206 und S. 272; Schöber (1997), S. 23; Stauss (1998), S. 1257; Lovelock/Wright (1999), S. 141.

139 Vgl. Tax/Brown (1998), S. 83; Stauss/Seidel (1998), S. 350.

140 Vgl. Fornell (1978), S. 295; Stauss (1989), S. 56. Riemer spricht hierbei von einer Politik der Beschwerdemaximierung, vgl. Riemer (1986), S. 118.

141 Eine Studie ergab für den Telekommunikationsbereich, daß 70 % der *unvoiced complainers* sich artikuliert hätten, wenn eine gebührenfreie Beschwerdenummer zur Verfügung gestanden hätte, vgl. TARP (1997), S. 9. Bei einem Hersteller von Haushaltsgeräten verdoppelte sich die Beschwerderate durch den Einsatz eines Call Centers, vgl. TARP (1997), S. 10.

142 Vgl. Hoffmann (1991), S. 22 ff.

143 Vgl. Hoffmann (1991), S. 22 ff.

144 Vgl. Tax/Brown (1998), S. 78.

145 Vgl. Tax/Brown (1998), S. 78.

146 Vgl. Hoffmann (1991), S. 25.

Centern zumeist nicht, da in der Regel die Informationstransportkosten entweder vollständig oder zumindest überwiegend beim Unternehmen liegen.[147]

Einen weiteren Grund für die besondere Eignung von Call Centern für die Bereitstellung einer Zugangsfunktion liefert der Kosten-Nutzen-Ansatz des Beschwerdeverhaltens von Konsumenten.[148] Nach diesem Erklärungsansatz werden Beschwerden nur dann artikuliert, wenn der Beschwerdeführer glaubt, daß der von ihm subjektiv erwartete Nutzen einer Beschwerde größer ist als seine subjektiv wahrgenommenen Beschwerdekosten, die sich in Form von materiellem, zeitlichem oder physischem Aufwand äußern können.[149] Demnach steigt mit einer Minimierung der Beschwerdekosten für potentielle Beschwerdeführer tendenziell die Beschwerdehäufigkeit, was aus Unternehmenssicht wünschenswert ist. Die Bereitstellung eines leichten und kostengünstigen Zugangs durch ein Call Center führt somit zu positiven Effekten einer erhöhten Beschwerdehäufigkeit.[150]

Für die Strategie einer Beschwerdestimulierung wird in der Literatur die Gefahr gesehen, daß es zu Auswirkungen auf das Beschwerdevolumen kommt, die in einer nicht mehr beherrschbaren "Flut von Beschwerden"[151] resultieren könnten.[152] HOFFMANN rät daher entschieden von einer generellen Beschwerdestimulierung ab und verweist auf das Prinzip einer dosierten Beschwerdestimulation.[153] Hierunter wird die Einrichtung von Beschwerdewegen bei gleichzeitiger Einschränkung des Kreises möglicher Beschwerdeführer, etwa durch die beschränkte Anbringung von Hinweisen zur Be-

---

147 Im Fall einer gebührenfreien Nummer liegen die Informationstransportkosten vollständig, bei einer *shared cost* Nummer zum überwiegenden Teil beim Unternehmen.

148 Vgl. im einzelnen Graf (1990), S. 44 ff. sowie Brinkmann (1998), S. 130.

149 Vgl. Wimmer/Roleff (1998a), S. 268; Fornell (1978), S. 294.

150 Die Kommunikation per Telefon ist aus Kundensicht grundsätzlich kostengünstiger ist als die schriftliche Kommunikation, sofern gebührenfreie Nummern eingesetzt werden, vgl. Wiencke/ Koke (1999), S. 25. In diesem Zusammenhang kommt der Entscheidung, welche Zugangsnummern durch das einsetzende Unternehmen gewählt werden, eine hohe Bedeutung zu, da von Seiten der Verbraucherorganisationen in jüngster Zeit Hinweise auf erhebliche Kostenbelastung für Kunden laut werden, die sich durch die Nutzung von 0180x Nummern ergeben können.

151 Hoffmann (1991), S. 239.

152 In diesem Zusammenhang wird der sogenannte *vicious circle of complaints* diskutiert, wonach die Empfänglichkeit von Unternehmen für Beschwerden im Sinne der Nutzung von Beschwerden mit steigender Anzahl erhaltener Beschwerden abnimmt, vgl. beispielsweise Fornell (1992), S. 15.

153 Vgl. Hoffmann (1991), S. 239.

schwerdeaufnahme auf nur einigen Produkten eines Herstellers, verstanden.[154] Dabei wird bewußt billigend in Kauf genommen, daß ein Anteil möglicher Beschwerden das Unternehmen nicht erreicht, um ein zu großes Beschwerdevolumen auszuschließen. Dies widerspricht jedoch dem Teilziel eines Beschwerdemanagements, die Beschwerderate zu steigern, um die Zahl der *unvoiced complainers* zu reduzieren. Dieses Problem kann durch den Einsatz von Call Centern vermieden werden, da durch ihre ablauforganisatorische Ausgestaltung ein flexibles Reagieren auf große Volumenschwankungen der Kontakte explizit möglich wird. Somit kann ein Verfahren der generellen Beschwerdestimulation betrieben werden, um die Gefahr zu minimieren, daß mögliche Beschwerden nicht artikuliert werden können. Dieses kann jedoch nur dann sichergestellt werden, wenn die Erreichbarkeit des Call Centers zuverlässig gewährleistet wird.

Von entscheidender Bedeutung für ein erfolgreiches Beschwerdemanagement ist die Schaffung der organisatorischen Voraussetzungen für eine schnelle direkte Kommunikation mit potentiellen Beschwerdeführern, um sicherzustellen, daß Beschwerden nicht an anderer Stelle versickern.[155] Durch die Nutzung eines Call Centers als zentrales Beschwerdemanagement-System wird dieser Gefahr begegnet, indem Beschwerden kanalisiert werden (*Kanalisierungsfunktion*). Damit wird beispielsweise ausgeschlossen, daß Mitarbeiter einer dezentralen Stelle Beschwerden zwar aufnehmen, aber etwa aufgrund psychischer Verdrängungsprozesse weder bearbeiten noch weiterleiten.[156] Dies kann insbesondere im Dienstleistungsbereich der Fall sein, da hier häufig diejenigen Mitarbeiter, bei denen eine Beschwerde geäußert wird, zugleich Auslöser der Beschwerdereaktion sind.[157]

Während des Erstkontaktes ist es entscheidend, alle relevanten Informationen strukturiert zu erfassen.[158] Diese Erfassung erfolgt im Rahmen der *Erfassungsfunktion*. Hier zeigt sich die große Bedeutung des Einsatzes von Kundendatenbanken.[159] Durch den

---

[154] Vgl. Hoffmann (1991), S. 239 f.
[155] Vgl. Riemer (1986), S. 271; Graf (1990), S. 56.
[156] Vgl. Schöber (1997), S. 99; Stauss/Seidel (1998), S. 334; TARP (1997), S. 6 f.
[157] Vgl. Stauss (1989), S. 56 f.
[158] Vgl. Lovelock/Wright (1999), S. 140.
[159] Vgl. Tax/Brown (1998), S. 83 sowie Kap 4.3.4 der vorliegenden Arbeit.

Einsatz spezieller Beschwerdemanagement-Software im Call Center können Daten vollständig, schnell und strukturiert erfaßt werden.[160] Von besonderer Bedeutung ist eine detaillierte Erfassung des Beschwerdegrundes[161], die mit Hilfe derartiger Systeme geleistet werden kann. Weiterhin steigt mit der Einfachheit der Dateneingabe, etwa mit Hilfe eines durchdachten Softwaresystems, die Zuverlässigkeit der Datenerfassung.[162]

Innerhalb der *Bearbeitungsfunktion* des direkten Beschwerdemanagementprozesses übernehmen Call Center Aufgaben der Abhilfefunktion sowie der externen Informationsfunktion.

Bei der Übernahme der *Abhilfefunktion* ist es entscheidend, möglichst viele Probleme direkt im Erstkontakt zu lösen.[163] Insbesondere bei telefonischen Beschwerden können Beschwerdefälle innerhalb des ersten Kontaktes geprüft und gelöst werden.[164] Hierfür ist es notwendig, daß für die Beurteilung des Beschwerdefalls zusätzliche Informationen herangezogen werden. Der Bereitstellung und dem Zugang zu internen Informationsquellen kommt für die schnelle und kompetente Prüfung von Beschwerdefällen eine hohe Bedeutung zu, die in praxi ein Problem darstellen kann.[165] Bei der Bearbeitung von Beschwerden in einem Call Center als Beschwerdezentrale sind diese Probleme in der Regel nicht anzutreffen, da durch die informationstechnische Ausstattung die Bearbeiter in die Lage versetzt werden, entsprechende Fallprüfungen schnell und mit hoher Qualität vorzunehmen. Dementsprechend ist es auch erklärtes Ziel in der Unternehmenspraxis, 80 % der Anfragen sofort zu lösen.[166]

Werden bei der Wahrnehmung der Abhilfefunktion zugleich kundengerechte Informationen übermittelt, wird zugleich eine *externe Informationsfunktion* übernommen. Diese kann beispielsweise darin bestehen, Beschwerdeführer darüber zu informieren,

---

160 Vgl. Seidel (1998), S. 495.

161 Nach verschiedenen Studien des TARP sollte eine vorgegebene Liste von Beschwerdegründen mindestens 100 bis 200 einzelne Gründe aufführen, vgl. TARP (1997), S. 6.

162 Vgl. Schöber (1997), S. 107.

163 Vgl. Stauss/Seidel (1998), S. 350.

164 Vgl. Schöber (1997), S. 110.

165 Vgl. Schöber (1997), S. 110.

166 Vgl. o.V. (1998c), S. 5.

daß auch andere Personen den gleichen Beschwerdeanlaß wahrgenommen haben oder Informationen über eine zukünftige Problemprävention zu liefern.

Abb. 4.6 : Call Center Funktionen im Rahmen des Beschwerdemanagements

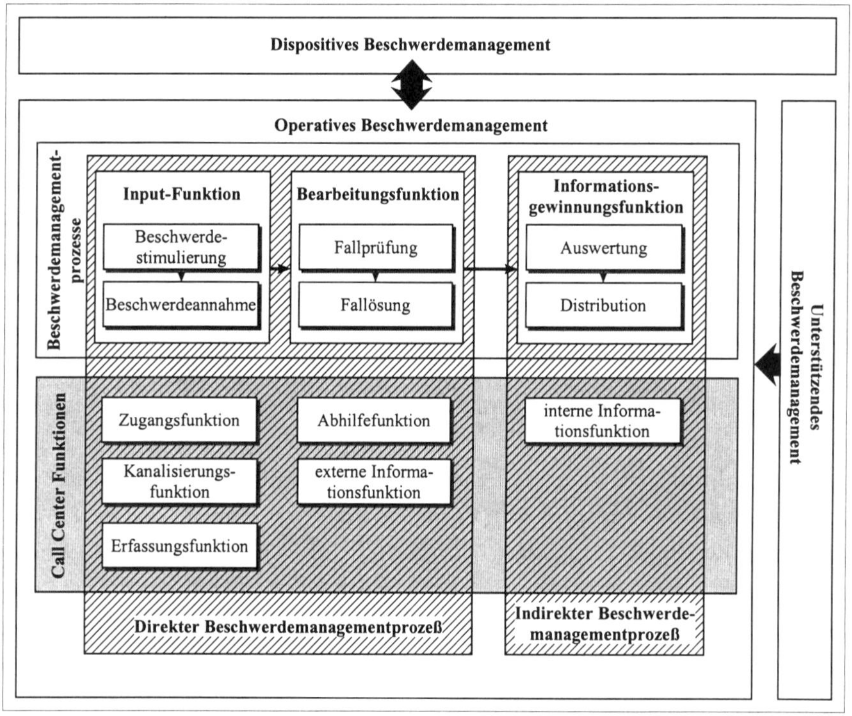

Quelle: Eigene Darstellung

Die *interne Informationsfunktion* ist Bestandteil der *Informationsgewinnungsfunktion* des indirekten Beschwerdemanagementprozesses. Durch sie werden die durch zu bearbeitende Beschwerden gewonnenen Informationen den zuständigen Mitarbeitern zugänglich gemacht oder an sie weitergeleitet.[167] Die durch artikulierte Beschwerden dem Unternehmen zur Verfügung gestellten Informationen sind insbesondere deshalb interessant, da sie kostengünstig und aus eigenem Antrieb der Beschwerdeführer be-

[167] Vgl. Tax/Brown (1998), S. 83.

reitgestellt werden.[168] Aus ihnen können auf aggregierter Basis Informationen über Probleme, Wünsche und Anregungen von Kunden gewonnen werden, die direkt zur Verbesserung der Unternehmensleistungen oder -produkte beitragen können. Für die Auswertung dieser Informationen existieren in der Literatur eine Reihe von Vorschlägen hinsichtlich qualitativer und quantitativer Verfahren.[169] Aufbauorganisatorisch können diese Aufgaben sowohl innerhalb des Call Centers, als auch in anderen Unternehmensabteilungen wahrgenommen werden.

Abbildung 4.6 veranschaulicht zusammenfassend mögliche Call Center Funktionen im Rahmen des Beschwerdemanagements.

Mittlerweile existiert leistungsfähige Hard- und Software, die die geschilderten Funktionen von Call Centern im Rahmen des Beschwerdemanagementprozesses sinnvoll unterstützt.[170]

4.5 Instrumentelle Umsetzung der Integrationsfunktion

Die Integrationsfunktion wird aus Sicht der Unternehmung als Möglichkeit diskutiert, Interaktionspartner in unternehmensinterne Prozesse zu integrieren, um so mögliche Nutzenpotentiale zu realisieren.

Bereits im Zusammenhang mit der Informationsgewinnungsfunktion des Beschwerdemanagements wurden Einsatzpotentiale von Call Centern zur Gewinnung von relevanten Informationen über potentielle und aktuelle Kunden herausgestellt. Die Informationsgewinnungsfunktion des Beziehungsmanagements manifestiert sich jedoch nicht nur im Rahmen des Beschwerdemanagements; vielmehr können durch den Einsatz von Call Centern neben der Ausschöpfung von Informationsgewinnungspotentialen in Beschwerdesituationen auch in Kontaktsituationen Informationen gewonnen

168 Vgl. Schöber (1997), S. 116.
169 Vgl. Riemer (1986), S. 239 ff.; Schöber (1997), S. 117 ff.
170 Vgl. Seidel (1998), S. 493 ff.

werden, die nicht durch eine Beschwerde ausgelöst wurden. So kann jede sich im direkten Kontakt zwischen Kunde und Agent vollziehende Interaktion - beispielsweise während der Erbringung von Serviceleistungen - genutzt werden, um gezielt spezielle Informationen etwa über Bedürfnisse, Erwartungen, Erfahrungen mit Wettbewerbern oder die Zufriedenheit von Kunden zu gewinnen.[171] Daher können Call Center in besonderem Maße die Forderung nach einem "continuous flow of information into the business"[172] erfüllen helfen. "By developing and continuously updating a deep understanding of each customer's present and future needs ..."[173] kann ein Beziehungsmanagement somit sinnvoll betrieben werden.

Call Center können weiterhin als Bestandteil eines *Service-Quality Information Systems* fungieren.[174] Berry und Parasuraman verstehen darunter ein System, daß anhand verschiedener Ansätze und Methoden eine kontinuierliche Erfassung von Äußerungen unterschiedlichster Kundengruppen ermöglicht. Eine wichtige Rolle wird dabei der Methode einer "customer complaint, comment, and inquiry capture"[175] zugewiesen, um durch eine Kommunikation mit Kunden Verbesserungsmöglichkeiten zu identifizieren und Kundenbeziehungen zu stärken.[176]

Insbesondere für die Produktentwicklung ist die Einbeziehung von Kundenäußerungen und -wünschen entscheidend, um marktgerechte Unternehmensleistungen zu erreichen.[177] Ein enger Dialog zwischen Anbietern und Kunden resultiert tendenziell in einer kostengünstigeren und bedarfsgerechten Produktgestaltung.[178] In diesem Zusammenhang können Call Center wichtige Funktionen übernehmen. Beispielsweise hat die Firma Microsoft eine sogenannte *wish line* eingerichtet, in der aktuelle und potentielle Kunden Anregungen und Wünsche für bestimmte Produkteigenschaften übermitteln können.[179] Ein Pharmaunternehmen nutzt die durch einen ständigen Kundendialog

171 Carwardine (1996), S. 527.
172 Buttle (1996b), S. 12.
173 Child et al. (1995), S. 114.
174 Vgl. Berry/Parasuraman (1997), S. 65 ff.
175 Berry/Parasuraman (1997), S. 66.
176 Vgl. Berry/Parasuraman (1997), S. 68.
177 Vgl. Brockhoff (1998), S. 6 ff.
178 Vgl. Peter (1997), S. 249.
179 Vgl. Brockhoff (1998), S. 7.

gewonnenen Informationen systematisch, indem diese in einer Kundendatenbank aktualisiert und für die ständige Verbesserung von Produktqualität und Serviceleistungen genutzt werden.[180]

Die Einbeziehung von Kundenbedürfnissen und -wünschen in Unternehmensprozesse entspricht dabei einem Prinzip des Beziehungsmanagementkonzeptes. Es kommt so zu einer Integration von Kundeninformationen, die als Produktionsfaktoren in den Unternehmensprozeß eingehen.[181]

4.6 Exkurs: Online-Medien und Call Center

Die Entwicklung und die zunehmende Diffusion von Online-Medien[182], die eine elektronische Vernetzung von Anbietern und Nachfragern ermöglichen, haben Auswirkungen auf Call Center. Vereinzelt wird eine Substitution von Call Centern durch die vermehrte Nutzung von Online-Medien prognostiziert. An dieser Stelle folgt daher ein Exkurs über mögliche Auswirkungen von Online-Medien auf den Untersuchungsgegenstand.

Im Zusammenhang mit einer kommerziellen Nutzung des Internet werden der Möglichkeit zur Abwicklung elektronischer Transaktionen mit Hilfe von Online-Medien,

180 Vgl. o.V. (1998d), S. 6.

181 Vgl. Kleinaltenkamp/Marra (1995), S. 102. Die Integration von Kundeninformationen in den Produktentwicklungsprozeß kann als ein Teilbereich des Konzeptes einer Kundenintegration aufgefaßt werden. Hierunter wird ein Managementkonzept, insbesondere im Industriegüterbereich, verstanden, das das Ziel einer Verknüpfung von Wertketten in allen Funktionsbereichen - etwa Forschung & Entwicklung, Produktion, Logistik etc. - verfolgt, um für Anbieter und Nachfrager wechselseitige Vorteile zu erzielen, vgl. Kleinaltenkamp (1996), S. 257 ff.

182 Unter dem Begriff *Online-Medien* werden hier das Internet sowie Online-Dienste zusammengefaßt. Das *Internet* stellt "a hypermedia information storage system that links computer-based resources around the world" (Pitt/Berthon/Watson (1999), S. 11) dar, dessen universelle, intuitive graphische Oberfläche das sogenannte World Wide Web bildet, vgl. Riedl/Busch (1997), S. 164. *Online-Dienste* sind "... geschlossene bzw. proprietäre Netzwerke, deren Nutzung ausschließlich Abonnenten vorbehalten ist und die in einer zentral ausgelegten und verwalteten Struktur von einer kommerziellen Organisation, dem Diensteanbieter (Service-Provider), getragen werden." (Riedl/Busch (1997), S. 164).

dem sogenannten *Electronic Commerce,* große Erfolgsaussichten prognostiziert.[183] Diese begründen sich in erster Linie mit erwarteten Erfolgspotentialen durch den elektronischen Verkauf von Gütern und Dienstleistungen über Online-Medien, sowohl im Industriegüter- als auch im Konsumgüterbereich, einer Vereinfachung von Geschäftsprozessen durch die Möglichkeit von Transaktionen auf elektronischen Marktplätzen sowie durch Potentiale durch eine Verzahnung unterschiedlicher Wertschöpfungsketten.[184] Ob die erhofften Potentiale jedoch realisierbar sind, ist noch unklar.[185] Praxisbeispiele im Bereich des elektronischen Handels belegen beispielsweise, daß trotz sehr hoher Frequenz einer Internetseitennutzung letztlich nur ein verschwindend geringer Anteil tatsächlich in einem Kauf resultiert. So schätzt beispielsweise der Otto Versand die prozentuale Bedeutung des Internethandels am Gesamt-volumen für das Jahr 2005 auf lediglich 10 %.[186] Weiterhin beschränken sich Konsumgüter, die über Online-Medien gekauft werden, auf nur wenige Produktarten, wie etwa Bücher, Software, Musik auf verschiedenen Trägermedien sowie Reisen.[187] Nach einer GfK Studie geben zudem ein Drittel der Nutzer von Online-Medien an, sie würden "nur zum Vergnügen surfen".[188] Schließlich sind viele Anwendungsbereiche denkbar, die nicht über elektronische Transaktionen, aber durchaus mit Hilfe von Call Centern abgewickelt werden können. Hierunter fallen beispielsweise Beratungsdienstleistungen im Banken- und Versicherungsbereich.

Trotz der vielversprechenden Möglichkeiten, die Online-Medien bieten, darf nicht übersehen werden, daß die Diffusion dieser neuen Medien noch in keiner Weise an den Verbreitungsgrad des Telefons heranreicht. So besitzt die weit überwiegende Mehrheit der deutschen Haushalte ein Telefon, während der Diffusionsgrad des Internet lediglich 9 % beträgt.[189]

---

[183] Vgl. Fritz (1999), S. 7; Bliemel/Fassott/Theobald (1999b), S. 3.

[184] Vgl. Bliemel/Fassott/Theobald (1999b), S. 2 f.; Riggins/Rhee (1998), S. 88.

[185] Vgl. Riggins/Rhee (1998), S. 88.

[186] Vgl. o.V. (1999b), S. 26.

[187] Vgl. Fritz (1999), S. 14.

[188] Vgl. GfK (2000), S. 17.

[189] Nach einer Studie des Bundesministerium für Wirtschaft und Technologie beträgt die Anzahl der Internetnutzer in Deutschland 1999 8,4 Mio, vgl. Bundesministerium für Wirtschaft und Technologie (1999a), S. 9. Nach einer Studie von Roland Berger & Partners liegt die Anzahl der Internetzugänge privater Haushalte im Jahr 1999 bei 5,2 Mio; bei Unternehmen beträgt sie 3,3 Mio., vgl. Roland Berger & Partners (1999), S. 10. Im Zuge einer dynamischen Diffundierung des Internet in breite Bevölkerungsschichten beträgt die Anzahl der Nutzer Anfang 2000 in Deutschland bereits

Weiterhin ist das Telefon das einfachste, schnellste und bequemste Kommunikationsmedium zur Überbrückung von Entfernungen.

Ein entscheidender Unterschied zwischen der Nutzung von Online-Medien und der Nutzung von Call Center Leistungen besteht darin, daß erstere ausschließlich eine elektronische Interaktion ermöglichen, während Call Center Anwendungen stets eine humane Interaktion beinhalten.[190] Dieser Unterschied ist entscheidend, da eine humane Interaktion - auch wenn sie sich mit Hilfe von Kommunikationstechnologien vollzieht - als Voraussetzung für die Etablierung von Beziehungen zwischen Unternehmen und Interaktionspartnern angesehen werden kann.[191]

Um mögliche Nutzungsbarrieren durch die ausschließlich mögliche elektronische Interaktionsmöglichkeit in Online-Medien abzubauen, ist die Bereitstellung einer personalen Interaktivitätsoption wichtig. Diese wird in erster Linie durch ein Call Center bereitgestellt, indem über sogenannte *call back buttons*, die auf der entsprechenden Internetseite plaziert werden, eine Kontaktaufnahme möglich wird, indem ein Agent eine Dialogkommunikation einleitet.

Die vorstehenden Ausführungen lassen die Vermutung zu, daß die Bedeutung von Call Centern auch in Zeiten der Nutzung von Online-Medien erhalten bleiben wird.[192]

15,9 Mio, vgl. GfK (2000), S. 9. In diesem Zusammenhang ist RIEDL und BUSCH nicht zuzustimmen, die die Entwicklung der Online-Medien zu Massenmedien mittelfristig nicht sehen, vgl. Riedl/Busch (1997), S. 174. Das Internet wird sich zwar zu einem Massenmedium entwickeln, jedoch wird ein annähernd hoher Diffusionsgrad wie beim Telefon erst in weiterer Zukunft erreicht werden. Zu den Problemen und Methoden bei der Abschätzung des Diffusionsgrades des Internet vgl. auch Rai/Ravichandran/Samaddar (1998) sowie Press et al. (1998).

190 Vgl. Richardson (1998), S. 11.

191 Vgl. Peterson/Lucas (1996), S. 205 f.

192 Vgl. auch Cline (1997), S. 88 sowie Cleveland/Minnucci (2000), S. 44.

5 Zentrale Entscheidungs-, Gestaltungs- und Problemfelder des Call Center Einsatzes

5.1 Entscheidungsträger

5.1.1 Die Unternehmensleitung als Instanzenträger der Unternehmensführung bei unternehmerischen Entscheidungen

Für die Diskussion zentraler Entscheidungsfelder in bezug auf den Call Center Einsatz ist die Frage von Bedeutung, durch welche Stellen innerhalb der Unternehmung entsprechende Entscheidungen zu treffen sind.

Neben dem bereits diskutierten Begriff Management[1] wird in der Literatur im Zusammenhang mit Entscheidungsprozessen und Gestaltungsaufgaben in Unternehmungen der Begriff *Unternehmensführung* gebraucht.[2] Dabei herrscht Uneinigkeit, ob eine synonyme Verwendung zu befürworten oder abzulehnen ist.[3] MACHARZINA definiert Unternehmensführung als "... *die Gesamtheit derjenigen Handlungen der verantwortlichen Akteure [...], welche die Gestaltung und Abstimmung (Koordination) der Unternehmens-Umwelt-Interaktion im Rahmen des Wertschöpfungsprozesses zum Gegenstand haben und diesen grundlegend beeinflussen*"[4]. Diese tätigkeitsorientierte Sichtweise entspricht dabei der Definition von Management als "*Umschreibung spezifischer Tätigkeitsfelder*, die mit Hilfe adäquater Hilfsmittel von bestimmten Systemteilen wahrgenommen werden und in denen dafür geeignete Mitarbeiter tätig sind"[5]. Die Personen, die Vorgesetztenfunktionen wahrnehmen, bilden auf unterschiedlichen hierarchischen Ebenen die Instanzen der Unternehmensführung.[6] Die oberste Ebene der Unternehmenshierarchie fungiert dabei als Träger der Unternehmensführung und kann als *Unternehmensleitung*, *Top-Management* oder *oberstes Management* bezeichnet werden.[7]

---

1 Vgl. Kap 3.1.2.1 der vorliegenden Arbeit.

2 Vgl. Gerhard (1997), S. 7 ff. und die dort zitierte Literatur.

3 MACHARZINA konstatiert eine Begriffsäquivalenz von Unternehmensführung und Management, vgl. Macharzina (1999), S. 31, vgl. auch Hentze/Brose (1985a), S. 20. Gegen eine synonyme Verwendung sprechen sich unter anderem STAEHLE (vgl. Staehle (1999), S. 72) und ULRICH (vgl. Ulrich (1985), S. 20) aus.

4 Macharzina (1999), S. 38 (Hervorhebungen im Original).

5 Hentze/Brose (1990), S. 26 (Hervorhebungen im Original).

6 Vgl. Hentze/Kammel/Lindert (1997), S. 19.

7 Vgl. Frese (1998), S. 506; Hentze/Brose/Kammel (1993), S. 81; Macharzina (1999), S. 38; Schie-

In diesem Zusammenhang werden Ziele und Aktionen bezüglich der Erschließung, Sicherung und Nutzung der zentralen dauerhaften Erfolgspotentiale des Unternehmens auch unter dem Begriff des *strategischen Managements* diskutiert[8]. Es fokussiert sich insbesondere auf die "*Festlegung, Sicherung und Steuerung der langfristigen Unternehmensentwicklung*"[9] durch eine "proaktive, bewußte problemvorgreifende Denkhaltung"[10].

5.1.2 Call Center Entscheidungsaufgaben als Unternehmensführungsentscheidungen

Über Charakteristika der von der Unternehmensleitung zu treffenden Entscheidungen wird in der Literatur auf breiter Ebene diskutiert.[11] Als konstitutive Merkmale von Unternehmensführungsentscheidungen lassen sich zusammenfassend die folgenden Punkte aufführen:

- Unternehmensführungsentscheidungen weisen einen Grundsatzcharakter auf, wodurch sie einen weiteren Entscheidungsbedarf auslösen und die Anzahl an Alternativen für Folgeentscheidungen einschränken,
- sie entfalten eine hohe Bindungswirkung, die bis zu einer Irreversibilität der Entscheidung reichen kann,
- Unternehmensführungsentscheidungen betreffen das gesamte Unternehmen,
- sie behandeln Entscheidungsobjekte, die einen hohen monetären Wert aufweisen,
- auf Unternehmensführungsentscheidungen wirken ethische, soziale und politische Normen und Werte ein,
- Unternehmensführungsentscheidungen sind in der Regel schlecht strukturiert.[12]

---

renbeck (1998), S. 81.

8 Vgl. Scholz (1987), S. 33; Welge/Al-Laham (1999), S. 4 ff.

9 Macharzina (1999), S. 490 (Hervorhebung im Original).

10 Vgl. Hentze/Brose/Kammel (1993), S. 323.

11 Vgl. beispielsweise Staehle (1999); Hill/Fehlbaum/Ulrich (1994); Ulrich/Fluri (1995); Steinmann/Schreyögg (1997); Frese (1998).

12 Vgl. im einzelnen Macharzina (1999), S. 35 ff.

Unternehmerische Entscheidungen im Zusammenhang mit dem möglichen Einsatz von Call Centern weisen einen Großteil der konstitutiven Merkmale von Unternehmensführungsentscheidungen auf.

So hat die Entscheidung über den Einsatz eines Call Centers einen grundsätzlichen Charakter. Die Wahl einer bestimmten Organisationsform[13] bedingt sowohl einen weiteren Entscheidungsbedarf als auch die Einschränkung des Alternativenraumes für Folgeentscheidungen. Eine derartige Grundsatzentscheidung wirkt darüber hinaus in dreierlei Hinsicht bindend. Im Falle einer internen Lösung sind erstens die erheblichen Investitionen in die technologische Ausstattung in der Regel nicht rückgängig zu machen. Zweitens geht im Fall einer externen Lösung durch einen Dienstleister die bindende Wirkung von der Langfristigkeit der einzugehenden Geschäftsbeziehung aus, da mit zunehmender Dauer die Opportunitätskosten für den Wechsel des Dienstleisters erheblich zunehmen dürften. Drittens wären von Kundenseite erhebliche Negativfolgen zu befürchten, wenn beispielsweise eine einmal begonnene Abwicklung von Kontakten über ein Call Center - z.B. mit der explizit kommunizierten Begründung einer ausgewiesenen Serviceorientierung - wieder eingestellt werden würde. In jeder der drei Möglichkeiten kann sogar eine irreversible Wirkung begründet sein.

Je nach angestrebtem Anwendungsfeld kann die Entscheidung über den Betrieb eines Call Centers das gesamte Unternehmen betreffen, da die bestehenden Unternehmensstrukturen und -prozesse in vielerlei Hinsicht berührt werden können.

Die bereits angesprochenen oftmals nötigen hohen Investitionen in ein Call Center haben einen hohen monetären Wert und weisen somit ein weiteres konstitutives Merkmal von Unternehmensführungsentscheidungen auf.

Ethische, soziale und politische Normen wirken zum Teil erheblich auf eine mögliche Entscheidung des Unternehmens ein. Dies ist beispielsweise dann in besonderem Maße

13 Vgl. Kap. 5.3.2 der vorliegenden Arbeit.

der Fall, wenn eine Investition im Ausland geplant ist[14] oder tarifvertragliche Regelungen umgangen werden sollen.[15]

Aufgrund der vielfältigen Anwendungsfelder sowie der verschiedenen möglichen aufbau- und ablauforganisatorischen Realisierungsvarianten ist das Entscheidungsfeld darüber hinaus schlecht strukturiert.[16]

Die erfolgte Charakterisierung von Call Center Entscheidungsaufgaben als Unternehmensführungsaufgaben erfordert für die zu treffende Entscheidung das unternehmerische Handeln der obersten Instanzenträger der Unternehmensführung.

In der Praxis wird der strategische Charakter von Entscheidungen bezüglich eines möglichen Call Center Einsatzes jedoch oft nicht erkannt.[17] Insbesondere herrscht vielerorts die Meinung vor, Problemfelder der Implementierung von Call Center beträfen in erster Linie technische Fragestellungen.[18] Zwar wird die grundlegende Investitionsentscheidung durch die Unternehmensleitung verantwortet, weitere Entscheidungs- und Gestaltungsaktivitäten werden aber zumeist an - in der Regel technisch geprägte - Projektleitungen delegiert.[19]

Die Vernachlässigung einer strategischen Verankerung von Kundenkontaktmaßnahmen durch das Top-Management in der Praxis beobachtet MEYER, der eine Trivialisierung von Dienstleistungen auf operative Aspekte des Kundenkontaktmanagements kri-

---

14 Viele deutsche Unternehmen betreiben ihr ausgelagertes Call Center im Ausland, da in einigen europäischen Ländern, beispielsweise Irland und Schottland, durch steuerpolitische und infrastrukturelle Maßnahmen günstige Rahmenbedingungen geschaffen wurden, vgl. Rasmusson (2000), S. 78; Richardson/Marshall (1999), S. 110 ff.

15 Die Probleme im Zusammenhang mit einer derartigen sogenannten *Tarifflucht* als Folge beispielsweise einer Auslagerung werden zunehmend von Seiten der Gewerkschaften und Betriebsräte thematisiert, vgl. Tammen (1999), S. 414; Herholtz (1998), S. 4 ff.; Biehler/Vogl (1999), S. 265; o.V. (1999c), S. 5 f.

16 Vgl. Schmitt (1999), S. 65.

17 Vgl. Clegg (1999), S. 41; Schuler/Henn (1999), S. 91; Nippa (1999), S. 89; Schuler/Pabst (2000), S. XV.

18 Vgl. Link (2000), S. 110; Bielski (1999), S. 52; Schuler/Henn (1999), S. 91.

19 Vgl. Schuler/Henn (1999), S. 91.

tisiert.[20] Diese Kritik trifft in besonderem Maße auf das Call Center Umfeld zu, in dem die systematische Betrachtung von bereichsübergreifenden strategischen Aspekten und Konzepten oftmals zugunsten einer schnellen Problemlösung - etwa durch ein Outsourcing oder eine schnelle, technikfokussierte Implementierung - vernachlässigt wird.[21]

Wie die obigen Ausführungen gezeigt haben, weisen Entscheidungs- und Gestaltungsfelder im Zusammenhang mit Call Centern eine erhebliche Bedeutung für das Unternehmen auf, da zentrale strategische, organisatorische sowie personalwirtschaftliche Aspekte berührt werden.[22] Daher ist insbesondere ein strategisches Handeln[23] der Unternehmensleitung erforderlich. Vor allem ist eine grundlegende Analyse von Wirtschaftlichkeitsaspekten notwendig, um mögliche Effekte auf die Wettbewerbsposition des Unternehmens herausarbeiten zu können. Die folgenden Ausführungen können hierfür Anhaltspunkte liefern, indem Nutzen- und Kostenkategorien herausgearbeitet und analysiert werden.

5.2 Wirtschaftlichkeitsaspekte des Call Center Einsatzes

Im vorherigen Hauptkapitel wurden potentielle Anwendungsfelder des Einsatzes von Call Centern in Unternehmen aufgezeigt. Um die Rationalität des unternehmerischen Handelns in bezug auf den Einsatz dieses Instrumentes beurteilen zu können, ist eine betriebswirtschaftliche Betrachtung seiner Wirtschaftlichkeit[24] erforderlich.

---

20 Vgl. Meyer (1998c), S. 5.

21 Vgl. Nippa/Hachenberger (1999), S. 12.

22 Vgl. hierzu auch Nippa (1999), S. 89.

23 Strategisches Handeln ist dann gegeben, wenn eine inhaltliche Betonung des Wichtigen vorliegt, eine methodische Beschränkung auf einige wesentliche Gesichtspunkte gegeben ist und frühzeitiges Handeln angestrebt wird, vgl. Scholz (1987), S. 6. Scholz faßt diese Charakteristika unter den Begriffen Relevanz, Vereinfachung und Proaktivität zusammen, vgl. Scholz (1987), S. 6.

24 Der Begriff der Wirtschaftlichkeit stellt dabei eine Ausprägung des Wirtschaftlichkeitsprinzips dar, die das Verhältnis zwischen dem Ergebnis und dem Mitteleinsatz unternehmerischen Handelns ausdrückt, vgl. Busse von Colbe/Laßmann (1988), S. 220 f.; Eichhorn (2000), S. 140 ff.

Bei der Entscheidung eines Unternehmens über den Einsatz eines Call Centers handelt es sich um eine Investitionsentscheidung, bei der wie bei allen Unternehmensentscheidungen stets Wirtschaftlichkeitsbetrachtungen im Mittelpunkt der Überlegungen stehen.[25] In Analogie zum klassischen Investitionsbegriff werden die Maßnahmen zum Betrieb eines Call Centers als eine Investition betrachtet, die zunächst Ausgaben erfordert, durch die mittel- bis langfristig Ertragswirkungen erzielt werden sollen und die während einer bestimmten Wirkungsdauer sowohl positive als auch negative finanzielle Konsequenzen haben kann.[26]

Die Beurteilung der ökonomischen Sinnhaftigkeit eines möglichen Call Center Einsatzes ergibt sich somit aus einer Wirtschaftlichkeitsbetrachtung, die das Verhältnis zwischen Mitteln und Zielerreichung einer unternehmerischen Aktivität betrachtet.[27] Dabei kann die positive Wirtschaftlichkeitskomponente als Nutzen und die negative Wirtschaftlichkeitskomponente als Kosten dieser Aktivität verstanden werden.[28]

Es sind daher im folgenden mögliche Nutzen- und Kostenwirkungen zu betrachten, die im Zusammenhang mit dem Aufbau und Betrieb eines Call Centers anfallen können.

Die Entscheidung über die Vorteilhaftigkeit eines Einsatzes ist jeweils nur unternehmensspezifisch zu treffen und gestaltet sich aufgrund der zahlreichen verschiedenen Einflußfaktoren, die auf das Entscheidungsfeld einwirken, als äußerst schwierig. Aus diesem Grund können an dieser Stelle auch keine allgemeingültigen Aussagen getroffen werden. Insbesondere können keine detaillierten Kosten-Nutzenrechnungsmodelle entwickelt werden. Jedoch werden im folgenden verschiedene Nutzen- und Kostenblöcke unterschieden, die Anhaltspunkte für eine unternehmenspezifische Entscheidungsfindung liefern können.

---

25 Vgl. Kilger (1987), S. 5.
26 Vgl. Blohm/Lüder (1991), S. 2 ff.; Bruhn (1998), S. 111 ff.; Schierenbeck (1998), S. 304.
27 Vgl. Schierenbeck (1998), S. 4.
28 Vgl. Bruhn (1998), S. 102.

5.2.1 Nutzenkategorien und Nutzeneffekte

In der entscheidungsorientierten Betriebswirtschaftslehre wird der Begriff *Nutzen* in der Regel als Maßgröße für die Zielerreichung eines Mittels verstanden.[29] Als komparativer Nutzenbegriff wird er zur Bewertung der Vorziehenswürdigkeit unterschiedlicher Handlungsalternativen verwendet.[30] Da im Rahmen der vorliegenden Untersuchung keine einzelfallbezogene Entscheidung zwischen mehreren Alternativen betrachtet wird, handelt es sich nicht um eine Bestimmung der relativen Vorteilhaftigkeit. Vielmehr sollen Ansatzpunkte für die absolute Vorteilhaftigkeit des Einsatzes eines Call Centers durch die Identifikation möglicher Nutzenkategorien aufgezeigt werden.

Die Zusammenstellung dieser Nutzenkategorien umfaßt nur solche Nutzen, die auf der Unternehmensebene angesiedelt sind. Somit erfolgt die Betrachtung nur aus Sicht der unternehmerischen Entscheidungsträger. Mögliche volkswirtschaftliche Nutzenaspekte des Einsatzes von Call Centern, beispielsweise Effekte auf die Stärkung der Wirtschaftskraft strukturschwacher Regionen[31] oder in arbeitsmarktpolitischer Hinsicht[32] werden nicht betrachtet.

Der mögliche Nutzen des Einsatzes von Call Centern aus Unternehmenssicht läßt sich in externe und interne Nutzenkategorien unterteilen.[33] Während der externe Nutzen kundenbezogene Zielgrößen betrifft, bezieht sich der interne Nutzen auf die Beeinflussung unternehmensbezogener Zielgrößen.[34] Externe Nutzenkategorien betreffen demnach solche Nutzen, die sich direkt auf ein mögliches Kundenverhalten beziehen. Sie ergeben sich als Folge der mit Hilfe des Beziehungsmanagements verfolgten Anwen-

---

29 Vgl. Heinen (1976a), S. 56; Hentze/Brose/Kammel (1993), S. 76.

30 Vgl. Grochla (1982), S. 401 f.; Heinen (1976b), S. 148.

31 Vgl. hierzu Richardson (1998) und Richardson/Marshall (1999), die strukturelle Auswirkungen der Ansiedlung von Call Center Dienstleistungsunternehmen auf strukturschwache Gebiete untersuchen.

32 In diesem Zusammenhang werden, vor allem von Seiten der Gewerkschaften, insbesondere Potentiale im Bereich der Eingliederung bzw. Rückintegration behinderter oder langzeitarbeitsloser Personen in die Berufstätigkeit thematisiert.

33 Vgl. Bruhn (1998), S. 208.

34 Vgl. Bruhn (1998), S. 208.

dungsfelder in den Bereichen Individualisierung, Interaktion und Integration. Interne Nutzenkategorien beziehen sich dagegen auf unternehmensinterne Wirkungen und betreffen in erster Linie Kosteneinsparungs- und -reduzierungseffekte.

5.2.1.1 Externe Nutzenkategorien und Nutzeneffekte

Externe Nutzen betreffen zunächst die im Bereich der Invididualisierung realisierbaren Effekte. Hierbei handelt es sich zum einen um positive Effekte, die aus der Möglichkeit zur Durchführung einer kundenindividuellen Ansprache resultieren. Die Bereitstellung von jederzeit möglichen dialogorientierten Kommunikationsformen für Kunden kann eine höhere Kundenzufriedenheit bewirken, da eine bessere Erreichbarkeit erzielt wird. Bei einem Informationsbedarf des Kunden, beispielsweise hinsichtlich der Nutzung von Produkten, kann durch schnellere Antwortzeiten ebenfalls eine Steigerung der Kundenzufriedenheit erreicht werden.

Die Nutzung von Datenbanken und CTI-Techniken im Call Center ermöglicht, daß der Mitarbeiter die kundenindividuellen Daten des Anrufenden sofort zur Verfügung hat. Hieraus kann eine höhere Beratungskompetenz resultieren. Diese wird durch die Unmittelbarkeit der Dialogkommunikation tendenziell noch erhöht und kann gleichfalls positive Wirkungen auf die Kundenzufriedenheit haben.

Diese realisierbaren Effekte wirken tendenziell positiv auf die vorökonomische Zielgröße Kundenzufriedenheit ein. Im Zuge der bereits erläuterten Wirkungskette[35] sind dann positive Effekte auf die Kundenloyalität und die Kundenbindung zu erwarten. Hierdurch kommt es schließlich zu einer indirekten positiven Erlöswirkung, die letztendlich in einer Gewinnsteigerung resultieren kann.

Zum anderen können weitere positive Nutzeneffekte im Bereich der Individualisierung durch den Einsatz von Call Centern als individualisierter Vertriebskanal entstehen. Hierbei handelt es sich erstens um die Ausschöpfung möglicher *Cross-Selling* bzw.

[35] Vgl. die Ausführungen in Kap. 3.3.1.1 der vorliegenden Arbeit.

Cross-Buying Potentiale. Hierunter versteht man den Umstand, wenn ein Kunde weitere Leistungen eines Unternehmens in Anspruch nimmt, ohne daß er dieses zu Beginn der Interaktion ursprünglich geplant hat.[36] Cross Selling wird vor allem im Finanzdienstleistungsbereich eingesetzt.[37] HOWE sieht insbesondere im Falle eines eingehenden Anrufes hierfür große Nutzenpotentiale.[38] So sind anrufende Kunden aufgeschlossener für weitere Leistungsangebote, insbesondere wenn ihr Anliegen zufriedenstellend bearbeitet wurde. Weiterhin liegen die relevanten Kundendaten während der Interaktion vor, so daß zielgenaue und maßgeschneiderte Angebote offeriert werden können.[39]

Eine häufigere Inanspruchnahme von Unternehmensleistungen kann sich als Folge eines aktiven Eingehens auf Kundenartikulationen ergeben. Dadurch können Ersatz- oder Zusatzbedarfe erkannt werden, die in Kauffrequenzsteigerungen resultieren können. Diese Effekte können eine direkte positive Erlöswirkung aufweisen, da sie unmittelbar auf ökonomische Zielgrößen einwirken.

Im Bereich der Interaktion können in erster Linie Nutzeneffekte realisiert werden, die sich aus der Umsetzung eines Beschwerdemanagements ergeben. Hierbei handelt es im einzelnen um die Herstellung von Beschwerdezufriedenheit, die Schaffung einer positiven Mund-zu-Mund-Kommunikation sowie eine mögliche Verbesserung des Unternehmensimages. Durch die Herstellung von Beschwerdezufriedenheit kann eine Abwanderung vermieden werden.

Weitere Nutzeneffekte können sich ergeben, falls durch den Einsatz von Call Centern Wechselbarrieren aufgebaut werden können, die das Wechseln des Kunden zu einem anderen Anbieter ökonomisch unattraktiv oder zumindest mit einem hohen Aufwand verbinden würden. Dieser Nutzeneffekt ist allerdings skeptisch zu beurteilen, da in der Regel die nachfragerseitigen Wechselbarrieren niedrig sein dürften.

---

36 Vgl. Johnson/Seymour (1985), S. 225; Töpfer/Mann (1999), S. 59.
37 Vgl. Goodman/Yanovsky/Blanchard (1998), S. 9 f.
38 Vgl. Howe (1998), S. 121.
39 Vgl. Howe (1998), S. 121.

Im Bereich der Integration können vor allem Nutzeneffekte realisiert werden, die sich durch die Nutzung von Informationsgewinnungspotentialen, beispielsweise im Rahmen einer effizienteren und marktgerechteren Produktentwicklung, ergeben. Diese haben eine potentielle indirekte positive Erlöswirkung sowie eine indirekte Kostensenkung zur Folge.

Obgleich die vermuteten Wirkungszusammenhänge eine hohe Plausibilität aufweisen, sind diese Effekte branchenübergreifend auf empirischer Basis bislang nicht nachgewiesen worden.[40] Fallstudien und empirische Untersuchungen in ausgewählten Branchen zeigen jedoch die große Bedeutung, die Call Center für die Kundenzufriedenheit haben können. Eine empirische Studie im Finanzdienstleistungsbereich zeigt, daß die Zufriedenheit mit der Qualität der Dienstleistungserbringung durch Call Center einen signifikanten Einfluß auf die Gesamtzufriedenheit von Kunden hat.[41]

5.2.1.2 Interne Nutzenkategorien und Nutzeneffekte

Interne Nutzeneffekte ergeben sich durch Effizienzsteigerungen in der Abwicklung von kommunikativen Kundenkontakten sowie deren Nutzung für interne Unternehmensprozesse.

Der Begriff Effizienz ist hierbei vom Begriff der Effektivität zu unterscheiden.[42] Unter Effektivität (*effectiveness*) versteht man das Ausmaß, in dem definierte Ziele erreicht werden, unter Effizienz (*efficiency*) dagegen eine Maßgröße für die Wirtschaftlichkeit der Zielerreichung als Relation von Aufwand zu Ertrag.[43] Demnach bezeichnet Effektivität die grundsätzliche Eignung einer Maßnahme für die Erreichung eines angestrebten Zieles und stellt eine Maßgröße für die Zielerreichung dar.[44] Effizienz ist dagegen

---

40 Vgl. auch die Anmerkungen bezüglich der Validität der postulierten Effekte der Wirkungskette in Kap. 3, Fußnote 122 der vorliegenden Arbeit.

41 Vgl. Krishnan/Ramaswamy/Meyer/Damien (1999), S. 1207.

42 Die wohl prägnanteste Umschreibung der Begriffe Effektivität und Effizienz geht zurück auf DRUCKER, der treffend formuliert: "Efficiency is concerned with doing things right. Effectiveness is doing the right things" (Drucker (1974), S. 45).

43 Vgl. Scholz (1997), S. 69.

44 Vgl. Welge (1987), S. 600; Eichhorn (2000), S. 140.

als eine Kennzahl für das Erfolgsniveau einer Aufgabenerfüllung aufzufassen.[45] Die Differenzierung der beiden Begriffe, bei der der Effektivitätsbegriff gegenüber dem Effizienzbegriff ein übergeordnetes Ziel darstellt[46], ist im angloamerikanischen Sprachraum üblich[47] und hat sich mittlerweile auch in der deutschsprachigen Literatur weitestgehend durchgesetzt.[48] Effizienz impliziert somit den Vergleich von mindestens zwei effektiven Maßnahmen, da eine Maßnahme als effektiv bezeichnet werden kann, wenn sich mit ihr ein definiertes Ziel erreichen läßt, während eine effiziente Maßnahme ein definiertes Ziel mit möglichst geringem Aufwand erreicht.[49]

Durch die Zusammenfassung der Bearbeitung von kommunikativen Kundenkontakten in einer zentralisierten Organisationseinheit nimmt tendenziell die Notwendigkeit der Aufrechterhaltung einer dezentralen Struktur ab. Je nach verfolgten Anwendungsfeldern können dadurch erhebliche direkte Kosteneinsparungen realisiert werden. Beispielsweise kann eine Bank durch den Aufbau einer Direktbank und die Abwicklung von Banktransaktionen mit ihren Kunden über ein Call Center ihre Filialnetzdichte drastisch reduzieren oder sogar ganz abbauen.

Durch die Verlagerung von Aufgaben, die vormals von Sachbearbeitern bearbeitet wurden, in ein Call Center können weitere Kostensenkungspotentiale erschlossen werden. So können beispielsweise im Versicherungsbereich standardisierte Schadenbearbeitungen im Call Center abgewickelt werden, wodurch in einer dezentralen Struktur weniger Arbeitskräfte benötigt werden.

Durch den hohen Anteil an Teilzeitbeschäftigten können in Call Centern die Möglichkeiten eines Schichtbetriebes voll genutzt werden. Computergestützte Personaleinsatzsysteme ermöglichen eine optimale Planung und Verteilung von Mitarbeitern auf ein-

45 Vgl. Hentze/Brose (1985b), S. 21; Grochla (1982), S. 19.
46 Vgl. Scholz (1992), Sp. 533.
47 Vgl. beispielsweise bei Hodge/Anthony (1991), S. 269 ff.
48 Zu den unterschiedlichen Auffassungen in der deutschen und angloamerikanischen Literatur vgl. Scholz (1992), Sp. 533.
49 Vgl. Hill/Fehlbaum/Ulrich (1994), S. 161.

zelne Aufgaben. Durch die so ermöglichte optimale Allokation von Personalressourcen ergeben sich zum Teil erhebliche Effizienzeffekte.[50]

Generell können direkte Kosteneinsparungen durch Einsparungen von Lohn- und Lohnnebenkosten, Zuschläge für Mehr-, Feiertags- und Nachtarbeit sowie betriebliche Sozialleistungen entstehen. Dieses ist möglich, wenn Agenten nicht nach Tarifverträgen entlohnt werden.[51]

Weitere Kostenreduzierungen lassen sich realisieren, wenn weniger investitionswürdige Kunden nicht mehr durch den Außendienst einer Unternehmung, sondern durch Mitarbeiter des Call Centers betreut werden.[52] Potentiale ergeben sich weiterhin in der Planung und Steuerung des Einsatzes von Außendienstmitarbeitern, der effizienter abgewickelt werden kann.[53]

Weiterhin lassen sich, sofern Anliegen von Kunden unverzüglich im Call Center gelöst werden können, Opportunitätserlöse durch die nicht notwendige Weiterleitung an andere Unternehmensabteilungen erzielen.

Durch die Zusammenfassung von Tätigkeiten in einer Organisationseinheit können sich schließlich Effizienzeffekte dadurch ergeben, daß Mitarbeiter Lerneffekte durch die Konzentration auf eine bestimmte Tätigkeit realisieren können.[54] Hierdurch können gleichfalls potentiell Fehlerkosten vermieden werden.

Die folgende Abbildung veranschaulicht im Überblick die verschiedenen Nutzenkategorien, erzielbare Nutzeneffekte sowie deren Einfluß auf vorökonomische und ökonomische Zielgrößen.

---

50 Vgl. Pribilla/Reichwald/Goecke (1996), S. 110.
51 Vgl. Biehler/Vogl (1999), S. 262.
52 Vgl. Fleïng (1998), S. 20 f.
53 Vgl. Fleïng (1998), S. 20 f.
54 Vgl. Bruhn/Georgi (1999), S. 417.

Abb. 5.1 : Nutzenkategorien und Nutzeneffekte des Call Center Einsatzes

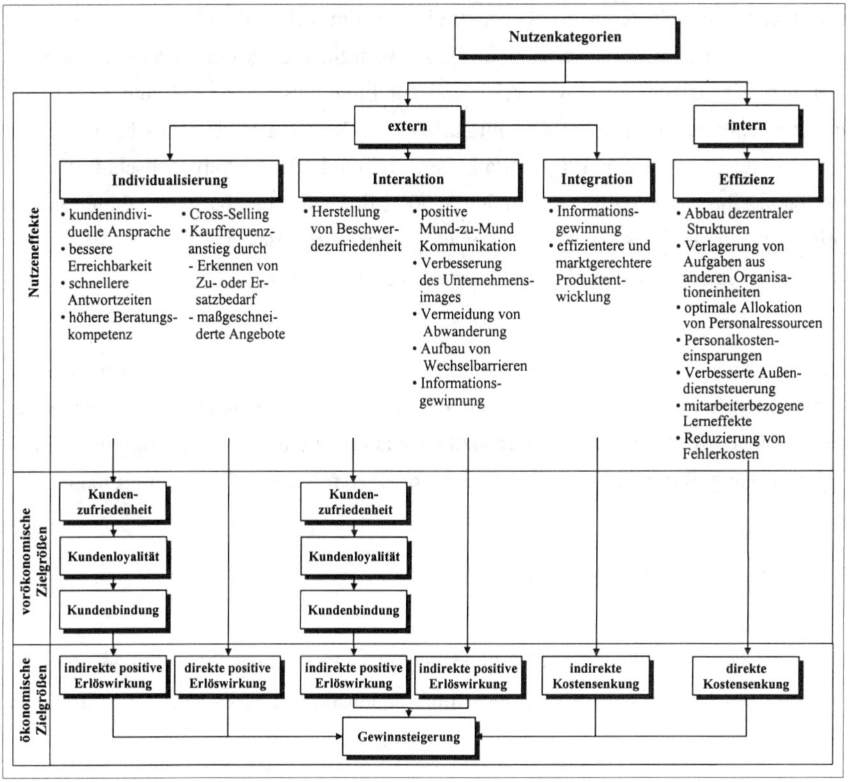

Quelle: Eigene Darstellung

Zusammenfassend kann festgehalten werden, daß sowohl in externen als auch internen Nutzenkategorien, teilweise über vorökonomische Zielgrößen, direkte und indirekte Erlössteigerungen sowie direkte und indirekte Kostensenkungen realisiert werden können, die direkt auf die ökonomische Zielgröße Gewinn einwirken und eine Steigerung dieser Kenngröße bewirken können.

In diesem Zusammenhang beurteilt Nippa den Beitrag der nicht in Form von Kosteneinsparungen realisierbaren Nutzeneffekte für die ökonomische Attraktivität der Organisationsform Call Center skeptisch.[55] Tatsächlich sind die realisierbaren Kosteneinsparungen, die sich durch die Konzentration bestimmter Tätigkeiten in Call Centern ergeben können, teilweise erheblich. Dies veranschaulichen eindrucksvoll Beispiele aus dem Finanzdienstleistungsbereich und der Flugindustrie. So betreute die Direktbanktochter einer britischen Bank mit Hilfe eines Call Centers über eine halbe Million Kunden durch ungefähr 1000 Mitarbeiter, während die Muttergesellschaft für die Betreuung ihrer vier Millionen Kunden 36000 Mitarbeiter beschäftigte.[56] Eine Fluggesellschaft konnte die Anzahl der in der Flugreservierung Beschäftigten um ein Drittel reduzieren, indem ein zentrales Call Center eingerichtet wurde.[57]

Dennoch erscheint eine Vernachlässigung der externen Nutzenkategorien gerade vor dem Hintergrund der eingangs geschilderten Wettbewerbsbedingungen als nicht angezeigt. Daher wird an dieser Stelle explizit auf die Bedeutung der in den Bereichen Individualisierung, Interaktion und Integration erzielbaren Nutzeneffekte verwiesen.

5.2.2 Kostenkategorien und Kosteneffekte

Unter *Kosten* versteht man den leistungsbedingten, bewerteten Güterverzehr, der sich im Zuge des betriebswirtschaftlichen Kombinationsprozesses an Produktionsfaktoren ergibt.[58]

Kosten, die im Zusammenhang mit dem Aufbau und Betrieb eines Call Centers auftreten, lassen sich in einmalige und laufend anfallende Kosten unterscheiden. Bei einmaligen Kosten handelt es sich um Implementierungskosten, die zum Investitionszeitpunkt anfallen. Laufende Kosten entstehen dagegen während der gesamten Nutzungsdauer. Eine weitere Unterteilung kann in fixe und variable Kosten vorgenommen wer-

55 Aussagen, wonach sich die ökonomische Attraktivität von Call Centern in erster Linie auf Nutzeneffekte wie etwa eine Serviceverbesserung und erst in zweiter Linie auf realisierbare Kostenminderungen begründet, werden von NIPPA recht drastisch "ins Reich der Fabel" (Nippa (1999), S. 87) verwiesen.

56 Vgl. Richardson/Marshall (1999), S. 100 f. Die Zahlen sind nicht uneingeschränkt vergleichbar, können aber gleichwohl als Anhaltspunkt für mögliche Kostensenkungspotentiale gelten.

57 Vgl. Richardson/Marshall (1999), S. 101.

58 Vgl. Heinen (1976a), S. 129; Kilger (1987), S. 23 ff.

den. Während beispielsweise die Kosten für die Telekommunikationsanlage fix sind, handelt es sich bei den, je nach Kapazität schwankenden, Kosten für den Netzbetreiber, die eine Funktion der Anzahl an Anrufen darstellt, um variable Kosten.

Den größten Kostenblock bei dem Aufbau und Betrieb eines Call Centers stellen die Personalkosten dar.[59] Nach einer Untersuchung der GARTNER GROUP machen Personalkosten 67 % der Gesamtkosten von Call Centern aus.[60] Die amerikanische Call Center Benchmarkstudie benennt einen Mittelwert von 64 % für den Anteil der Personalkosten an den Gesamtbetriebskosten eines Call Centers.[61] Die deutsche Call Center Benchmarkstudie kommt zu einem ähnlich hohen Wert von 60 %.[62] DURR gibt einen Anteil der Personalkosten von 65 % an.[63] ANTON spricht von einem Personalkostenanteil von über 70 %.[64] Wegen der besonderen Bedeutung der Personalkosten wird im folgenden auf die einzelnen Kostenblöcke näher eingegangen.

Allgemein versteht man unter Personalkosten jene Kosten, die durch den Einsatz des Produktionsfaktors Arbeit entstehen.[65] Im engeren Sinn bestehen diese nur aus Aufwendungen für die Brutto-Löhne und Gehälter einschließlich sämtlicher Zulagen und Zuschläge sowie den zusätzlichen Aufwendungen aufgrund von Gesetzen, Tarifverträgen und freiwilliger Leistungen der im Unternehmen beschäftigten Personen.[66] In einem weiteren Sinn umfassen Personalkosten zusätzlich alle übrigen Aufwendungen, die bei der Erfüllung von personalwirtschaftlichen Funktionen entstehen.[67]

Für den Aufbau und Betrieb eines Call Centers sind dabei insbesondere die folgenden Personalkostenarten relevant.[68] In erster Linie fallen Kosten für Löhne bzw. Gehälter

59 Vgl. o.V. (1998b), S. 5.
60 Vgl. McCormick (1996), S. 2.
61 Vgl. Anton (1998), S. 5-3.
62 Vgl. o.V. (1998a), S. 12.
63 Vgl. Durr (1996), S. 36.
64 Vgl. Anton (1997), S. 69.
65 Vgl. Hentze (1995), S. 304.
66 Vgl. Hentze (1995), S. 304; Kammel (1991), S. 284. Zu Arten und Kosten betrieblicher Sozialleistungen vgl. ausführlich Hentze (1995), S. 150 ff.
67 Vgl. Kammel (1991), S. 284.
68 Für einen Vorschlag zur Gliederung der Personalkosten nach Personalkostenarten vgl. insbeson-

für geleistete Arbeit sowie Lohn- bzw. Gehaltsbestandteile als gesetzliche, tarifvertragliche und freiwillige Sozialleistungen an. Diese betreffen sowohl die Kosten für Mitarbeiter in der Implementierungsphase eines Call Centers (Projektmitarbeiterkosten) als auch die Kosten für die Mitarbeiter im laufenden Betrieb (Agenten-, Supervisoren und Managerkosten).

In der Implementierungsphase bestehen potentiell große Kostenblöcke aus besonderen Kosten der Personalbeschaffung, der Personalentwicklung sowie der internen Personalumsetzung. Die Personalbeschaffung dient dem Ziel, Personal zur Beseitigung einer personellen Unterdeckung in quantitativer, qualitativer, zeitlicher sowie örtlicher Hinsicht bereitzustellen.[69] Kosten der Personalbeschaffung fallen im Zusammenhang mit dem Untersuchungsgegenstand vor allem für die Personalwerbung und die Personalauswahl an.[70] Kosten des Personaleinsatzes, der die Zuordnung der Personen zu den zu erfüllenden Aufgaben vornimmt[71], ergeben sich vor allem aus der nötigen Personaleinarbeitung bzw. -schulung, die in erster Linie erstmalige Schulungen und Trainings umfassen. Kosten für die interne Personalumsetzung fallen nur dann an, wenn in das Call Center Mitarbeiter aus anderen Unternehmensabteilungen versetzt werden. Hierbei handelt es sich beispielsweise um Opportunitätskosten, die aus eine eventuellen Neubesetzung des alten Arbeitsplatzes resultieren oder Kosten für zusätzlich erforderliche Schulungen.

Laufend anfallende Kosten sind neben den Lohn- und Lohnnebenkosten der Agenten in erster Linie die Kosten für die laufende Personalbeschaffung und die Personalentwicklung. Die Personalentwicklung zielt darauf ab, Mitarbeitern "Qualifikationen zur Bewältigung der gegenwärtigen und zukünftigen Anforderungen zu vermitteln"[72].

dere Hentze (1995), S. 312 f.

69 Vgl. Hentze (1994), S. 217.

70 Für eine detaillierte Schilderung dieser und weiterer Aufgaben der Personalbeschaffung vgl. Hentze (1994), S. 237 ff. sowie Kap. 5.4.3 der vorliegenden Arbeit.

71 Vgl. Hentze (1994), S. 389.

72 Hentze (1994), S. 315.

Abb. 5.2 : Kostenkategorien und Kosteneffekte des Call Center Einsatzes

Kostenkategorien	
Einmalig anfallend	**Laufend anfallend**
• Aufbaukosten (z.B. Standortsuch-, -bewertungs- und -auswahlkosten)	• Kosten für Netzbetreiber
• Anschaffungskosten für Telekommunikationsanlagen, sonstige Hardware und Software	• Miete, Leasing oder Lizenzkosten für Telekommunikationanlagen, sonstige Hardware und Software
• Anschaffungskosten für räumliche Ausstattung	• Infrastrukturkosten (z.B. Miete für betriebsfremde Anlagen oder Gebäude)
• Kosten für externe Dienstleistungen bei Planung und Aufbau (z.B. Beraterhonorare)	• Kosten für externe Dienstleistungen (insbesondere im Fall eines Outsourcing)
• Personalkosten • Löhne bzw. Gehälter für geleistete Arbeit (Projektmitarbeiter) • Lohn- und Gehaltsbestandteile als gesetzliche, tarifvertragliche und freiwillige Sozialleistungen (Projektmitarbeiter) • Kosten der Personalbeschaffung (erstmalig) - Personalwerbung - Personalauswahl • Kosten des Personaleinsatzes - Personaleinarbeitung - Schulungen und Training (erstmalig) • Kosten der internen Personalumsetzung	• Personalkosten • Löhne bzw. Gehälter für geleistete Arbeit (Agenten, Supervisoren und Manager) • Lohn- und Gehaltsbestandteile als gesetzliche, tarifvertragliche und freiwillige Sozialleistungen (Agenten, Supervisoren und Manager) • Kosten der Personalbeschaffung (laufend) - Personalwerbung - Personalauswahl • Kosten der Personalentwicklung - Laufbahnplanungen und Entwicklungsbeurteilungen - Schulungen und Training (laufend) • Kosten der Personalerhaltung und Leistungsstimulation - Opportunitätskosten der Fluktuation - Anreizsysteme

Quelle: Eigene Darstellung

Im einzelnen fallen hierunter Laufbahnplanungen und Entwicklungsbeurteilungen sowie laufende Schulungen und Trainings. Da es sich nicht um Schulungen zur Personaleinarbeitung handelt, sondern um personalentwickelnde Maßnahmen, fallen diese Kostenblöcke im Gegensatz zu den erstmaligen Schulungen nicht unter die Kategorie der Personaleinsatzkosten. Personalentwicklungskosten erlangen eine zunehmende Beachtung, da die Bedeutung einer Personalentwicklungsstrategie für Call Center Mitarbeiter zunehmend erkannt wird.[73] Kosten der Personalerhaltung und Leistungsstimulation[74] betreffen Opportunitätskosten für Fluktuation sowie die Kosten für Anreizsysteme.[75]

Abbildung 5.2 gibt einen Überblick über mögliche Kostenkategorien sowie einzelne Kostenblöcke. Die Tabelle erhebt keinen Anspruch auf Vollständigkeit, vielmehr können je nach spezifischer Unternehmenssituation verschiedene Ergänzungen notwendig werden.

5.2.3 Problematik einer Wirtschaftlichkeitsanalyse

Im Gegensatz zu einer klassischen Investition in ein Sachgut ergeben sich insbesondere bei der Abschätzung möglicher Nutzen des Call Center Einsatzes besondere Schwierigkeiten, da nur ein kleiner Teil des Gesamtnutzens quantifizierbar ist.[76] Viele der im Rahmen eines Beziehungsmanagements mit Hilfe des Instrumentes Call Center angestrebten Nutzenpotentiale weisen dagegen einen qualitativen Charakter auf und sind somit nur schwer oder gar nicht zu quantifizieren. Die Abschätzung der qualitativen Nutzenkategorien erfordert eine Gesamtbetrachtung des Unternehmens über einen längeren Zeitraum und hängt zu einem großen Anteil von der subjektiven Einschätzung des Managements ab. Als weiteres Problem ist anzuführen, daß selbst die monetär quantifizierbaren Erlöswirkungen (z.B. in Form von Wiederholungskäufen) nicht ausschließlich auf den Einsatz des Call Centers zurückführbar sind, wodurch es zu kaum überwindbaren Zurechnungsproblemen kommen kann.[77]

---

73 Vgl. hierzu die Ausführungen in Kap. 5.4.4 der vorliegenden Arbeit.

74 Vgl. im einzelnen Hentze (1995), S. 64 ff. und S. 318 sowie Kap. 5.4.5 der vorliegenden Arbeit.

75 Kosten für Anreizsysteme lassen sich auch als Kostenbestandteile des Personaleinsatzes begreifen (vgl. Hentze (1995), S. 318), werden hier aber explizit als Bestandteil der Personalerhaltungsfunktion aufgeführt, um die besondere Bedeutung dieser Funktion für den Untersuchungsgegenstand zu betonen.

76 Bei einer Sachinvestition beispielsweise in eine Anlage, die der Produktion bestimmter Erzeugnisse dient, sind dagegen sowohl die Anschaffungsauszahlungen als auch der Nutzen eindeutig monetär quantifizierbar.

77 Vgl. Köhler (1999), S. 350.

Im Bereich der Kosten ergeben sich insbesondere Probleme ihrer Zurechenbarkeit zu einzelnen Bezugsgrößen wie etwa Funktionen oder Prozesse. So sind nicht alle entstehenden Kosten dem Call Center direkt zurechenbar, beispielsweise in den Fällen der Leistungserbringung durch andere Unternehmensabteilungen (etwa Trainingsmaßnahmen, die von einer Personal- bzw. Trainingsabteilung durchgeführt werden). Dadurch entsteht eine Gemeinkostenproblematik.[78] Hier muß das Rechnungswesen die notwendigen Voraussetzungen schaffen, um eine entsprechende Verrechnung zu gewährleisten, beispielsweise im Zuge einer Prozeßkostenrechnung oder durch die Ermittlung innerbetrieblicher Verrechnungspreise.[79] Im Zusammenhang mit der Einführung von Call Centern bemängelt KÖHLER darüber hinaus die Vernachlässigung der Berücksichtigung der Kosten, die durch die induzierten Veränderungen der Struktur- und Ablaufregelungen entstehen.[80]

Eine weitere zu betrachtende Kostenkategorie bei der Beurteilung der ökonomischen Vorteilhaftigkeit eines möglichen Call Center Einsatzes stellen die Opportunitätskosten dar. Diese sind definiert als der Nutzenentgang, der dadurch entsteht, daß in einer Entscheidungssituation aufgrund der Knappheit eines Produktionsfaktors eine bestimmte Alternative nicht gewählt wurde.[81] Opportunitätskosten können insbesondere dann entstehen, wenn die oben erläuterten Nutzeneffekte in den einzelnen Nutzenkategorien nicht ausgeschöpft werden. Beispielsweise stellen entgangene Erlöse aufgrund nicht realisierter Cross-Selling Potentiale, die aus dem Nichtvorhandensein eines Call Centers resultieren, derartige Opportunitätskosten dar. Insofern stellt ihre Analyse lediglich eine andere Perspektive in der Betrachtungsweise dar.

Es existieren in der Literatur verschiedene Vorschläge für Methoden, mit denen Probleme der mangelnden monetären Quantifizierbarkeit überwunden werden können.[82]

---

78 Die traditionelle Kostenrechnung verrechnet direkt auf bestimmte Bezugsgrößen (z.B. Produkte) beziehbare Kostenarten als sogenannte *Einzelkosten*, während alle übrigen Kostenarten als *Gemeinkosten* verrechnet werden, vgl. Kilger (1987), S. 74.

79 Vgl. Köhler (1999), S. 333 f.

80 Vgl. Köhler (1999), S. 350.

81 Vgl. Kilger (1987), S. 24.

82 Vgl. beispielsweise Hoffmann (1991), S. 47 ff.; Kammel (1991), S. 318 ff.

Im einzelnen handelt es sich dabei um Kosten-Nutzen-Analysen, Nutzwertanalysen und Kostenwirksamkeitsanalysen.[83]

Ausprägungen der einzelnen Nutzen- und Kostenkategorien weisen vermutlich erhebliche unternehmensindividuelle Schwankungen auf, die beispielsweise durch unterschiedliche Branchenherkunft, unterschiedliche Anwendungsfelder, verschiedene Kunden- und Mitarbeiterstrukturen determiniert werden.

Eine Wirtschaftlichkeitsrechnung hat in bezug auf den Untersuchungsgegenstand in erster Linie den Versuch zu unternehmen, eine monetäre Quantifizierung der Nutzenkategorien vorzunehmen. GOODMAN, WARD und YANOVSKY liefern basierend auf dem Kalkulationschema des TARP Institutes eine exemplarische Kosten-Nutzen-Analyse für Call Center.[84] Demnach läßt sich ein positiver Gewinneffekt durch den Einsatz von Call Centern anhand von vier Dimensionen nachweisen. Erstens kann der Prozentsatz jener Kunden gesenkt werden, die ein Problem mit einer Unternehmungsleistung haben, indem zum einen Ge- bzw. Verbrauchshinweise gegeben werden und zum anderen potentielle Fehlerquellen an die Produktentwicklungsabteilung weitergeleitet werden.[85] Zweitens kann ein Call Center als Instrument des Beschwerdemanagements fungieren und durch die Herstellung von Beschwerdezufriedenheit die Abwanderung von Kunden vermeiden.[86] Drittens kann dann ein positiver Effekt auf die Kundenloyalität angenommen werden.[87] Viertens kann das Abwandern weiterer Kunden durch negative Mundwerbung verringert werden. [88] Anhand dieser vier Dimensionen kann in einer exemplarischen Kosten-Nutzen-Rechnung für ein Autovermietungsunternehmen ein ROI von bis zu 362 % berechnet werden.[89]

---

83 Vgl. Grochla (1982), S. 401 ff.; Blohm/Lüder (1991), S. 174 ff.; Hoffmann (1991), S. 47 ff.

84 Vgl. Goodman/Ward/Yanovsky (1998), S. 1 ff.

85 Vgl. Goodman/Ward/Yanovsky (1998), S. 2.

86 Vgl. hierzu auch die Ausführungen in Kap. 4.4.2.4 der vorliegenden Arbeit.

87 Vgl. Goodman/Ward/Yanovsky (1998), S. 3.

88 Vgl. Goodman/Ward/Yanovsky (1998), S. 4.

89 Vgl. Goodman/Ward/Yanovsky (1998), S. 6. Für ein ähnliches Beispiel aus dem Bankenbereich vgl. Goodman/Yanovsky (2000), S. 28 ff.

5.3 Organisatorische Aspekte des Call Center Einsatzes

5.3.1 Begriffliche Grundlagen

Nachdem die bisherigen Ausführungen gezeigt haben, inwieweit Vorteile durch den Einsatz von Call Centern im Rahmen eines Beziehungsmanagements entstehen können, ist nun die Frage zu diskutieren, wie die organisatorische Umsetzung durch das einsetzende Unternehmen erfolgen kann. Damit sind zentrale Entscheidungs-, Gestaltungs- und Problemfelder im Bereich der organisatorischen Gestaltung angesprochen.

Der Begriff *Organisation* wird in der Literatur zur Organisationstheorie mit vielfältigen Bedeutungsinhalten belegt.[90] Grundsätzlich kann der Organisationsbegriff die Tätigkeit des Organisierens ("Strukturieren") sowie das Ergebnis der organisatorischen Tätigkeit ("Organisationsstruktur") ausdrücken.[91] Organisation soll im Rahmen der vorliegenden Arbeit als "die Gesamtheit der auf die Erreichung von Zwecken und Zielen gerichteten Maßnahmen verstanden werden, durch die ein soziales System arbeitsteilig strukturiert wird und die Aktivitäten der zum System gehörenden Menschen, der Einsatz von Mitteln und die Verarbeitung von Informationen geordnet werden"[92]. Damit wird ein funktionaler Begriff zugrundegelegt, der die instrumentellen Gesichtspunkte der Organisationsgestaltung betont.[93] Organisation fungiert somit als "*Instrument* der Unternehmensführung, in dem die verschiedenen Aktivitäten zur Erfüllung organisatorischer Zweck- und Zielsetzungen im Mittelpunkt des Interesses stehen"[94]. Die organisatorische Gestaltung fällt als wichtige Managementaufgabe sowohl in den Aufgabenbereich des Top-Managements als auch aller übrigen Angehörigen des Managements.[95]

---

90 Vgl. Hentze/Brose (1985b), S. 12 f.; Kieser/Kubicek (1992), S. 4 ff.; Schreyögg (1998), S. 4 ff.; Bühner (1999), S. 1 ff.; Bleicher (1991), S. 34 ff.; Picot/Dietl/Franck (1999), S. 28 f.; Bea/Göbel (1999), S. 3 ff.

91 Vgl. Krüger (1993), S. 23; Hentze/Brose (1985b), S. 11; Frost (1997), S. 35 f.; Gaitanides (1983), S. 1.

92 Hill/Fehlbaum/Ulrich (1994), S. 17.

93 Vgl. Schreyögg (1998), S. 5; Grochla (1982), S. 3.

94 Hoffmann (1992), Sp. 211 (Hervorhebung im Original).

95 Vgl. Grochla (1982), S. 3 f.; Welge (1987), S. 1.

Der Aufbau eines Call Centers wird im folgenden als die "*Wahl und grundlegende Gestaltung des Organisationsmodells*"[96] eines Teilbereichs der Unternehmung aufgefaßt.

Die Ziele organisatorischer Gestaltungsmaßnahmen lassen sich in zwei Hauptzielkategorien einteilen.[97] Die erste umfaßt Ziele, die die Leistungsfähigkeit der Organisation betreffen.[98] Hierunter lassen sich auch die mitunter als eigene Kategorie genannten flexibilitätsorientierten Ziele aufführen, die die Schaffung einer sich an verändernde Bedingungen anpassungsfähigen Struktur verfolgen.[99] Individual-soziale Ziele bilden die zweite Kategorie und betreffen sozio-emotionale Aspekte, wie etwa Fragen der Schaffung interessanter Aufgabenbereiche sowie eines kooperativen Organisationsklimas im Sinne einer Humanisierung der Arbeitswelt.[100]

In der deutschen Betriebswirtschaftslehre hat sich eine Differenzierung in Aufbau- und Ablauforganisation durchgesetzt.[101] Die Aufbauorganisation befaßt sich mit der Bildung organisatorischer Potentiale durch die Verteilung von Aufgaben und Kompetenzen und weist damit eine statische Sichtweise auf.[102] Der Prozeß der Nutzung dieser Potentiale durch die Wahrnehmung von Aufgaben und Kompetenzen in raum-zeitlicher Hinsicht ist dagegen Gegenstand der Ablauforganisation, die damit dynamische Züge trägt.[103]

---

96 Bleicher (1991), S. 778 (Hervorhebungen im Original).

97 Vgl. Hoffmann (1992), Sp. 210 f.

98 Vgl. Hentze/Brose (1985b), S. 184. KOSIOL formuliert in diesem Zusammenhang das Grundprinzip der Zweckmäßigkeit, nach dem "... alle strukturierenden Maßnahmen den gesetzten Zweck in bester Weise zu erfüllen haben" (Kosiol (1976), S. 24 f.).

99 Vgl. Hoffmann (1992), Sp. 211.

100 Vgl. Hill/Fehlbaum/Ulrich (1994), S. 160; Hentze/Brose (1985b), S. 184. Aspekte der individual-sozialen Zielkategorie werden im Rahmen von Kap. 5.4.4 und Kap. 5.4.5 der vorliegenden Arbeit behandelt.

101 Vgl. Kosiol (1976), S. 32; Frese (1998), S. 7; Gaitanides (1992), Sp. 1; Bea/Göbel (1999), S. 221; Bühner (1999), S. 11; Bogaschewsky/Rollberg (1998), S. 193. Diese Unterteilung geht zurück auf NORDSIECK, der erstmals eine Unterscheidung in "...die Organisation des betrieblichen Aufbaus ..." und "... das Betriebsgeschehen, die Abläufe aller Art ..." vornimmt, vgl. Nordsieck (1931), S. 159.

102 Vgl. Bea/Göbel (1999), S. 222; Hoffmann (1992), Sp. 208 f.

103 Vgl. Gaitanides (1992), Sp. 2; Frese (1998), S. 7; Bühner (1999), S. 11.

Die Aufbauorganisation definiert "die Ausstattung und Verteilung von Potentialen bzw. Beständen an materiellen und immateriellen Gütern innerhalb der Organisation"[104]. Die Ablauforganisation bezieht sich auf die raum-zeitliche Regelung von Arbeitsprozessen, die zur Aufgabenerfüllung notwendig sind.[105]

Die begriffliche Trennung zwischen Aufbau- und Ablauforganisation weist lediglich einen gedanklich-analytischen Charakter auf.[106] Hieran anknüpfend werden im folgenden die Gestaltungsoptionen hinsichtlich der primär potentialorientierten organisationalen Gestaltung unter dem Begriff der Aufbauorganisation diskutiert, während die in erster Linie prozeßbezogenen Abläufe innerhalb der Organisationseinheit Call Center unter dem Begriff der Ablauforganisation erörtert werden.

5.3.2 Die Gestaltung der Aufbauorganisation

5.3.2.1 Grundsätzliche Organisationsalternativen

Für den Aufbau eines Call Centers hat ein Unternehmen grundsätzlich mehrere Handlungsoptionen zur Verfügung. Zum einen kommt eine unternehmensinterne Lösung in Betracht, indem eine entsprechende Organisationseinheit aufgebaut und in bestehende Unternehmensprozesse integriert wird. Diese Organisationsform wird in der Regel als *Inhouse*-Lösung bezeichnet und geht meistens aus bestehenden Abteilungen - wie etwa einer Kundendienstabteilung - hervor.[107] Zum anderen kann ein Call Center von einem externen Dienstleister betrieben werden, dessen Leistungen von der Unternehmung zugekauft werden.

Die Unterscheidung dieser beiden Organisationsformen ist für die weitere Diskussion entscheidend.[108] Sie verdeutlicht darüber hinaus, daß eine einheitliche Call Center

---

104 Gaitanides (1992), Sp. 1.

105 Vgl. Gaitanides (1983), S. 23; Gaitanides (1992), Sp. 2.

106 Vgl. Hoffmann (1992), Sp. 208; Bühner (1999), S. 11; Gaitanides (1983), S. 23.

107 Vgl. Schmitt (1999), S. 59.

108 Biehler und Vogl verwenden zur Charakterisierung dieser beiden Ausprägungsformen die Begriffe *unternehmensorientierte* und *marktorientierte Call Center*, vgl. Biehler/Vogl (1999), S. 263 f. Diese Wortwahl erscheint insofern unglücklich, als daß die mit marktorientiert bezeichneten

Branche nicht existiert.[109] Beiden Organisationsformen kommt in der unternehmerischen Praxis eine hohe Bedeutung zu. So betreiben nach einer Untersuchung der GfK 62 % der Unternehmen in Deutschland ihr Call Center intern, während 35 % die Leistungen eines externen Dienstleisters in Anspruch nehmen.[110]

Damit stellt die zu treffende Entscheidung über einen Eigenbetrieb oder eine Fremdvergabe ein zentrales unternehmerisches Gestaltungsfeld im Zusammenhang mit dem möglichen Einsatz eines Call Centers für die betroffene Unternehmung dar.[111]

5.3.2.2 Die Make-or-buy Problematik als zentrales Entscheidungsfeld der organisatorischen Umsetzung

5.3.2.2.1 Einführende Überlegungen

In der Betriebswirtschaftslehre wird das Problemfeld einer Entscheidung zwischen der Eigenerstellung oder dem Fremdbezug von Leistungen als eines der Grundprobleme unternehmerischen Handelns aufgefaßt und allgemein als *make-or-buy* Problematik bezeichnet.[112] Der Fremdbezug von Leistungen wird in der jüngeren Literatur unter dem Begriff *Outsourcing* diskutiert, der sich als sprachliche Reduktionsform aus dem englischen *out*side re*source* u*sing* herleitet.[113] Hierunter versteht man eine mögliche Entscheidung, ob "eine betriebliche Funktion auf eine andere Unternehmung übertragen und damit der Grad der vertikalen Integration oder die Betriebs- bzw. Lei-

---

Dienstleister auch sehr wohl Unternehmen sind, während eine Marktorientierung auch ein Charakteristikum für inhouse Call Center sein kann.

109 Der zumeist undifferenziert verwendete Begriff der Call Center Branche ist insofern irreführend, als nicht klar wird, ob lediglich Call Center Dienstleister damit bezeichnet werden oder die Menge aller Call Center, die auch unternehmensintern von Unternehmen aller Branchen betrieben werden können. Wegen dieser unklaren Zuordnung gibt die amtliche Statistik auch keine gesicherte Auskunft über die Anzahl der Beschäftigten in diesen Bereichen; vgl. zu diesem Zuordnungsproblem von Dienstleistungen in der amtlichen Statistik die Ausführungen in Kap. 2.1.1.2 der vorliegenden Arbeit.

110 Vgl. GfK (1998), S. 1.

111 Vgl. Hampe/Schönert (1997a), S. 175; Nippa (1999), S. 89; Denger/Wirtz (1999), S. 93.

112 Vgl. Walker/Weber (1984), S. 374; Krüger (1993), S. 38; Scherm (1996), S. 47; Picot (1991), S. 338; Picot/Reichwald (1994), S. 560.

113 Vgl. Scherm (1996), S. 47; Zahn/Barth/Foschiani/Hertweck (1998), S. 331.

stungstiefe reduziert wird"[114]. Die Entscheidung über die Nutzung von externen Ressourcen durch einen Zukauf dieser Leistungen ist dabei nicht als eine strikte *entweder-oder-Alternative* zu begreifen; vielmehr existiert zwischen den Extremausprägungen der völligen Eingliederung und der völligen Ausgliederung ein Kontinuum zahlreicher möglicher Zwischenformen.[115] Outsourcing wurde zunächst als Ausgliederung von Aufgaben im Sinne einer Verkürzung der Wertschöpfungskette vor allem in bezug auf Produktionsprozesse von Industriegüterunternehmen betrachtet.[116] In der Zwischenzeit hat auch die Fremderstellung anderer Leistungen, beispielsweise von IT-Dienstleistungen, eine erhebliche Bedeutung erlangt.[117] Insbesondere der Markt der Call Center Dienstleister, die ursprünglich ausschließlich im Bereich der Erbringung von Leistungen des Direktmarketing angesiedelt waren, hat eine große Bedeutung erlangt und weist beträchtliche Wachstumszahlen auf.[118]

Für die Entscheidung zwischen make-or-buy Alternativen können die folgenden Ansätze unterschieden werden:

- pragmatische Ansätze
- kostenrechnerische Ansätze
- Kernkompetenz-Ansätze
- transaktionskostentheoretischer Ansatz.[119]

Pragmatische Ansätze stellen allgemein Vor- und Nachteile gegenüber und können aufgrund der Gefahr einer Nichtberücksichtigung einzelner Kriterien sowie der mangelnden Systematik nicht als argumentationsstützende Methoden gelten.[120] Ansätze, die auf der Grundlage relevanter Daten der Kostenrechnung argumentieren, stellen insbe-

114 Scherm (1996), S. 47.
115 Vgl. Picot/Reichwald (1994), S. 560; Krüger (1993), S. 39; Scherm (1996), S. 48; Picot (1991), S. 339.
116 Vgl. Hentze/Brose/Kammel (1993), S. 296 f.
117 Vgl. Engelhardt/Kleinaltenkamp/Reckenfelderbäumer (1993), S. 396; Zahn/Barth/Foschiani/Hertweck (1998), S. 331; Quinn (1999), S. 9; Gurbaxani (1996), S. 45.
118 Vgl. o.V. (1998a), S. 7; Hahnel (1999), S. 132.
119 Vgl. Picot (1991), S. 340 ff.; Picot/Hardt (1998), S. 627.
120 Vgl. Picot/Hardt (1998), S. 628.

sondere im Dienstleistungsbereich wegen dessen besonderer Kostenproblematik[121] eine mit erheblichen Problemen und Gefahren behaftete Vorgehensweise dar.[122] Ansätze auf der Basis von Kernkompetenzen[123] fordern eine Beschränkung von Ressourcen auf die Kernkompetenzen in der Wertschöpfungskette der Unternehmung und schlagen eine Auslagerung jener Aktivitäten vor, in denen eine Kernkompetenz nicht erreicht werden kann.[124] Picot bemängelt die zu geringe theoretische Entwicklung des Kernkompetenz-Ansatzes und schlägt für seine Fundierung und Erweiterung den transaktionskostentheoretischen Ansatz vor.[125]

5.3.2.2.2 Der Transaktionskostenansatz zur Bestimmung der Vorteilhaftigkeit von Organisationsalternativen

Der Transaktionskostenansatz bildet einen Teil der *Neuen Institutionenökonomik*, die auf der klassischen Mikroökonomie aufbaut. Bei ihr handelt es sich nicht um ein einheitliches Theoriegebäude, sondern um die begriffliche Zusammenfassung von methodologisch verwandten, sich ergänzenden und teilweise aufeinander beziehenden Ansätzen.[126] Im einzelnen handelt es sich dabei um die Theorie der Verfügungsrechte (*property rights theory*), die Prinzipal-Agenten-Theorie (*principal agent theory)* sowie die Transaktionskostentheorie (*transaction costs economics*).[127] Im Gegensatz zur neoklassischen Theorie betrachten diese Ansätze nicht nur die Institution des Marktes, sondern auch weitere Institutionen wie beispielsweise Unternehmungen, Verträge, Gesetze,

---

[121] Diese besteht vor allem in dem hohen Fixkostenanteil, der insbesondere durch den großen Anteil der Personalkosten an den Gesamtkosten zustande kommt, vgl. Corsten (1997), S. 257. Dieser Problematik kommt insbesondere für den Untersuchungsgegenstand eine hohe Bedeutung zu, da zum einen Kostenkategorien nur schwer zu erfassen sind (vgl. die Ausführungen in Kap. 5.2.2 der vorliegenden Arbeit) und zum anderen der Blick auf die erheblichen Erstinvestitionen für einen Call Center Aufbau eine spontane Entscheidung gegen einen Eigenbetrieb hervorrufen könnte.

[122] Vgl. Picot/Hardt (1998), S. 629 sowie im einzelnen Scherm (1996), S. 50 f.

[123] Das Konzept der Kernkompetenzen geht zurück auf Prahalad und Hamel, vgl. Prahalad/Hamel (1990). Kernkompetenzen stellen diejenigen Aktivitäten dar, die ein Unternehmen aufgrund eines überlegenen übergreifenden Qualifikationspotentials besser ausführt als seine Wettbewerber, vgl. im einzelnen Steinmann/Schreyögg (1997), S. 218 f.; Quinn (1999), S. 12; Quinn/Hilmer (1994), S. 45 ff.

[124] Vgl. Quinn/Hilmer (1994), S. 47 ff; Quinn (1999), S. 14 ff.

[125] Vgl. Picot (1991), S. 341 f.

[126] Vgl. Picot/Reichwald/Wigand (1998), S. 37.

[127] Vgl. beispielsweise Ebers/Gotsch (1999), S. 199 ff.; Bea/Göbel (1999), S. 124 ff.; Picot/Dietl/Franck (1999), S. 55 ff.

Organisationsstrukturen, Normen und Geschäftsbeziehungen.[128] Die Ansätze stimmen in ihren zugrundeliegenden Prämissen im wesentlichen überein, die in Annahmen über eine angestrebte individuelle Nutzenmaximierung, eine beschränkte Rationalität sowie ein opportunistisches Verhalten der Akteure bestehen.[129]

Die Anwendungsgebiete der Transaktionskostentheorie sind sehr vielfältig.[130] Insbesondere für die Analyse organisatorischer Gestaltungsalternativen, speziell in bezug auf Entscheidungen zwischen Selbsterstellung und Fremdbezug, wird eine transaktionskostenanalytische Betrachtung vermehrt herangezogen.[131] Gleichwohl ist der Ansatz auch zum Teil heftiger Kritik ausgesetzt.[132]

Die Transaktionskostentheorie basiert auf einem Aufsatz von Coase[133], der erst wesentlich später in den Arbeiten von Williamson wieder aufgegriffen wurde.[134] Die Theorie der Transaktionskosten wurde ursprünglich entwickelt, um zu erklären, weshalb es überhaupt Unternehmen als zentralisierte, hierarchisch koordinierte Form der Leistungserstellung gibt.[135] Nach der transaktionskostentheoretischen Theorie existieren zwei alternative Mechanismen zur Koordination von Leistungserstellungsprozessen. Entweder erfolgt die Koordination außerhalb einer Hierarchie durch Preismechanismen des Marktes oder innerhalb einer Unternehmung, die als hierarchisches, arbeitsteiliges Gebilde aufgefaßt wird, durch Anweisungen.[136]

128 Vgl. Ebers/Gotsch (1999), S. 199.

129 Vgl. Picot/Reichwald/Wigand (1998), S. 37 f.

130 Vgl. Williamson (1990), S. 44 ff.; Ebers/Gotsch (1999), S. 239 f.

131 Vgl. Walker/Weber (1984), S. 373 ff.; Ebers/Gotsch (1999), S. 236 f.; Picot (1991), S. 244 ff.; Gerhardt/Nippa/Picot (1992), S. 136 ff.; Theuvsen (1997), S. 993; Bea/Göbel (1999), S. 147 f.

132 Für eine grundlegende Kritik am Transaktionskostenansatz vgl. Ghoshal/Moran (1996), S. 31 ff., die dem Ansatz eine geringe Aussagekraft bescheinigen. Zur weiteren Kritik vgl. allgemein Ebers/Gotsch (1999), S. 243 ff. Schreyögg (1998), S. 75; Frost (1997), S. 67 ff. sowie kritisch bezüglich der Eignung des Ansatzes für make-or-buy Entscheidungen Scherm (1996), S. 52 und S. 57.

133 Vgl. Coase (1937).

134 Vgl. Williamson (1975); Williamson (1990); Williamson (1991).

135 Vgl. Picot/Reichwald/Wigand (1998), S. 234.

136 Vgl. Coase (1937), S. 387 ff.; Williamson (1975), S. 8 ff.; Williamson (1990), S. 18 ff.; Picot/Dietl (1990), S. 181; Scherm (1996), S. 47; Theuvsen (1997), S. 972.

Zentrales Untersuchungsobjekt bilden die Transaktion als "Prozeß der Klärung und Vereinbarung eines Leistungsaustausches"[137] sowie die Transaktionskosten. Diese bezeichnen die Kosten für die Koordination arbeitsteiliger Leistungserstellung, die sowohl bei Marktbeziehungen als auch bei einer unternehmensinternen Erstellung anfallen.[138] Transaktionskosten können anhand der Transaktionsphasen unterteilt werden in

- Anbahnungskosten (z.B. Reise-, Kommunikations- und Beratungskosten),
- Vereinbarungskosten (z.B. Verhandlungskosten, Rechtsberatung),
- Abwicklungskosten (z.B. Managementkosten der Führung und Koordination),
- Kontrollkosten (z.B. Qualitäts- und Terminüberwachung),
- Anpassungskosten (z.B. Zusatzkosten durch nachträgliche Änderungen hinsichtlich Terminen, Qualität, Mengen oder Preisen).[139]

Die Leistungsübertragung in Form einer Transaktion macht einen expliziten oder impliziten Vertrag notwendig.[140] WILLIAMSON unterscheidet insofern zwischen ex ante-Transaktionskosten, die im Vorfeld einer vertraglichen Vereinbarung anfallen und ex post-Transaktionskosten, die als Folge der Absicherung, Durchsetzung und eventuellen Anpassung der vertraglichen Vereinbarungen entstehen.[141]

Dem Transaktionskostenansatz liegen zwei wesentliche Verhaltensannahmen zugrunde.[142] Den Akteuren wird zum einen eine begrenzte Rationalität unterstellt, indem ihr Verhalten zwar als rational intendiert angenommen, jedoch wegen der begrenzten Verfügbarkeit an Informationen sowie einer beschränkten Informationsverarbeitungskapa-

---

137 Picot (1982), S. 269.

138 Vgl. Picot (1991), S. 344.

139 Vgl. Picot (1982), S. 270; Picot/Dietl/Franck (1999), S. 67.

140 Vgl. Bea/Göbel (1999), S. 133; Williamson (1990), S. 22. Hierbei findet eine Übertragung von Verfügungsrechten (*property rights*) statt, vgl. Picot/Dietl (1990), S. 178.

141 Vgl. Williamson (1990), S. 22 ff.

142 Vgl. Williamson (1990), S. 49 ff.; Picot/Dietl/Franck (1999), S. 69. WILLIAMSON trifft darüber hinaus noch eine dritte Verhaltensannahme in Form einer angenommenen Risikoneutralität der Akteure, vgl. Williamson (1990), S. 326. Diese wird oftmals übersehen und dient im wesentlichen der Argumentationsvereinfachung, vgl. Ebers/Gotsch (1999), S. 227.

zität im Ergebnis als nur unvollkommen angesehen wird.[143] Die zweite Verhaltensannahme unterstellt den Wirtschaftssubjekten ein opportunistisches Verhalten.[144] Hierbei handelt es sich um eine Verschärfung des in ökonomischen Theorien allgemein verwendeten Konzeptes einer individuellen Nutzenmaximierung mit der zusätzlichen Annahme, daß die Verfolgung eigener Interessen auch unter Umgehung sozialer Normen etwa durch Täuschung oder die Zurückhaltung von Informationen erfolgen kann.[145]

Die Höhe der Kosten für die Abwicklung und Organisation von Transaktionen wird nach WILLIAMSON durch drei Transaktionscharakteristika beeinflußt.[146] Hierbei handelt es sich um das Ausmaß der transaktionsspezifischen Investitionen (*asset specificity*), die mit der Transaktion verbundene Unsicherheit (*uncertainty*) sowie ihre Häufigkeit (*frequency*).[147] Die Faktorspezifität bezieht sich dabei auf den Umstand, daß die Transaktionspartner für die Erstellung einer auszutauschenden Leistung auf mehr oder weniger spezialisierte Inputfaktoren zurückgreifen können.[148] PICOT, DIETL und FRANCK charakterisieren die Spezifität als "Widmung der im Rahmen der Transaktion benötigten Ressourcen"[149]. Die Spezifität bedeutet, daß die bei einer Transaktion übertragenen Leistungen nur unvollkommen standardisiert sind.[150] Wenn für solche spezifischen Faktoren, beispielsweise Spezialmaschinen oder spezialisierte Arbeitskräfte, kein Ersatz gefunden werden kann, entsteht eine gegenseitige besondere Abhängigkeit, da nach der Durchführung einer transaktionsspezifischen Investition der Transaktionspartner nur unter Inkaufnahme schlechterer Bedingungen gewechselt werden kann.[151] Die Spezifität ist keine konstante Größe. Im Lauf der Zeit kann aus einer ex ante unspezifischen Leistungsbeziehung, etwa durch wachsendes Vertrauen oder Lerneffekte, eine

143 Vgl. Ebers/Gotsch (1999), S. 226.
144 Vgl. Williamson (1990), S. 53 ff.
145 Vgl. Picot/Dietl (1990), S. 179.
146 Vgl. Williamson (1990), S. 59 ff.
147 Vgl. Ebers/Gotsch (1999), S. 228 ff.
148 Vgl. Ebers/Gotsch (1999), S. 228.
149 Picot/Dietl/Franck (1999), S. 69 f.
150 Vgl. Bea/Göbel (1999), S. 135.
151 Vgl. Ebers/Gotsch (1999), S. 228. In diesem Fall würde ein Wertverlust bis maximal der Höhe der sogenannten Quasi-Rente entstehen, die die Erlöseinbuße als Folge der Wahrnehmung der nächstbesten Verwendungsmöglichkeit anstelle der beabsichtigten Transaktion ausdrückt, vgl. Picot/ Dietl (1990), S. 179.

ex post spezifische Leistungsbeziehung entstehen.[152] Dieser Vorgang wird als *fundamentale Transformation* bezeichnet.[153]

Das zweite Charakteristikum einer Transaktion besteht in der mit ihr verbundenen Unsicherheit, die in zwei Formen auftreten kann.[154] Die *parametrische Unsicherheit* bezieht sich auf die situativen Bedingungen der Transaktion sowie deren zukünftige Entwicklungen, während die *verhaltensbedingte Unsicherheit* aus der Möglichkeit eines opportunistischen Verhaltens des Transaktionspartner resultiert.[155]

Schließlich kommt der Häufigkeit als Unterscheidungsmerkmal von Transaktionen eine Bedeutung zu, da verschiedene Koordinationsformen unterschiedlich hohe Anfangsinvestitionen erfordern.[156] Weiterhin sind mit zunehmender Transaktionshäufigkeit Größen- und Synergieeffekte zu realisieren.[157]

Mit Hilfe des Transaktionskostenansatzes kann die relative Vorteilhaftigkeit verschiedener institutioneller Arrangements aufgezeigt werden. Transaktionskosten können somit als Vorteilhaftigkeitskriterium und Effizienzmaßstab für die Beurteilung und Auswahl unterschiedlicher Koordinationsformen dienen.[158] Effiziente Organisationsformen zeichnen sich nach den Annahmen des Transaktionskostenansatzes dadurch aus, daß sie niedrigere Transaktionskosten als die möglichen Organisationsalternativen aufweisen.[159]

Die transaktionskostentheoretischen Empfehlungen bezüglich der Gestaltung des vertikalen Integrationsgrades lauten im einzelnen wie folgt. Handelt es sich um spezifische, unsichere und strategisch bedeutsame Leistungen, ist eine Eigenerstellung tendenziell

152 Vgl. Picot/Dietl/Franck (1999), S. 70; Bea/Göbel (1999), S. 135.
153 Vgl. Williamson (1990), S. 70 ff.
154 Vgl. Williamson (1990), S. 64 ff.
155 Vgl. Ebers/Gotsch (1999), S. 229.
156 Vgl. Picot/Dietl/Franck (1999), S. 71.
157 Vgl. Ebers/Gotsch (1999), S. 230.
158 Vgl. Picot/Reichwald/Wigand (1998), S. 41; Picot/Dietl/Franck (1999), S. 67 ff.
159 Vgl. Ebers/Gotsch (1999), S. 227; Picot/Reichwald/Wigand (1998), S. 234.

sinnvoll.[160] Für weniger komplexe, stabile und strategisch unbedeutende Standardleistungen hat dagegen die marktliche Koordination Vorteile, während für Teilleistungen mittlerer strategischer Bedeutung, Spezifität und Unsicherheit mittlere Einbindungsformen geeignet sind.[161] Dadurch ergibt sich ein Spektrum zwischen den Polen Eigenerstellung und spontanem Einkauf am Markt, zwischen denen hybride Koordinationsformen (z.B. Rahmenverträge, Joint Ventures, eigenes Tochterunternehmen) liegen.[162] Zusammenfassend steigt die Tendenz zu einer vertikalen Integration der Transaktionspartner mit der Häufigkeit, eine strategisch bedeutsame, spezifische und unsichere Leistung zu erstellen.[163]

Demnach kommt ein Outsourcing vor allem dann in Betracht, wenn eine Leistung nicht zu spezifisch ist, das heißt ein Markt für die zu erstellende Leistung existiert, sie keine hohe strategische Relevanz aufweist, eine hohe Umweltkomplexität vorliegt und die Häufigkeit der Leistungserstellung relativ groß ist.[164] Der Vorteil besteht vor allem darin, daß der Erbringer einer solchen ausgelagerten Leistung Größendegressionseffekte (*economies of scale*)[165] realisieren kann, da er die Leistung mehreren Kunden verkaufen kann.[166]

Abbildung 5.3 veranschaulicht graphisch die transaktionskostentheoretischen Empfehlungen hinsichtlich des Zusammenhanges zwischen Transaktionskosten, Spezifitätsgrad und Koordinationsform.

Wie aus der Abbildung ersichtlich wird, steigen die Transaktionskosten in jedem Fall, unabhängig von der Integrationsform, mit zunehmender Spezifität an. Bei geringer Spezifität ist die marktliche Koordination sinnvoll, bei mittlerer Spezifität erzeugt eine

---

160 Vgl. Picot/Reichwald (1994), S. 563; Picot/Dietl/Franck (1999), S. 81.
161 Vgl. Picot/Dietl/Franck (1999), S. 81.
162 Vgl. Picot/Reichwald (1994), S. 561; Picot/Dietl/Franck (1999), S. 80.
163 Vgl. Picot/Dietl/Franck (1999), S. 81; Picot/Reichwald (1994), S. 563.
164 Vgl. Picot (1991), S. 344 f.
165 Derartige Größenvorteile entstehen, wenn Stückkosten aufgrund von Spezialisierung und unterproportional wachsenden variablen Kosten bei steigender Produktion sinken, vgl. Hentze/Brose/Kammel (1993), S. 152.
166 Vgl. Picot (1991), S. 348.

Kooperation die geringsten Transaktionskosten, während bei hoher Spezifität die vollständige Integration vorziehenswürdig ist.[167]

Abb. 5.3 : Zusammenhang zwischen Transaktionskosten, Spezifitätsgrad und Integrationsform

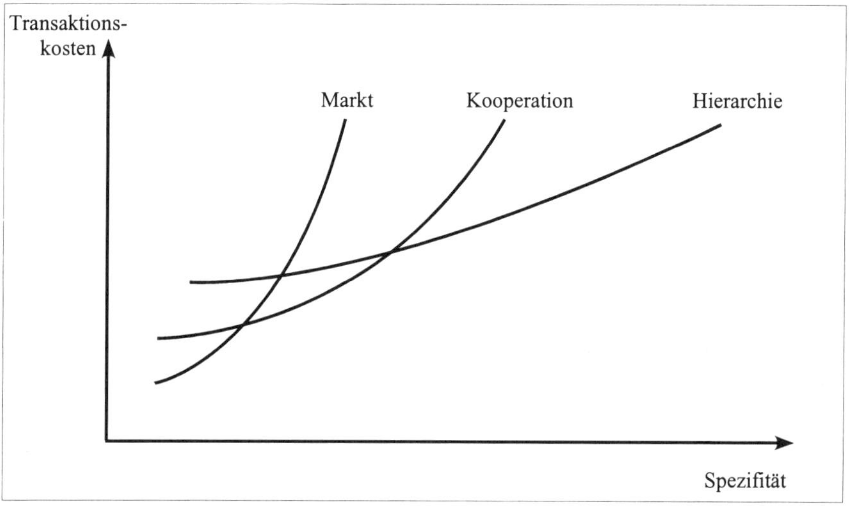

Quelle: Picot/Dietl/Franck (1999), S. 82

Obgleich die Eignung neo-institutionalistischer Ansätze für die Begründung einer umfassenden Organisationstheorie kritisch gesehen werden kann, können sie als "Anwendungen der mikroökonomischen Analytik auf ausgewählte organisatorische Problemstellungen"[168] aufgefaßt werden und speziell im Falle des Transaktionskostenansatzes wichtige Anregungen liefern.[169] Insbesondere liefert die Methode des Transaktionskostenansatzes für das Entscheidungsfeld einer Eigenerbringung oder einer Fremdvergabe im Zusammenhang mit Call Centern interessante Ansatzpunkte.[170] Zum einen müssen zur Effizienzbewertung alternativer organisatorischer Arrangements die Höhe der Transaktionskosten in den entscheidungsrelevanten Kostenkategorien weder

[167] Vgl. Picot/Dietl/Franck (1999), S. 82.
[168] Schreyögg (1998), S. 84.
[169] Vgl. Theuvsen (1997), S. 991.
[170] Vgl. Haunschild/Koch (1999), S. 216; Nippa/Hachenberger (1999), S. 13.

absolut noch direkt quantifiziert werden.[171] Zum anderen lenkt eine transaktionskostenanalytische Betrachtung das Augenmerk auf die Möglichkeit eines nachträglichen Entstehens von Abhängigkeitsverhältnissen und das Ausnutzen derselben durch opportunistisches Verhalten.[172] Dies ist im Zusammenhang mit einer möglichen Auslagerung von Call Centern von besonderer Bedeutung, da ein Unternehmen je nach eingesetztem Anwendungsfeld möglicherweise die Abwicklung von Kundenkontakten und damit die Kundenbeziehung vollständig einem Dienstleister überläßt.[173]

Im folgenden wird daher das Instrumentarium der Transaktionskostentheorie verwendet, um die Handlungsalternativen hinsichtlich möglicher make-or-buy Entscheidungen bezüglich des Einsatzes von Call Centern näher zu beleuchten.

5.3.2.2.3 Entscheidung über Fremdbezug versus Eigenerstellung aus transaktionskostentheoretischer Sicht

Für die fundierte Gestaltung der Leistungstiefe eines Unternehmens liefert Picot ein transaktionskostenanalytisches Verfahren, das im folgenden auf das Problemfeld der Entscheidung zwischen einer Inhouse-Lösung, eines Outsourcing oder einer möglichen Mischform des Einsatzes von Call Centern angewendet wird.[174]

Zur Analyse der relativen Vorteilhaftigkeit der verschiedenen Koordinationsformen werden die Eigenschaften der zu erbringenden Leistungen näher untersucht. Dieses geschieht primär anhand der vorrangigen Leistungsmerkmale der Spezifität und der strategischen Relevanz.[175] Weitere unterstützende Eigenschaften bestehen in den Merk-

171 Vgl. Picot/Dietl (1990), S. 183; Picot (1991), S. 337. Dies ist wegen der Schwierigkeit einer genauen Quantifizierung der bei einem Call Center Einsatz anfallenden Kosten (vgl. Kap. 5.2.2 der vorliegenden Arbeit) besonders interessant.

172 Vgl. Picot/Dietl/Franck (1999), S. 368.

173 Vgl. Haunschild/Koch (1999), S. 216.

174 Dieser Ansatz für eine pragmatische Anwendung des Transaktionskostenansatzes wurde von Picot zuerst in dem bereits zitierten Aufsatz Picot (1991) dargestellt. Vgl. auch Gerhardt/Nippa/Picot (1992).

175 Vgl. Picot (1991), S. 345 f.; Gerhardt/Nippa/Picot (1992), S. 136 f.

malen der Unsicherheit sowie der Häufigkeit der Leistungen.[176] Diese üben jedoch einen geringeren Einfluß auf die Entscheidung aus.[177]

Aus den Überlegungen zur Transaktionskostentheorie lassen sich vereinfachend die folgenden Wirkungszusammenhänge ableiten. Je spezifischer, unsicherer und je größer die strategische Relevanz einer Leistung ist, desto größer ist die Tendenz zur internen Erstellung, während bei geringerer strategischer Relevanz, höherem Standardisierungsgrad und geringerer Unsicherheit die Tendenz zur externen Erstellung zunimmt.[178] Diese Gestaltungsempfehlungen müssen jedoch modifiziert werden, wenn Barrieren existieren, die einer Integration oder einer Auslagerung entgegenstehen.[179] So kann eine, aufgrund der vorrangigen Leistungseigenschaften als sinnvoll erachtete Eigenerstellung, dadurch unmöglich werden, daß der Erwerb des nötigen Know-hows prohibitive Transaktionskosten erzeugt.[180] Auslagerungsbarrieren können in beschäftigungspolitischen Restriktionen oder logistischen Besonderheiten begründet liegen.[181]

Die Spezifität stellt die wichtigste Leistungseigenschaft dar und bezieht sich nicht nur auf Anlagen, sondern auch auf Know-how, Personalqualifikationen oder Qualitätseigenschaften.[182] Die Eigenschaft der Spezifität einer Leistung steht in einem engen Zusammenhang mit ihrer strategischen Bedeutung.[183] Während eine strategisch bedeutende Leistung in der Regel eine hohe Spezifität aufweist, muß nicht jede spezifische Leistung auch strategisch bedeutend sein (z.B. ein spezieller Schraubentyp).[184]

Für die Entscheidung bezüglich Selbsterstellung oder Fremdbezug von Call Center Leistungen sind daher zunächst die strategische Relevanz und der Spezifitätsgrad der

---

176 Vgl. Picot (1991), S. 345.
177 Vgl. Picot/Dietl/Franck (1999), S. 71.
178 Vgl. Gerhardt/Nippa/Picot (1992), S. 137 f. In diesem Zusammenhang weist MANN empirisch die hohe Bedeutung einer Eigenerstellung strategisch bedeutsamer Serviceleistungen für die Erzielung von Kundennähe und -orientierung nach, vgl. Mann (1998), S. 602 f.
179 Vgl. Scherm (1996), S. 52.
180 Vgl. Picot (1991), S. 347.
181 Vgl. Picot (1991), S. 348.
182 Vgl. Picot (1991), S. 345.
183 Vgl. Scherm (1996), S. 51.
184 Vgl. Picot (1991), S. 346 f.

zu erfüllenden Leistungen zu bestimmen.[185] Diese Eigenschaften sind dabei hochgradig unternehmensspezifisch und hängen wesentlich von der konkreten Situation ab. Insbesondere die strategische Relevanz ist im Vergleich zu Wettbewerbern sowie im Hinblick auf die Wahrnehmung durch den Kunden systematisch zu analysieren. Beispielsweise kann sich ein Dienstleistungsunternehmen durch die Implementierung eines umfassenden Beschwerdemanagements positiv von Konkurrenten abheben, wenn die Tatsache der professionellen Beschwerdebearbeitung durch die Kunden wahrgenommen und auch weiterkommuniziert wird. In diesem Fall ist die Leistung strategisch relevant.

Für die Beantwortung der Frage nach dem Spezifitätsgrad einer Leistung ist zu analysieren, ob spezielle Produkt- oder Unternehmenskenntnisse für die Beantwortung von Anfragen vonnöten sind, ob spezielle unübliche Unternehmensprozesse der Abwicklung existieren oder ob bereits eingesetzte IT-Systeme so speziell sind, daß eine Integration mit anderen Systemen unverhältnismäßig schwierig ist.[186]

Jede Unternehmung hat individuell zu überprüfen, welche der geschilderten Einsatzpotentiale sie mit Hilfe eines Call Centers anwenden möchte oder sollte. Besteht beispielsweise die Absicht, im Rahmen der Individualisierungsfunktion des Beziehungsmanagements umfassende Dienst- und Serviceleistungen über ein Call Center abzuwickeln, sind die zu erbringenden Leistungen hochspezifisch und weisen eine hohe strategische Relevanz auf. Beispiele hierfür sind Direktbanken oder Telekommunikationsanbieter, die kein Filialnetz aufweisen. Ein Autovermieter, der eine zentrale Abwicklung aller Reservierungen über eine einheitliche Servicenummer plante, hat die hohe strategische Relevanz dieser Leistungen sowie ihre hohe Spezifität erkannt und betreibt entsprechend ein eigenes Call Center.[187] Die hohe strategische Relevanz liegt in diesem Fall darin begründet, daß die Hauptleistung in Form der Bereitstellung eines Leihwagens an Privat- und Geschäftskunden im Markt als austauschbar angesehen wird und eine Differenzierung in hohem Maße über eine kundenorientierte und pro-

---

185 Dies erfordert eine systematische Analyse der zu erfüllenden Aufgaben und stellt eine wichtige Aufgabe der Unternehmensführung dar. In der Praxis werden diese Analysen erstaunlich selten durchgeführt, vgl. Nippa (1999), S. 89.

186 Vgl. Nippa (1999), S. 90.

187 Vgl. Mallmann (1999), S. 58.

blemlose Abwicklung des Reservierungsvorganges erreicht werden kann. Diese Abwicklung stellt weiterhin eine Leistung mit hoher Spezifität dar.

Das Kreditkartentochterunternehmen einer Fluggesellschaft betreibt aufgrund der großen strategischen Relevanz und hohen Spezifität ebenfalls ein firmeneigenes Call Center.[188] Hier dient das Anbieten von Zusatzdienstleistungen neben der eigentlichen Transportleistung kundenbindenden Zielen und ist als strategisch hoch relevante Aufgabe eingeschätzt worden. Durch die Vielzahl der entstehenden Beratungsleistungen und Transaktionsabwicklungen ist die Aufgabe darüber hinaus hoch komplex und weist somit einen hohen Spezifitätsgrad auf.

Für ein Versandhandelsunternehmen, das Kundenkontakte telefonisch abwickelt, liegt gleichfalls eine hohe strategische Relevanz vor. Bedingt durch die Struktur der Aufgaben, die im wesentlichen aus einer Auftragsannahme bestehen, sind diese Leistungen jedoch nicht spezifisch, so daß eine Fremderstellung grundsätzlich in Frage kommt.

Bei Konsumgüterunternehmen, die lediglich einzelne Produktinformationen auf Nachfrage über das Telefon vermitteln möchten, liegt dagegen sowohl eine geringe Spezifität wie auch eine geringe strategische Relevanz vor.

Die Eigenschaften der Unsicherheit sowie der Häufigkeit weisen hinsichtlich der angesprochenen Wirkungsrichtungen lediglich einen unterstützenden Charakter auf und werden daher im folgenden vernachlässigt.[189]

Die Tendenz zur internen Eigenerstellung spezifischer Teilleistungen ist bei Großunternehmen aufgrund der Häufigkeit der Leistungen größer als bei kleineren Unternehmen, da Eigenerstellungskapazitäten erst ab einer bestimmten Menge sinnvoll sind.[190]

---

188 Vgl. Schmid (1997), S. 16 ff.
189 Vgl. Picot (1991), S. 347.
190 Vgl. Picot (1991), S. 347.

Entsprechend sieht CENARIUS Potentiale für ein Outsourcing von Call Center Leistungen vor allem bei kleineren Unternehmen.[191]

Zusätzlich zu den genannten Dimensionen ist die dritte Dimension potentieller Ein- oder Auslagerungsbarrieren zu berücksichtigen. Barrieren, die einer Integration entgegenstehen können, liegen in erster Linie in einem mangelnden technischen Know-how begründet. Know-how Barrieren betreffen dabei sowohl Fragen technologischer Art als auch hinsichtlich der Beschaffung und des Trainings entsprechender Personalressourcen. Von größerer Bedeutung sind jedoch die Fremderstellungsbarrieren, die auf das Entscheidungsfeld bezüglich der Auslagerung von Leistungen einwirken. Zum einen können rechtliche Restriktionen einen Fremdbezug verhindern. Beispielsweise sind in einigen Branchen wie etwa dem Finanzdienstleistungsbereich bestimmte rechtliche Auflagen bezüglich der Weitergabe von personenbezogenen Daten zu beachten, die ein Outsourcing unmöglich machen können. Zum anderen besteht bei der Inanspruchnahme externer Dienstleister die Gefahr einer Weitergabe interner sensibler Kundendaten an Wettbewerber. Dies ist insbesondere dann problematisch, wenn die auslagernden Unternehmen aus gleichen Branchen kommen.

Weiterhin besteht bei der Nutzung von Dienstleistern prinzipiell die Möglichkeit, daß wichtige Zusatzinformationen von Kundenkontakten das auslagernde Unternehmen nicht erreichen. So ist beispielsweise die Situation denkbar, daß bei einer Bestellung zugleich eine Beschwerde artikuliert wird. Wenn ein Outsourcingvertrag lediglich die Bestellannahme vorsieht und der Mitarbeiter des Dienstleisters kein Eigeninteresse an der Aufnahme dieser in Form einer Beschwerde vorliegenden Zusatzinformation hat, gehen diese wichtigen Informationen dem auslagernden Unternehmen verloren.

Die folgende Abbildung veranschaulicht die obigen Ausführungen, indem sie schematisch die tendenzielle Eignung bzw. Nichteignung des Outsourcing von Call Center Leistungen in Abhängigkeit von strategischer Relevanz und Spezifität der Leistungen darstellt.

---

[191] Vgl. Cenarius (1995), S. 17.

Abb. 5.4 : Outsourcingoptionen aus transaktionskostentheoretischer Perspektive

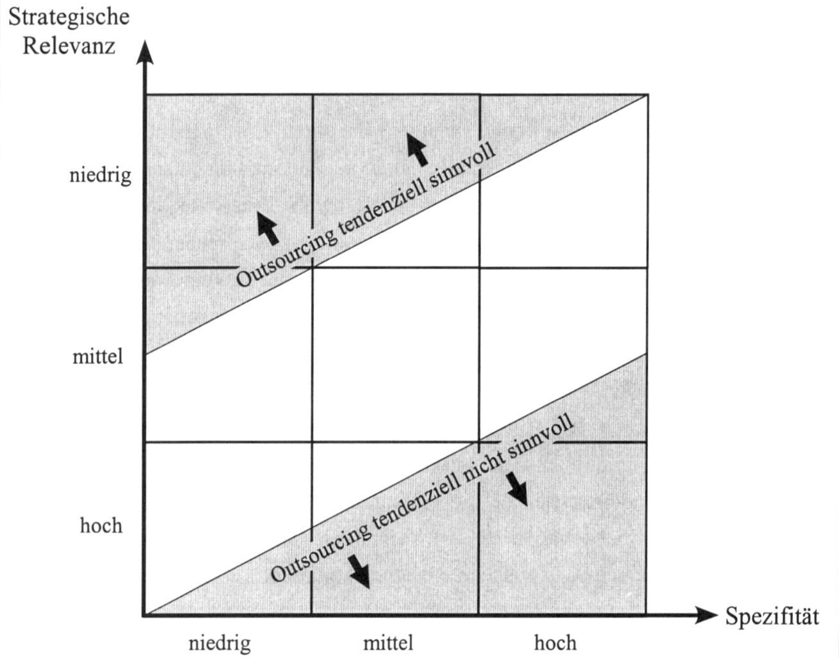

Quelle: Eigene Darstellung

Zusammenfassend lassen sich die Vor- und Nachteile eines Outsourcing von Call Center Leistungen wie folgt darstellen. Vorteile für das auslagernde Unternehmen bestehen in erster Linie in der Vermeidung von unter Umständen erheblichen Erstinvestitionen[192] in die benötigte Technik und entsprechend geschulte Mitarbeiter sowie generelle Kostenvorteile.[193] Bei einer externen Erstellung können Call Center Dienstleister erhebliche Größenvorteile (*economies of scale*) durch die große Zahl abzuwickelnder Kundenkontakte realisieren. Da sie in der Regel für mehrere Auftraggeber tätig sind, können zudem Nachfrageschwankungen durch ein Kapazitätsmanagement ausgeglichen werden. Dadurch sind Personalressourcen zumeist voll ausgelastet und es fallen

[192] Vgl. Kap. 5.2.2 der vorliegenden Arbeit.
[193] Vgl. Goodman/Ward/Broetzmann (1999), S. 6; Carwardine (1996), S. 517.

keine Kosten für Überkapazitäten an. Ein weiteres kostensenkendes Potential besteht darin, daß Call Center Dienstleister aufgrund ihrer Mitarbeiterstruktur[194] niedrigere Personalkosten realisieren können. Von der Gesamtheit dieser tendenziell geringeren Kosten profitiert auch das auslagernde Unternehmen.

Ein weiterer Vorteil eines Outsourcing besteht in der größeren Flexibilität für das auslagernde Unternehmen, mit der auf Nachfrageschwankungen reagiert werden kann. So müssen ausgelagerte Leistungen nur bei tatsächlichem Bedarf in Anspruch genommen werden.[195]

Schließlich besteht ein Vorteil für das Outsourcing betreibende Unternehmen darin, sich das Know-how externer Dienstleister zunutze zu machen. Insbesondere im Call Center Umfeld mit seiner ständigen Weiterentwicklung der technologischen Möglichkeiten ist es schwierig, den Stand der Technik zu überschauen und entsprechend zu reagieren. Mit der Nutzung der entsprechenden Fähigkeiten von Call Center Dienstleistungsunternehmen muß ein auslagerndes Unternehmen sich diesen Herausforderungen nicht stellen.[196]

Diesen Vorteilen stehen eine Reihe zum Teil gravierender Nachteile gegenüber. Diese bestehen aus transaktionskostentheoretischer Sicht vor allem in den hohen Anbahnungs- und Vereinbarungskosten sowie in erster Linie in den Kontrollkosten, die bei einer Koordination in Form einer Fremderstellung anfallen. Die nötige vertragliche Absicherung, um sicherzustellen, daß interne Kundendaten durch den Dienstleister nicht mißbräuchlich verwendet werden, erzeugt erhebliche Kontrollkosten. Weitere

194 Nach einer breiten empirischen Untersuchung auf europäischer Ebene arbeiten 29 % der in Call Centern Beschäftigten auf Teilzeitbasis, vgl. Belt et al. (1999), S. 23. Nach der Untersuchung von Taylor und Bain wird sich der Anteil an Teilzeitarbeitnehmern in Schottland sogar auf 50 % erhöhen, vgl. Taylor/Bain (1999), S. 106. Teilzeitarbeit liegt vor, wenn "... zwischen Arbeitgeber und Arbeitnehmer freiwillig ein regelmäßiges, unbefristetes Arbeitsverhältnis besteht, das sich auf eine kürzere als die übliche volle, tariflich vereinbarte Arbeitszeit bezieht." (Hentze (1995), S. 235). Weiterhin hat die Nutzung von Zeitpersonal in Call Centern eine große Bedeutung, vgl. Wetzels/de Ruyter (1999), S. 230. 13 % aller europäischen Call Center Mitarbeiter haben Zeitarbeitsverträge, die zum Teil über spezialisierte Zeitarbeitsagenturen abgewickelt werden, vgl. Belt et al. (1999), S. 24.

195 Vgl. Haunschild/Koch (1999), S. 217.

196 Vgl. Goodman/Ward/Broetzmann (1999), S. 6.

Kosten fallen für die notwendige Überprüfung der Qualität der fremdbezogenen Leistungen an.[197]

Durch den Verlust der direkten Kontrolle ist es für das auslagernde Unternehmen problematisch, auf Änderungen des Marktes schnell und flexibel zu reagieren.[198] Aufgrund der ungewollten Filterfunktion des Dienstleisters besteht sogar die Möglichkeit, daß das auslagernde Unternehmen bedeutende Veränderungen in der Kundenstruktur und dem Kundenverhalten überhaupt nicht bemerkt.

Aus personalwirtschaftlicher Sicht besteht bei ausgelagerten Call Centern weiterhin die Gefahr einer mangelnden Identifikation der Mitarbeiter mit den Produkten und Dienstleistungen des auslagernden Unternehmens. WEBER nennt bereits frühzeitig als Vorteile einer internen Lösung gegenüber der Auslagerung eine stärkere Identifikation interner Mitarbeiter mit ihrer Aufgabenstellung, den Aufbau eines übergreifenden und für verschiedene Aktionen einsetzbaren Produktwissens, eine bessere Kenntnis von Kundenstamm und dessen Besonderheiten sowie generell ein größeres Engagement durch eine längerfristige Aufgabenstellung.[199]

Ein weiterer nachteiliger Aspekt besteht darin, daß ein ausgelagertes Call Center nicht für interne Personalentwicklungsmaßnahmen zur Verfügung steht. Viele Unternehmen gehen zunehmend dazu über, ihren Führungskräftenachwuchs einige Zeit in internen Call Centern arbeiten zu lassen, um ihm ein Verständnis für Abläufe und insbesondere die Kundenstruktur zu vermitteln.[200] Dies ist in einem fremdbetriebenen Call Center nicht ohne weiteres möglich.

Aus transaktionskostentheoretischer Sicht können noch weitere Nachteile einer Outsourcing-Lösung identifiziert werden. Grundsätzlich besteht die Möglichkeit, daß eine vormals unspezifische Leistung aufgrund der Veränderlichkeit von Leistungs-

197 Vgl. Haunschild/Koch (1999), S. 218.
198 Vgl. Goodman/Ward/Broetzmann (1999), S. 7.
199 Weber (1984), S. 60.
200 Vgl. Goodman/Blanchard (1999), S. 14.

eigenschaften[201] im Zuge einer fundamentalen Transformation zu einer hochspezifischen Leistung wird.[202] So kann ein Dienstleister gegenüber potentiellen Wettbewerbern einen Wissensvorsprung erlangen, der im Zuge eines opportunistischen Verhaltens in einem Abhängigkeitsverhältnis für das auslagernde Unternehmen resultieren kann. Derartige nachträglich entstehende Abhängigkeiten stellen ebenfalls ein Risiko einer Fremdvergabe dar. Auch das Problem einer asymmetrischen Informationsverteilung[203] spielt bei einer Call Center make-or-buy Entscheidung eine Rolle. Diese liegt beispielsweise dann vor, wenn ein Call Center Dienstleister einen Informationsvorsprung bezüglich neuer technologischer Möglichkeiten erlangt, diesen aber an das auslagernde Unternehmen nicht weitergibt. EVENSON, HARKER und FREI weisen schließlich darauf hin, daß ein Outsourcing lediglich aus Kostenaspekten einen negativen Einfluß auf die Kundenorientierung haben kann, da der Kunde aus dem Blickwinkel gerate.[204]

Die obigen Ausführungen fokussierten bislang lediglich auf die Extremausprägungen des Koordinationskontinuums einer vollständigen Eigenerstellung oder eines vollständigen Fremdbezuges. Im Zusammenhang mit dem Einsatz von Call Centern kommt jedoch auch Mischformen eine hohe Bedeutung zu.

Im einzelnen sind die folgenden Mischformen zu unterscheiden:

- Kapazitätsabhängiges Outsourcing
- Aufgabenabhängiges Outsourcing
- Zeitabhängiges Outsourcing
- Front-Office Outsourcing.[205]

---

201 Vgl. Picot (1991), S. 351.
202 Für ein Praxisbeispiel vgl. Haunschild/Koch (1999), S. 218.
203 Vgl. Picot/Dietl (1990), S. 180.
204 Vgl. Evenson/Harker/Frei (1999), S. 12.
205 Vgl. Schmitt (1999), S. 60 f.; Hahnel (1999), S. 134 ff.; Wiencke/Koke (1999), S. 35 ff.; Schmidt-Folkerts (1996), S. 35.

Bei einem kapazitätsabhängigen Outsourcing werden bei Auslastung des eigenen Call Centers in Spitzenzeiten zusätzliche Anrufe an einen Dienstleister weitergeleitet. Diese Form hat insbesondere dort eine Bedeutung, wo mit erheblichen saisonalen Schwankungen zu rechnen ist. Im Falle eines aufgabenbezogenen Outsourcing werden nur bestimmte Spezialaufgaben wie etwa unregelmäßig anfallende Direktmarketingaktionen ausgelagert. Ein zeitabhängiges Outsourcing ermöglicht es, außerhalb der Arbeitszeiten eines Unternehmens die dann auflaufenden Anrufe auszulagern. Verbreitet ist in diesem Zusammenhang das *follow-the-sun* Prinzip, nach dem Anrufe in verschiedenen Zeitzonen bearbeitet werden. Schließlich kann ein sogenanntes *Front-Office* Outsourcing vorliegen, bei dem der Dienstleister die Funktion einer Telefonzentrale wahrnimmt und eingehende Anrufe nur dann an das auslagernde Unternehmen weiterleitet, in denen eine Sofortlösung durch den Dienstleister nicht erfolgen kann. Für diese Mischformen gelten die oben diskutierten Vor- und Nachteile analog.

Mit der Bedeutung des Einsatzes von Call Centern zur instrumentellen Umsetzung eines Beziehungsmanagements steigt zugleich die strategische Relevanz und die Spezifität der Leistungen. Daher dürfte tendenziell eine inhouse-Lösung für viele Branchen und Unternehmungen in Betracht kommen. Diese Feststellung steht im Einklang mit Entwicklungen in der Unternehmenspraxis, die durch eine zunehmende Tendenz in Richtung eines Insourcing geprägt sind.[206] So arbeitet in Deutschland die Mehrzahl der Beschäftigten in Inhouse-Call Centern.[207]

Wegen dieser Bedeutung konzentrieren sich die folgenden Ausführungen zur inneren Aufbau- und Ablauforganisation in erster Linie auf unternehmensintern betriebene Call Center.

5.3.2.3 Interne Organisationsgestaltung von Call Centern

In allen Anwendungsfeldern von inbound Call Centern fungieren diese als primäre Anlaufstelle für aktuelle und potentielle Kunden. Sie dienen als Eingangspunkt für kom-

206 Vgl. Denger/Wirtz (1999), S. 94.
207 Vgl. Booz, Allen & Hamilton (1998), S. 4.

munikationsintensive Interaktionsprozesse der Unternehmung und stellen damit eine gravierende Neuorientierung gegenüber einer herkömmlichen Annahme und Bearbeitung von Kundenkontakten durch viele verschiedene Abteilungen dar. Eine anschauliche Darstellung einer solchen herkömmlichen Verteilung von Kundenkontakten in Unternehmen liefert die folgende Abbildung.[208]

Abb. 5.5 : How Customer Contacts Are Currently Routed

Type of Customer Contact	*Corporate Department Involved*
Request for recipes, product use information	Home economists, customer relations (P.R. function)
Request for company magazine	P.R. department, corp. publications
Inquiry about nearest dealers	Sales area
Complaint about product, packaging	Quality control (under manufacturing)
Complaint about retailers, dealers	Sales area
Questions about billing, charges	Accounting, accounts receivable
Suggestions for new products	Production, marketing
Volunteered anecdotes/experiences	P.R. department

Quelle: Vavra (1992), S. 110

Call Center weisen in der Regel eine flache Organisationsstruktur, die durch eine niedrige Anzahl hierarchischer Ebenen geprägt ist, auf.[209] Instanzenträger der einzelnen Ebenen sind üblicherweise ein Call Center Manager, Supervisoren und Gruppen- bzw. Teamleiter, die gegenüber einer Anzahl von Agenten Führungsaufgaben wahrnehmen.[210] Hinsichtlich der Größe der Leitungsspanne[211] lassen sich keine allgemeingültigen Aussagen treffen, da die Anzahl untergeordneter Stellen stark von der Art der bearbeiteten Aufgabe abhängt.[212]

208 Vgl. hierzu auch Schuler/Henn (1999), S. 92.

209 Vgl. Taylor/Bain (1999), S. 106; o.V. (1998a), S. 15; Bundesministerium für Wirtschaft und Technologie (1999b), S. 2.

210 Vgl. Belt et al. (1999), S. 29 f.; Böse/Flieger (1999), S. 135.

211 Unter der Leitungsspanne (*span of control*) versteht man die Anzahl der einer Instanz direkt unterstellten Stellen, vgl. Kieser/Kubicek (1992), S. 151; Hentze/Brose (1985b), S. 62 f.

212 Insofern ist die im Zusammenhang mit dem Untersuchungsgegenstand, aber auch allgemein im

In der Regel handelt es sich bei der internen Call Center Organisation um eine auftragsspezifische Teamorganisation, in der typischerweise zehn bis zwanzig Agenten an einer begrenzten Aufgabe arbeiten.[213] Diese werden durch einen Team- oder Gruppenleiter geführt, der die fachliche und disziplinarische Verantwortung für die Arbeitsgruppen hat.[214] Die einzelnen Mitglieder dieser Teams sind zumeist räumlich so plaziert, daß ihre Arbeitsplätze zwar voneinander abgegrenzt sind, dennoch aber ein Austausch von Informationen über Arbeitsinhalte ermöglicht wird.[215] Supervisors nehmen vor allem Aufgaben der Qualitätssicherung wahr und sind den Teamleitern vorgesetzt. Durch die von der Technik bereitgestellten Möglichkeiten[216] können sie anhand von umfangreichen Kennzahlen die Arbeitsinhalte und -umfänge der Agenten steuern und auch aktiv in Gespräche eingreifen.[217] In Abhängigkeit von der Größe des Call Centers können Teamleitung und Supervisortätigkeit auch in einer Stelle zusammengefaßt sein.

5.3.3 Die Gestaltung der Ablauforganisation

5.3.3.1 Einführende Überlegungen

Die Gestaltung der Ablauforganisation wird hier unter prozessualen Gesichtspunkten diskutiert. Der Kerngedanke einer derartigen prozeßorientierten Sichtweise besteht darin, Prozesse als abgrenzbare Abläufe aufzufassen, die den Aufbau der Organisation bestimmen.[218] Prozesse sind Tätigkeits-, Aktivitäts-, Handlungs- oder Aufgabenfolgen, die in einem logischen Zusammenhang stehen und durch einen Prozeßbeginn und ein Prozeßende abgrenzbar sind.[219] GARVIN definiert Prozesse als "collections of tasks and

---

Rahmen der Diskussion neuartiger, "schlanker" Organisationsstrukturen, erhobene generelle Forderung nach einer Vergrößerung der Leitungsspanne, um eine weitgehende Selbststeuerung von Mitarbeitern zu erzielen, kontraproduktiv, da stets die unternehmensindividuellen Gegebenheiten zu berücksichtigen sind. Vgl. hierzu auch Hentze/Kammel/Lindert (1997), S. 515 f. DURR gibt als sinnvolle Größe für Leitungsspannen in Call Centern einen Wert zwischen 10 und 15 an, vgl. Durr (1996), S. 65.

213 Vgl. Richardson/Marshall (1999), S. 102; Belt et al. (1999), S. 30.

214 Vgl. Wiencke/Koke (1999), S. 99 f.

215 Vgl. Richardson/Marshall (1999), S. 102. Zu Fragen der ergonomischen Ausgestaltung von Call Center Arbeitsplätzen vgl. Richenhagen (1999), S. 379 ff. sowie Thieme/Steffen (1999), S. 104 f.

216 Vgl. Kap. 2.2.4 der vorliegenden Arbeit.

217 Vgl. Richardson/Belt/Marshall (2000), S. 363. Zu diesen Kontrollmöglichkeiten durch Vorgesetzte vgl. die Ausführungen in Kap. 5.4.5 der vorliegenden Arbeit.

218 Vgl. Sohl (1996), S. 10.

219 Vgl. Corsten (1996), S. 6.

activitities that together - and only together - transform inputs into outputs"[220]. Wesentliche Eigenschaften von Prozessen liegen darin, daß sie - interne oder externe - Kunden haben, für die sie ein Ergebnis von Wert generieren und daß sie als Regelkreise gestaltbar sind, denen Prozeßverantwortlichkeiten zugeordnet werden können.[221] PICOT, DIETL und FRANCK definieren Prozesse aus nutzenstiftender Perspektive. Demnach sind Prozesse "... Tätigkeitsfolgen, deren Integration zu einem abgeschlossenen Gesamtbearbeitungsprozeß zu deutlichen Zeit- und Kosteneinsparungen führen kann"[222]. Mit DAVENPORT und SHORT können Prozesse aufgefaßt werden als "a set of logically related tasks performed to achieve a defined business outcome"[223].

Eine solche Prozeßsicht wird auch im Dienstleistungsmanagement zunehmend eingenommen.[224] Dabei wird insbesondere die Notwendigkeit betont, die Abhängigkeiten zwischen Mitarbeitern, operationalen Prozessen und Kundeninteraktionen im Rahmen der Dienstleistungserstellung zu berücksichtigen und sichtbar zu machen.[225] Ein Verfahren zur Analyse und Abbildung von Prozessen im Dienstleistungsbereich stellt das sogenannte *Blueprinting* dar.[226] Hierunter versteht man "a sophisticated form of flowchart, showing each activity involved in service production and delivery and specifying the linkages among them"[227]. Durch die Erstellung eines solchen Flußdiagramms können dynamische Dienstleistungsprozesse in einer Art Momentaufnahme festgehalten und visualisiert werden.[228] Dabei läßt sich anhand der Dimensionen *complexity*, die die Anzahl von Arbeitsschritten innerhalb eines Prozesses beschreibt, sowie der *divergence* als Kennzeichen der möglichen Bandbreite von Ausführungsmöglichkeiten innerhalb eines Schrittes die vollständige Dienstleistungserbringung beschreiben.[229]

---

220 Garvin (1998), S. 33.
221 Vgl. Bullinger (1995), S. 782.
222 Picot/Dietl/Franck (1999), S. 270.
223 Davenport/Short (1990), S. 12.
224 Vgl. Engelhardt/Schnittka (1998), S. 922; Shostack (1985), S. 244 f.; Shostack (1987), S. 35.
225 Vgl. Lovelock/Wright (1999), S. 170; Grund (1998), S. 132.
226 Vgl. Shostack (1984), S. 133 ff.; Shostack (1987), S. 34 ff.; Engelhardt/Schnittka (1998), S. 927.
227 Lovelock/Wright (1999), S. 170.
228 Vgl. Shostack (1987), S. 35 f.
229 Vgl. Shostack (1987), S. 35; Lovelock/Wright (1999), S. 171.

Dieses Verfahren kann auch eingesetzt werden, um die Ablauforganisation innerhalb von Call Centern zu analysieren und zu gestalten. Insbesondere die Schnittstellenproblematik im Sinne der Frage, wie ein Call Center in die bestehenden Unternehmensprozesse zu integrieren ist, kann mit der Nutzung dieser Methode besser beantwortet werden.

5.3.3.2 Blueprinting als Hilfsmittel der Gestaltung von Call Center Prozessen

Eine zentrale Herausforderung bei der Nutzung von unternehmensinternen Call Centern besteht in der Integration in die Organisation der einsetzenden Unternehmung.[230] Insbesondere die Koordination zwischen dem Call Center und anderen Unternehmensbereichen ist für die Ausschöpfung realisierbarer Erfolgspotentiale wichtig.[231]

Mit Hilfe des blueprint Verfahrens können sowohl die einzelnen Prozeßschritte als auch die Schnittstellen zu anderen Unternehmensabteilungen analysiert und visualisiert werden.

Hierbei kommt es vor allen Dingen darauf an, zu analysieren, was hinter der sogenannten *line of visibility* liegt. Diese imaginäre Linie trennt denjenigen Teil der Leistungserstellung, der für einen Kunden sichtbar ist, von allen anderen Prozessen, die für die Leistungserbringung notwendig sind.[232] Gerade bei Call Center Leistungen läuft eine Fülle von Prozessen ab, die für den Kunden nicht sichtbar sind. Mit Hilfe eines Blueprints ist es für die einsetzende Unternehmung möglich, alle Prozesse, Schnittstellen und Abhängigkeiten systematisch zu analysieren, die für den Kundenkontakt und die Erbringung der vom Kunden wahrgenommenen Dienst- oder Serviceleistung eine Bedeutung haben.

230 Vgl. Clegg (1999), S. 41 und bereits Shostack (1985), S. 250.
231 Vgl. Meier (1997), S. 72.
232 Vgl. Kingman-Brundage (1995), S. 125; Shostack (1985), S. 245.

Die Schritte für die Erstellung eines Blueprints sind im einzelnen

- diagram all the components of a service so that the service can be clearly and objectively seen,
- identification of fail points (areas most likely to cause execution or consistency problems),
- setting execution standards (costs of service, performance criteria and tolerances),
- identification of all of the evidence that is available to the customer of the service.[233]

Für die Visualisierung ist es hilfreich, neben der *line of visibility* auch eine *line of interaction* zur Markierung derjenigen Stellen, an denen die eigentliche Interaktion stattfindet, und eine *line of internal interaction* zur Kenntlichmachung interner Schnittstellen zu verwenden.[234]

Die folgende Abbildung veranschaulicht beispielhaft einen stark vereinfachten blueprint eines Teilprozesses im Call Center.

Abb. 5.6 : Beispielhafter Blueprint eines Call Center Prozeßablaufes

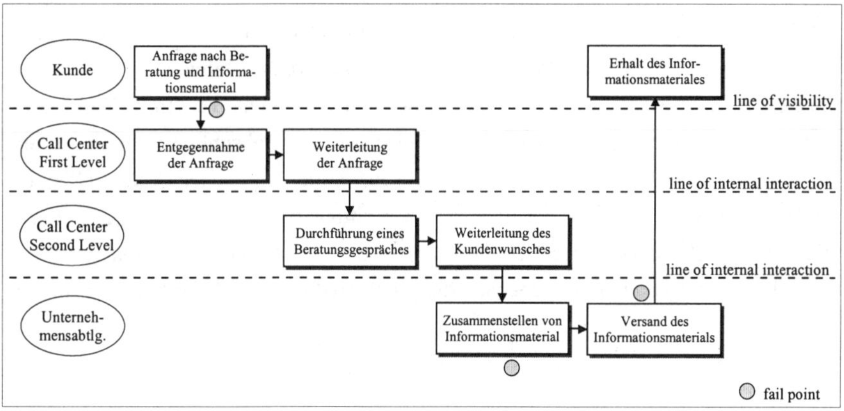

Quelle: Eigene Darstellung

233 Vgl. Shostack (1985), S. 247 f.
234 Vgl. Botschen/Bstieler/Woodside (1996), S. 30 ff.; Kingman-Brundage (1995), S. 125.

Diese Darstellung visualisiert ein einfaches Beispiel aus dem Finanzdienstleistungsbereich in Form einer Kundenanfrage nach einer Beratung sowie der Zusendung von Informationsmaterial. Durch die Visualisierung können alle Prozesse dargestellt werden, die zur Bearbeitung notwendig sind und die größtenteils hinter der *line of visibility* liegen, für den Kunden also nicht sichtbar sind. Durch die Identifikation von *fail points* können Bereiche herausgearbeitet werden, bei denen eine ungenügende Bearbeitung in besonderem Maße negative Auswirkungen auf die wahrgenomme Gesamtleistung hat. In diesem Fall kann beispielsweise die fehlerhafte oder verzögerte Versendung des Informationsmaterials die Gesamtleistung in negativer Weise prägen. Durch den Einsatz der blueprint Technik kann das Verständnis für die Interdependenzen zwischen den einzelnen Prozeßschritten geweckt werden.

Neben den angesprochen Einsatzmöglichkeiten kann das Blueprinting auch als Basis für eine Konkurrenzanalyse oder ein Benchmarking dienen, indem die unternehmensinternen Abläufe mit denen von Wettbewerbern verglichen werden.[235]

5.3.3.3 Ein- versus mehrstufige Bearbeitungsstruktur

Wie anhand der obigen Ausführungen deutlich wird, besteht ein wesentliches Charakteristikum der internen Organisationsstrukturierung von Call Centern in der Unterscheidung zwischen sogenannten *front-office* und *back-office* Bereichen.[236] Hierdurch können ein- oder mehrstufige Bearbeitungsstrukturen erreicht werden.[237] Ziel dieser Unterteilung ist es, eingehende Anrufe möglichst sofort und abschließend in der ersten Bearbeitungsstufe zu lösen. Nur bei spezifischen und komplexen Fragestellungen erfolgt eine Bearbeitung auf der zweiten Bearbeitungsstufe durch höherqualifizierte Mitarbeiter.[238] Der back-office Bereich kann dabei sowohl eine Teileinheit innerhalb des Call Centers als auch eine Fachabteilung außerhalb des Call Centers sein. In der

---

235 Vgl. Engelhardt/Schnittka (1998), S. 927 f.

236 Vgl. hierzu auch Denger/Wirtz (1999), S. 94; Kruse (1998), S. 16; Böse/Flieger (1999), S. 134; Haunschild/Koch (1999), S. 215; Thieme/Steffen (1999), S. 131. Diese Unterteilung kann auch als *first-level* und *second-level* bezeichnet werden.

237 Vgl. Denger/Wirtz (1999), S. 94.

238 Nippa und Hachenberger weisen in diesem Zusammenhang auf die Gefahr eines Entstehens einer "Zwei-Klassen-Gesellschaft" im Call Center hin, vgl. Nippa/Hachenberger (1999), S. 21.

Regel werden im back-office Bereich Gruppen gebildet, die nach bestimmten Kriterien - beispielsweise Fachwissen, Produktgruppen etc.- gleichartige Aufgaben übernehmen.

Für eine Zuordnung der einzelnen Tätigkeiten auf diese beiden Bereiche ist eine Analyse der Strukturiertheit der anfallenden Aufgaben sinnvoll. Unter Strukturiertheit versteht man das Ausmaß, in dem ein Problem in exakte Lösungsschritte zerlegbar ist.[239] NIPPA liefert ein Schema zur Analyse von Aufgaben, das hier angewendet werden kann. Demnach lassen sich Aufgaben anhand ihrer formalen Merkmale in verschiedene Aufgabentypen unterteilen.[240] Im einzelnen können Einzelfallaufgaben, sachbezogene Aufgaben sowie Routineaufgaben unterschieden werden.[241] Einzelfallaufgaben stellen in den Dimensionen der formalen Aufgabenmerkmale (z.B. Komplexität, Dynamik, Tragweite), der funktionalen Anforderungen (z.B. Informations- und Kommunikationsbedarf) sowie dem Flexibilitätsbedarf im Sinne von Handlungs- und Gestaltungsspielräumen hohe Anforderungen an die ausführenden Mitarbeiter.[242] In diesen Dimensionen verlangen sachbezogene Regelaufgaben niedrige Anforderungen und Routineaufgaben sehr niedrige Anforderungen. In der Regel werden Routineaufgaben wie etwa einfache Anfragen von Mitarbeitern der ersten Bearbeitungsstufe ausgeführt, während komplexere Fragestellungen, die sachbezogen oder auch einzelfallbezogen sein können, von Mitarbeitern der zweiten Bearbeitungsstufe abgewickelt werden.[243]

Die Weiterleitung von eingehenden Anrufen zwischen front-office und back-office Bereich kann dabei anhand folgender Kriterien vorgenommen werden:

- Strukturiertheit (Lösbarkeit/Komplexität) der Aufgabe,
- benötigtes Qualifikationsprofil des Agenten,
- Kundenmerkmale (z.B. Segment des Kunden).[244]

---

239 Vgl. Pribilla/Reichwald/Goecke (1996), S. 14.

240 Vgl. Nippa (1988), S. 92 ff.

241 Vgl. Nippa (1988), S. 93.

242 Vgl. Nippa (1988), S. 176.

243 Mitarbeiter der ersten Bearbeitungsstufe können als *routine worker* bezeichnet werden, während Mitarbeiter der zweiten Bearbeitungsstufe als *knowledge worker* gelten können. Diese Typen stellen idealtypisch jeweils entgegengesetzte Endpole in den Dimensionen Wissen, Kreativität und Fertigkeiten dar, vgl. Korczynski/Shire/Frenkel/Tam (1996), S. 73.

244 Hierfür bildet die Funktionalität der ACD-Anlage, ein skill-based oder customer-based routing

Insbesondere im Finanzdienstleistungsbereich sind Weiterleitungen anhand von Kundenmerkmalen anzutreffen. Beispielsweise verteilt eine Bank die eingehenden Anrufe je nach Segment des Anrufers an verschiedene Bearbeitern, die eine dem Kundenanliegen entsprechende Qualifikation aufweisen.[245]

Die arbeitsteilige interne Organisationsgestaltung in Call Centern kann problematische Auswirkungen haben. So besteht insbesondere die Möglichkeit des Entstehens von tayloristischen Arbeitsstrukturen durch die Mengenteilung im Bereich des front-office sowie die Aufgabenteilung im Bereich des back-office.[246] Im Hinblick auf diese mögliche Entwicklung wird auf die Gefahr eines Neo-taylorismus[247] bei zu eng abgegrenzten Aufgabenbereichen hingewiesen.[248] In diesem Zusammenhang bezeichnen REICHWALD ET AL. Call Center-Konzepte mit Verweis auf die angloamerikanische Unternehmenspraxis als "Tele-Taylorismus"[249].

Ein weiteres wichtiges Handlungsfeld in bezug auf die organisatorische Ausgestaltung des Call Centers besteht in dessen Evaluation. Wegen der turbulenten Umweltentwicklung ist das eigene Call Center ständig mit anderen Call Centern zu vergleichen. Dieses sollte nicht nur branchenintern, sondern vor allem auch branchenübergreifend geschehen, da aus Kundensicht Erfahrungen mit Call Centern aus verschiedenen Branchen miteinander verglichen werden. Insbesondere durch die vermutlich weiter fortschreitende rasante Entwicklung der Informations- und Kommunikationstechniken werden

---

vorzunehmen, eine Grundvoraussetzung, vgl. Kap. 2.2.4 der vorliegenden Arbeit.

245 Vgl. Peppers/Rogers (1999), S. 26.

246 Der Begriff Taylorismus geht zurück auf den amerikanischen Ingenieur FREDERICK W. TAYLOR, der als Begründer des *scientific management* mit Methoden der Analyse und Zerlegung von Arbeitsprozessen und mit Hilfe sozial-mechanistischer Annahmen einen Produktivitätszuwachs in der Produktion erzielte, vgl. Kieser/Kubicek (1992), S. 38; Staehle (1999), S. 23 f.; Picot/Reichwald/Wigand (1998), S. 211; Osterloh/Frost (1996), S. 22 f. Aufgrund der durch die Teilung der Arbeit in kleine Einheiten bedingten repetitiven, einseitig belastenden und fremdbestimmten Form der Arbeit wird der Ansatz von TAYLOR als Inbegriff inhumaner Arbeitsgestaltung angesehen und ist daher erheblicher Kritik ausgesetzt, vgl. Hentze (1994), S. 32.

247 Der Verweis auf einen Neo-Taylorismus wird von SCHOLZ in einem generellen Zusammenhang als "Totschlagsargument in der (wissenschaftlichen) Diskussion" (Scholz (1997), S. 157) abgetan. Dennoch kann kein Zweifel bestehen, daß die Nachteile des *scientific managements* insbesondere in diesem Bereich verstärkt auftreten können und keine wünschenswerten Effekte aufweisen.

248 Vgl. Nippa (1999), S. 93; Taylor/Bain (1999), S. 109; Richardson (1998), S. 11; Richardson/Belt/Marshall (2000), S. 358.

249 Reichwald et al. (1998), S. 225; vgl. auch Arkin (1997), S. 22.

Art, Frequenz und Umfang von Kundenkontakten zukünftig weiteren starken Veränderungen unterworfen sein. Daher ist es entscheidend, die Grundlagen zu schaffen, solchen Veränderungen flexibel folgen zu können, um ein sich änderndes Interaktionsverhalten auch zukünftig bewältigen zu können. Von großer Bedeutung ist hierbei zum einen die Flexibilität der IT-Infrastruktur, zum anderen aber auch die Verankerung der Call Center Organisation im Strategie- und Zielsystem der Unternehmung. Im Falle eines Outsourcing sind insbesondere die Leistungen des Dienstleisters fortlaufend zu kontrollieren. Dies kann mit Hilfe von Kundenzufriedenheitsstudien geschehen, bei denen Anrufer zufällig befragt werden.[250]

5.3.4 Exkurs: Telearbeit als Form der Call Center Organisation

In der Diskussion organisatorischer Gestaltungsoptionen für Call Center gewinnt die Telearbeit als Form der Arbeitsorganisation eine zunehmende Bedeutung.

Unter *Telearbeit* versteht man "... alle Formen der verteilten Aufgabenbewältigung unter Nutzung raum- und zeitüberbrückender Telemedien"[251]. Die charakteristische Dezentralität wird durch Informations- und Kommunikationstechniken ermöglicht, die eine telekommunikative Übermittlung von Arbeitsergebnissen zulassen.[252] Als "mediengestützte dislozierte Aufgabenbewältigung"[253] tritt Telearbeit in vielen Ausprägungsformen auf.[254]

Obgleich diese Form der Arbeitsorganisation seit vielen Jahren von öffentlicher und privater Seite stark gefördert wird, ist die Telearbeit in Deutschland, zumal im internationalen Vergleich, in der Unternehmenspraxis nur gering verbreitet.[255] Im Zusammen-

250 Vgl. Goodman/Ward/Broetzmann (1999), S. 8.
251 Vgl. Reichwald et al. (1998), S. 79.
252 Vgl. Saner (1992), S. 7.
253 Reichwald/Möslein (1996), S. 693.
254 Vgl. Polak (1998), S. 4 ff.; Reichwald/Möslein (1998), S. 147; Pribilla/Reichwald/Goecke (1996), S. 124 ff.; Godehardt (1994), S. 40 f.
255 Vgl. Brandes (1999), S. 42; Reichwald/Möslein (1998), S. 147. NIPPA kritisiert, daß die Telearbeit "... wenig nachprüfbare Fortschritte macht und über immer wieder zitierte Vorzeigeprojekte nicht hinausgekommen ist" (Nippa (1999), S. 86).

hang mit dem Untersuchungsgegenstand Call Center ist diese Arbeitsform jedoch in besonderem Maße interessant, da ihre Charakteristika den Anforderungen an Call Center Aufgaben in besonderer Weise entgegenkommen.

Die räumliche Flexibilisierung der Arbeitsorganisation durch Telearbeit kann in die in der folgenden Abbildung dargestellten Grundformen unterschieden werden. Diese Systematisierung bedeutet eine Erweiterung des herkömmlich assozierten Begriffsinhaltes von Telearbeit als stationäre Teleheimarbeit abhängig Beschäftigter und fokussiert auf eine räumliche Arbeitsplatzverlagerung.[256]

Abb. 5.7 : Grundformen der räumlichen Flexibilisierung von Arbeitsstätten

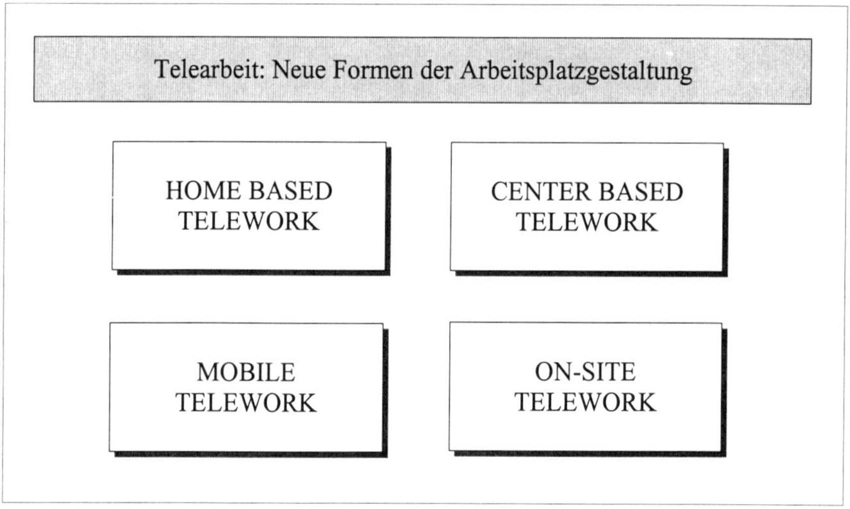

Quelle: Reichwald/Möslein (1998), S. 148

Home-based telework bezeichnet alle Formen von Telearbeit, die vom häuslichen Arbeitsplatz ausgeübt werden.[257] Diese Ausprägungsform stellt die reine Form von Telearbeit dar und bedeutet die Verlegung des betrieblichen Arbeitsplatzes in den pri-

256 Vgl. Reichwald/Möslein (1998), S. 147.
257 Vgl. Reichwald et al. (1998), S. 81.

vaten, häuslichen Bereich mit der Folge einer Integration von Arbeiten, Wohnen und privatem Alltag.[258] Für diese Form der Telearbeitgestaltung wird in der Literatur insbesondere die Gefahr einer sozialen Isolation der Telearbeiter gesehen.[259]

Center-based telework umfaßt alle Form der Bündelung von Telearbeitssplätzen in Telezentren, die in Telearbeitszentren und Teleservicezentren unterschieden werden können.[260] Telearbeitszentren stellen eine Bündelung ausgelagerter Arbeitsstätten von Unternehmen dar, während Teleservicezentren als selbständige Organisationen Dienstleistungen für entfernte Auftraggeber anbieten.[261]

Mobile telework ist durch eine völlige Loslösung von einer Bindung an Standorte charakterisiert und bezeichnet somit das ortsunabhängige Arbeiten an einem mobilen Arbeitsplatz.[262] Typische Anwendungsbereiche liegen im Bereich von Außendienst- und Vertriebstätigkeiten, bei denen insbesondere die Nutzung mobiler EDV-Geräte zur Unterstützung von Planungs- und Abwicklungsaufgaben im Rahmen von Verkaufsprozessen, dem sogenannten *Computer Aided Selling*[263], große Potentiale für Telearbeitsformen generieren.[264]

On-site telework bezeichnet diejenige Form der räumlichen Arbeitsplatzverlagerung, bei der Telearbeiter am Standort des Geschäftspartners - beispielsweise Unternehmensberater am Standort des Kunden - tätig sind.[265]

Für eine umfassende Beschreibung von telearbeitsinduzierten Arbeits- und Organisationsformen reichen die Kriterien der räumlichen Ausgestaltung jedoch nicht aus.[266]

---

258 Vgl. Polak (1998), S. 22.
259 Vgl. Brandes (1999), S. 13.
260 Vgl. Reichwald/Möslein (1998), S. 148.
261 Vgl. Reichwald/Möslein (1998), S. 148. Erstere werden auch als *Satellitenbüros,* letztere auch als *Nachbarschaftsbüros* bezeichnet, vgl. Polak (1998), S. 23 f.; Brandes (1999), S. 10 f.
262 Vgl. Polak (1998), S. 24; Reichwald/Möslein (1998), S. 148.
263 Vgl. beispielsweise Link/Hildebrand (1993).
264 Vgl. Brandes (1999), S. 13.
265 Vgl. Reichwald/Möslein (1998), S. 148.
266 Vgl. Reichwald et al. (1998), S. 83.

Für die hinreichende Definition von Telearbeitsformen müssen noch die Kriterien der Arbeitszeit (z.B. Vollzeit versus Teilzeit, festgelegt versus variabel, permanent versus alternierend), der vertraglichen Regelung (z.B. angestellt versus freiberuflich) sowie der technischen Infrastruktur (z.B. Online versus Offline Telearbeit) herangezogen werden.[267] Da im Rahmen dieser Arbeit lediglich Telearbeit als organisatorische Umsetzungsalternative diskutiert wird, haben diese Kriterien für die Untersuchung nur geringe Bedeutung und werden nicht weiter erörtert.

Ein Überblick über konstitutive Merkmale der Telearbeit veranschaulicht sowohl ihre Eignung für die Erbringung von Call Center Leistungen als auch die inhaltliche Nähe dieser beiden Organisationsformen.[268]

Brandes identifiziert die folgenden Merkmale von Telearbeit:

- Telearbeit ist eine regelmäßig durchgeführte Erwerbsarbeit,
- bedarf der Nutzung von Hilfsmitteln der modernen Informations- und Kommunikationstechnologien,
- ist räumlich flexibel, d.h. eine von einer zentralen Arbeitsstätte (teilweise) getrennte, dezentralisierte Arbeit,
- findet konkret zu Hause oder in der Nähe des Wohnortes der Arbeitskräfte statt und
- stellt eine neue Form der Arbeitsorganisation dar.[269]

Formen der Telearbeit, denen im Zusammenhang mit dem Untersuchungsgegenstand eine Bedeutung zukommt, sind insbesondere die home-based telework sowie die center-based telework.

Die begriffliche Nähe der beiden Organisationsformen Telearbeit und Call Center wird besonders im Fall der center-based telework deutlich. Hierbei handelt es sich im

[267] Vgl. Reichwald et al. (1998), S. 83 ff.; Reichwald/Möslein (1998), S. 149.
[268] Zu den Gemeinsamkeiten vgl. auch Bullinger (1998b), S. 29.
[269] Vgl. Brandes (1999), S. 7 f.

Grunde um den Fall, daß die Zusammenfassung von Call Center Arbeitsplätzen an einem unternehmensfernen Ort erfolgt. Insofern stellt diese Ausprägungsform eine ausgelagerte Call Center Abteilung dar.

Insbesondere die home-based telework ist für den Einsatz im Zusammenhang mit Call Center Konzepten geeignet und kann durch sie weitere Impulse erfahren. Erhebliche Potentiale für den Einsatz von Telearbeitern im Call Center Umfeld liegen im Bereich nicht vorhersehbarer Anrufvolumenschwankungen. So können in solchen Spitzenzeiten, in denen mehr Anrufe als vorhergesehen eingehen, die Überlasten flexibel auf Telearbeiter verteilt werden. Die technologischen Möglichkeiten für den Einsatz von *home agents* sind dabei bereits gegeben.[270] So sind Call Center Systeme in der Lage, eingehende Anrufe an dezentrale Standorte zu verteilen. Somit ist es unerheblich, ob der Agent räumlich in einem Call Center lokalisiert ist oder als Telearbeiter von einem häuslichen Arbeitsplatz aus agiert.[271]

Vor dem Hintergrund der schwierigen Personalbeschaffung für Call Center[272] kann Telearbeit darüber hinaus ein Instrument der Personalbeschaffung sein. So ist es denkbar, daß Arbeitskräfte, die nicht bereit wären, in einem Call Center zu arbeiten, diese Tätigkeit von einem Heimarbeitsplatz ausüben würden. In diesem Fall könnte durch Telearbeit die Attraktivität des Arbeitsplatzes verbessert und so die Entscheidungssituation potentieller Mitarbeiter positiv beeinflußt werden.[273]

Im Einklang mit obigen Ausführungen wird in praxi und in der Literatur allgemein damit gerechnet, daß Call Center die Diffusion von Telearbeit stark begünstigen werden.[274] Momentan ist der Verbreitungsgrad von Telearbeit in deutschen Call Centern jedoch noch nicht groß.[275]

---

270 Vgl. Cusack (1998), S. 5 f.
271 Vgl. kritisch Richardson (1998), S. 21.
272 Vgl. im einzelnen Kap. 5.4.3. der vorliegenden Untersuchung.
273 Vgl. Godehardt (1994), S. 193.
274 Vgl. beispielsweise Nippa (1999), S. 86.
275 8 % der deutschen Call Center setzen sogenannte *home agents* ein, vgl. o.V. (1998a), S. 15. In den Vereinigten Staaten liegt der Anteil mit 7 % ebenfalls niedrig, vgl. Anton (1998), S. 5-4.

5.4 Personalwirtschaftliche Aspekte des Call Center Einsatzes

5.4.1 Einführende Überlegungen

Dem Faktor Personal und damit dem Management der Human Resources wird insbesondere für den Dienstleistungsbereich eine besondere Bedeutung zugesprochen.[276] Dabei besteht die Gefahr, daß die Mitarbeiter zum Engpaßfaktor werden.[277] Diese große Bedeutung gilt auch in hohem Maße für das Untersuchungsobjekt. Daher erscheint es verwunderlich, daß die Bedeutung personalwirtschaftlicher Aspekte insbesondere in deutschen Call Centern oftmals verkannt werden.[278] BIEHLER und VOGL berichten von Praxisbeispielen, in denen die Ansiedlung von Call Centern mit dem Hinweis auf eingeschränkte Sozialleistungen beworben wird.[279] Dabei liegen insbesondere im Bereich des Personals erhebliche Potentiale für eine Verbesserung heutiger Call Center Leistungen.[280] In empirischen Studien wird die dominierende Rolle des Faktors Personal für den erfolgreichen Einsatz von Call Center Anwendungen bestätigt.[281] EVENSON, HARKER und FREI weisen anhand empirischer Untersuchungen im Finanzdienstleistungsbereich einen signifikanten Einfluß personalwirtschaftlicher Instrumente auf erfolgreiche Dienstleistungsinteraktionen in Call Centern nach.[282] HUTCHINSON, PURCELL und KINNIE ermitteln in einer Fallstudie einen positiven Effekt personalwirtschaftlicher Instrumente auf die Mitarbeiterzufriedenheit, Fehlzeiten, Fluktuation sowie die Kundenzufriedenheit mit Call Center Leistungen.[283]

Wegen der hohen Bedeutung mitarbeiterbezogener Aspekte werden im folgenden personalwirtschaftliche Entscheidungs-, Gestaltungs- und Problemfelder behandelt, die einen Einfluß auf den Untersuchungsgegenstand haben können.

---

276 Vgl. Bitran/Hoech (1990), S. 89; Normann (1991), S. 59 ff.; Schneider/Bowen (1993), S. 39 ff.; Lovelock (1995b), S. 204 ff.; Lehmann (1995), S. 45 f.; Stauss (1995), S. 259; Hentze/Lindert (1998), S. 1011 f.; Becker/Günther (1998), S. 753; Bruhn/Meffert (1998b), S. 17; Meffert (1998), S. 975; Lovelock/Wright (1999), S. 328 ff.; von der Oelsnitz (1999), S. 387.

277 Vgl. Becker/Günther (1998), S. 753.

278 Vgl. Festing/Groening (1997), S. 53; Schuler/Pabst (2000), S. XV; o.V. (1998b), S. 5; Schuler/Lütze/Wecker (1999), S. 54; Martin (1998), S. 137; o.V. (1998b), S. 5.

279 Vgl. Biehler/Vogl (1999), S. 267.

280 Vgl. Schrick (1999), S. 337; Carwardine (1996), S. 517; Wetzels/de Ruyter (1999), S. 230.

281 Vgl. Halves/Klagge (1999), S. 111.

282 Vgl. Evenson/Harker/Frei (1999), S. 9 f.

283 Vgl. Hutchinson/Purcell/Kinnie (2000), S. 74 ff.

Der Begriff *Personalwirtschaft* oder *Personalmanagement* kennzeichnet den gesamten Aufgabenbereich, der sich mit personellen Fragen in Unternehmen beschäftigt.[284] Die Träger der unternehmerischen Personalwirtschaft als aktiver und integrierter Teil des gesamten Managementprozesses gestalten mit Hilfe personalwirtschaftlicher Instrumente den Einsatz von Personal im Einklang mit den Oberzielen einer Unternehmung.[285] Die Personalwirtschaft hat die Bereitstellung, den zielorientierten Einsatz sowie die Steuerung des Verhaltens von Personal zum Gegenstand.[286]

5.4.2 Zur Bedeutung personalwirtschaftlicher Aspekte in Call Centern

5.4.2.1 Die Bedeutung des Mitarbeiterverhaltens als Qualitätsindikator

Die große Wichtigkeit einer aktiven Einflußnahme auf das Verhalten der Mitarbeiter durch das Personalmanagement einer Unternehmung ergibt sich in erster Linie aus der Bedeutung, die die Beurteilung des Mitarbeiterverhaltens durch den Nachfrager für die Beurteilung des gesamten Unternehmens erfährt. Wegen der besonderen Eigenschaften von Dienstleistungen[287] ist dies insbesondere im Dienstleistungsbereich relevant.

Es finden sich in der Literatur zahlreiche Belege und Studien dafür, daß das wahrgenommene Verhalten des Kundenkontaktpersonals einen entscheidenden Einfluß auf die Beurteilung der Dienstleistungsqualität und darüber hinaus unter Umständen der gesamten Unternehmensleistung hat.[288] Hartline und Ferrell weisen empirisch nach, daß die Mitarbeiter-Kunden Schnittstelle die wichtigste Determinante der wahrgenommenen Dienstleistungsqualität darstellt.[289] Auch Lewis und Gabrielsen verweisen auf

[284] Vgl. Hentze (1994), S. 25; Scholz (2000), S. 83 f.; Drumm (1995), S. 9 f.; Berthel (2000), S. 9; Wunderer (1995), S. 460 f.

[285] Vgl. Hentze (1994), S. 71 f.; Drumm (1995), S. 9; Scholz (2000), S. 1. Zu einzelnen personalwirtschaftlichen Zielen und ihrer Einbindung in das Zielsystem einer Unternehmung vgl. ausführlich Hentze (1994), S. 60 ff. sowie Drumm (1995), S. 24 ff.

[286] Vgl. Weber (1993b), S. 8.

[287] Vgl. die Diskussion in Kap. 2.1 der vorliegenden Arbeit.

[288] Vgl. Bowen/Schneider (1985), S. 128; Bitner/Booms/Tetreault (1990), S. 72; Grund (1998), S. 43; Murmann (1999), S. 34; Hartline/Ferrell (1996), S. 52; Grönroos (1990a), S. 43 f.; Hensel (1990), S. 43 f.; Lehmann (1998), S. 80 f.; Parasuraman/Berry/Zeithaml (1991), S. 43 f.; Schöber (1997), S. 142; Surprenant/Solomon (1987), S. 87.

[289] Vgl. Hartline/Ferrell (1996), S. 63.

die überragende Bedeutung des Mitarbeiterverhaltens, "... as the quality of interaction between employees and customers is a prime determinant of the customers' perceptions of service quality"[290].

Einen wesentlicher Bestimmungsfaktor der Dienstleistungsqualität stellt das Mitarbeiterverhalten während der Interaktionssituation dar.[291] Die Beurteilung der Kundeninteraktion durch den Kunden in diesem sogenannten *Augenblick der Wahrheit* oder *moment of truth*[292] als "... a point in service delivery where customers interact with service employees"[293] bildet eine Qualitätsindikatorfunktion für die mögliche Gesamtheit aller Leistungen. Damit kann die Kundeninteraktion als ein Surrogat der Beziehung zum Unternehmen aufgefaßt werden.[294]

Insbesondere bei Dienstleistungen, bei denen ein hoher Interaktionsgrad zwischen Anbieter und Kunden besteht, hat das Kundenkontaktpersonal eine entscheidende Bedeutung für die Qualitätswahrnehmung der Nachfrager.[295] Das Qualitätsurteil des Kunden sowie seine Einstellung zum Unternehmen wird um so mehr vom wahrgenommenen Verlauf der Interaktion bestimmt, je höher die Interaktionsintensität ist.[296] NORMANN weist darauf hin, daß auch bei hochgradig standardisierten Dienstleistungen die Qualität der Leistungserbringung in hohem Maße von der Leistung des einzelnen Mitarbeiters abhängt.[297]

Wie oben dargelegt handelt es sich bei Call Center Leistungen um persönlich- bzw. problemorientiert-interaktive Dienst- oder Serviceleistungen. Aus diesem Grund gelten

---

290 Lewis/Gabrielsen (1998), S. 84.

291 Vgl. Grönroos (1990a), S. 42; Stauss (1995), S. 259 ff.; Schmengler (1997), S. 34 f.

292 Dieser Ausdruck vom "... moment of truth, when the service provider and the service customer confront one another in the arena" (Normann (1991), S. 17) geht auf eine Veröffentlichung NORMANNS Ende der siebziger Jahre zurück und wurde durch den ehemaligen Vorstandsvorsitzenden von Scandinavian Airlines JAN CARLZON populär, vgl. Carlzon (1988).

293 Lovelock/Wright (1999), S. 54.

294 Vgl. Grund (1998), S. 42.

295 Vgl. Meffert (1998), S. 980.

296 Vgl. Stauss (1995), S. 259.

297 Vgl. Normann (1991), S. 17.

die obigen Ausführungen auch in besonderem Maße für Kundenkontakte im Rahmen von Call Center Interaktionen.

Die zentrale Bedeutung eines Personalmanagements im Call Center leitet sich schließlich aus der Tatsache ab, daß die Beurteilung der Qualität einer erbrachten Dienst- oder Serviceleistung durch den Nachfrager aufgrund ihrer Immaterialität nicht ex ante, sondern nur ex nunc oder ex post erfolgen kann.[298] Demnach sind die Einflußmöglichkeiten der Unternehmensleitung bzw. des Managements auf die Mitarbeiter während der Interaktion stark limitiert.[299] Um so wichtiger sind daher Versuche einer ex ante Beeinflussung in Form von personalwirtschaftlichen Gestaltungsaufgaben zu bewerten.

5.4.2.2 Arbeitsbedingungen und Fluktuation

Nicht nur die hohe Bedeutung, die das Mitarbeiterverhalten für die Qualitätswahrnehmung von Kunden während Call Center Interaktionen hat, erfordern den Einsatz personalwirtschaftlicher Instrumente. Vielmehr wird auch durch die äußeren Arbeitsbedingungen, denen Mitarbeiter in Call Centern ausgesetzt sind, die Bedeutung eines systematischen Personalmanagements evident.

Arbeitsbelastungen entstehen aus dem Arbeitsinhalt und der Umgebung und können durch physische Belastungen, psychische Belastungen, Umweltfaktoren (z.B. Hitze, Lärm) sowie besondere Aufgabenfaktoren (z.B. Zeitdruck, Eintönigkeit) ausgelöst werden.[300]

Physische Belastungen der Mitarbeiter sind eng an die Umweltbedingungen geknüpft. In für Call Center typischen Großraumbüros bildet die Lärmbelästigung eine erhebliche Belastung. Die durch Stellwände zur Lärmreduzierung erhoffte Verringerung äußerer Stressoren kann die physische Belastung zumeist jedoch nicht vermeiden. Weitere physische Belastungsdeterminanten bilden ergonomisch nicht optimale Arbeits-

298 Vgl. Corsten (1995), S. 203.
299 Vgl. Normann (1991), S. 17.
300 Vgl. Hentze (1980), S. 3.

plätze sowie die Tatsache, an einem Bildschirmarbeitsplatz permanent kommunizieren zu müssen.[301]

Als Folge der Zielsetzung, eine ständige Erreichbarkeit zu gewährleisten, kommt es, insbesondere bei von Outsourcing Dienstleistern betriebenen Call Centern, in erheblichem Umfang zu Schichtarbeit.[302] Die physiologischen Belastungen der Schichtarbeit können vielfältige negative Auswirkungen nach sich ziehen.[303]

Psychische Belastungen der Mitarbeiter ergeben sich insbesondere durch die besonderen Aufgabenfaktoren der Call Center Arbeit. Die tendenzielle Gleichförmigkeit der Kundengespräche sowie die Tatsache, einem permanenten Kundenkontakt ausgesetzt zu sein, sind Stressoren, die psychisch belastend sein können.[304] Bedingt durch die technologische Ausgestaltung von Call Centern haben Mitarbeiter oftmals nur geringe Handlungs- und Zeitspielräume.[305] Durch vorgegebene Skripts und Bildschirmmasken sind Arbeitsschritte oft stark vorstrukturiert.[306] Insbesondere im outbound Bereich sind durch den Einsatz automatischer Anwahlsysteme, die automatisiert Verbindungen herstellen, die Handlungsmöglichkeiten der Agenten begrenzt. Aus der permanenten Initiierung neuer Gespräche können erhebliche Belastungen resultieren. Die Belastungen nehmen dabei mit einer Erweiterung von Aufgabenanforderungen und Handlungsspielräumen ab.[307] Psychische Belastungen können sich zudem daraus ergeben, daß Mitarbeitern in der Regel keine festen Arbeitsplätze zugewiesen werden und daraus die Notwendigkeit eines ständigen Wechsels des Arbeitsplatzes resultiert. Erhebliche Belastungen können zudem davon ausgehen, daß Kunden in ihrem Verhalten gegenüber den Kundenkontaktpersonal unfreundlich oder fordernd agieren können. So ist insbesondere beim Einsatz von Call Centern im Rahmen eines Beschwerdemanagements davon auszugehen, daß Anrufer eine kompetitive bis feindselige Gesprächseröffnung wählen.[308]

301 Vgl. Tammen (1998), S. 4; Rouzer (2000), S. 142.
302 Vgl. Richardson (1998), S. 63; Isic/Dormann/Zapf (1999), S. 204; Scholz (2000), S. 604.
303 Vgl. Hentze (1995), S. 245.
304 Vgl. Taylor/Bain (1999), S. 198; Isic/Dormann/Zapf (1999), S. 202.
305 Vgl. Isic/Dormann/Zapf (1999), S. 206.
306 Vgl. Taylor/Bain (1999), S. 109; Belt et al. (1999), S. 30.
307 Vgl. Scherrer/Wieland (1999), S. 221 f.
308 Vgl. Schöber (1997), S. 55.

Das Vorliegen derartiger Arbeitsbedingungen kann die hohen Fluktuationsraten in Call Centern erklären helfen, die bei bis zu 30 % im Jahr liegen können.[309]

5.4.2.3 Kosten

Die Bedeutung des Einsatzes personalwirtschaftlicher Methoden in Call Centern veranschaulicht weiterhin ein Blick auf die Kostenarten und ihre Größen. Nach verschiedenen Untersuchungen machen Personalkosten bis zu zwei Drittel der Gesamtkosten aus.[310] Auch die Tatsache, daß viele Call Center große Probleme haben, ihren Personalbedarf zu decken und hierfür hohe Kosten anfallen, unterstreicht die Bedeutung personalwirtschaftlicher Anstrengungen.[311] Um so widersprüchlicher erscheint vor diesem Hintergrund beispielsweise das Verhalten mancher Call Center einsetzender Unternehmen, das an frühindustrielle Praktiken erinnert. So ist aus den USA unter der Umschreibung *burn 'em and churn 'em* die Praxis bekannt, Mitarbeiter systematisch ausbrennen zu lassen, ihre Kündigung bewußt in Kauf zu nehmen und dann neue Mitarbeiter einzustellen.[312] Auch in der deutschen Unternehmenspraxis wird verschiedentlich die Auffassung geäußert, daß eine hohe Fluktuation durchaus gewünscht sei, weil ein "Bedarf an jungen, unverbrauchten Arbeitskräften bestehe"[313]. Eine hohe Fluktuationsrate erzeugt hohe Kosten für Personalbeschaffung, Einarbeitung und Einführung neuer Mitarbeiter und ist daher aus betriebswirtschaftlicher Sicht möglichst zu vermeiden.

Für die nun folgende Diskussion personalwirtschaftlicher Handlungsfelder werden aus der von HENTZE vorgeschlagenen funktionalen Gliederung der Personalwirtschafts-

309 Vgl. Taylor/Bain (1999), S. 110; Semmer (2000), S. 217 ff. Ein Teil der Fluktuation ist auch durch den hohen Anteil an Zeitarbeitspersonal - etwa Studenten - zu erklären. SCHLESINGER und HESKETT warnen in diesem Zusammenhang vor einem *cycle of failure*, der als Folge hoher Fluktuation und Mitarbeiterunzufriedenheit entstehen kann, vgl. Schlesinger/Heskett (1991), S. 17 ff.

310 Vgl. Kap. 5.2.2 der vorliegenden Untersuchung.

311 So werden in Stellenanzeigen in großem Umfang Mitarbeiter für Call Center gesucht. Auch wenn nicht gänzlich auszuschließen ist, daß es sich hierbei auch um Imageanzeigen handeln könnte, läßt dies Rückschlüsse auf den hohen Personalbedarf und die Schwierigkeiten, diesen zu decken, zu.

312 Vgl. Henn/Kruse/Strawe (1998), S. 724.

313 Vgl. o.V. (1999c), S. 5.

lehre[314] jene Funktionen herausgegriffen, denen für den Untersuchungsgegenstand eine besondere Bedeutung zukommt. Im einzelnen handelt es sich hierbei um die Funktionen der Personalbeschaffung, der Personalentwicklung sowie der Personalerhaltung und Leistungsstimulation.

5.4.3 Personalbeschaffung

Die Personalbeschaffung hat das Ziel, Personal zur Deckung eines Bedarfes nach Anzahl, Art, Zeitpunkt und Dauer sowie Einsatzort bereitzustellen.[315] Als eine der wichtigsten personalwirtschaftlichen Funktionen besteht ihr Gegenstand in der Auswahl von Beschaffungsalternativen auf unternehmungsinternem oder -externem Arbeitsmarkt.[316] Die Personalbeschaffung hat die Aufgabe, eine von der personalwirtschaftlichen Funktion der Personalbedarfsermittlung[317] identifizierte personelle Unterdeckung zu beheben.[318] Eine systematische Personalbeschaffung ist insbesondere auf intransparenten und durch ein knappes Arbeitskräfteangebot gekennzeichneten Arbeitsmärkten entscheidend.[319]

Eine wesentliche Phase innerhalb des Personalbeschaffungsprozesses bildet die Personalauswahl als Feststellung des Eignungspotentials von Bewerbern.[320] Durch eine Gegenüberstellung von Anforderungsprofil und dem Fähigkeitsprofil eines potentiellen Mitarbeiters kann dessen Eignung ermittelt werden.[321] Anforderungsprofile enthalten dabei die Anforderungshöhen einzelner Anforderungsarten eines Arbeitsplatzes und stellen Soll-Fähigkeitsprofile dar.[322]

---

314 Vgl. Hentze (1994), S. 30.

315 Vgl. Hentze (1994), S. 217; Berthel (2000), S. 163; Scholz (2000), S. 455.

316 Vgl. Drumm (1995), S. 265 ff.

317 Ziel der Personalbedarfsermittlung ist die Bestimmung der personellen Kapazitäten, die zur Sicherstellung der Erfüllung der betrieblichen Funktionen notwendig sind, vgl. Hentze (1994), S. 171. Zu den einzelnen Aufgaben und Methoden der Personalbedarfsermittlung vgl. ausführlich Hentze (1994), S. 174 ff.

318 Vgl. Hentze (1994), S. 220.

319 Vgl. Drumm (1995), S. 267. Der Arbeitsmarkt für Call Center Mitarbeiter stellt einen solchen Markt dar, vgl. o.V. (1999a), S. 30.

320 Vgl. Hentze (1994), S. 252; Drumm (1995), S. 266.

321 Vgl. Hentze (1994), S. 208.

322 Vgl. Hentze (1980), S. 116; Hentze (1994), S. 208; Berthel (2000), S. 115 f.

Abb. 5.8 : Anforderungen an das Kundenkontaktpersonal im Call Center

Anforderungs-kategorie	Anforderungart	Beschreibung
Fachliche Kompetenz	Produktkenntnisse	Wissen über Eigenschaften angebotener Produkte und Dienstleistungen
	Unternehmens-kenntnisse	Hintergrundwissen über eigenes Unternehmen, interne Prozesse und Ansprechpartner
	technische Kenntnisse	Sicherheit im Umgang mit genutzen EDV-Systemen
	Fremdsprachenkenntn.	Fähigkeit, in Fremdsprachen sicher zu kommunizieren
Kommunikative Fähigkeiten	Kommunikations-fähigkeit	klare sprachliche Ausdrucksfähigkeit im Kundenkontakt
	Fähigkeit zum aktiven Zuhören	Fähigkeit, Sachverhalt zu erfassen, ohne den Kunden zu unterbrechen
	Fähigkeit zur effekti-ven Gesprächsführung	Fähigkeit, durch Fragetechniken das Gespräch aktiv zu strukturieren und zielorientiert zu führen
	Sprechverhalten	deutliche Aussprache, kein Dialekt, angenehme Stimme
Persönlichkeits-eigenschaften	Einfühlungsvermögen	Fähigkeit, Kundengefühle und -ansichten zu erkennen und zu berücksichtigen
	Entschlußkraft	Bereitschaft, Entscheidungen zu treffen und zu handeln, um Kundenwünsche und -probleme zu adressieren
	Energie	Fähigkeit zu hohem Grad an Wachheit und Aufmerksam-keit während des gesamten Interaktionsprozesses
	Flexibilität	Fähigkeit, den eigenen Serviceansatz entsprechend den Wünschen und Eigenschaften des Kunden anzupassen
	Verläßlichkeit	Bereitschaft, gemachte Zusagen zeitgerecht und informa-tiv zu erfüllen
	Integrität	Einhaltung hoher sozialer und ethischer Normen im Umgang mit Kunden
	Urteilsvermögen	Fähigkeit, verfügbare Informationen richtig zu beurteilen und zur Entwicklung von Problemlösungen zu nutzen
	Motivation, dem Kunden zu dienen	Eigenschaft, Arbeitszufriedenheit aus dem Umgang mit dem Kunden, der Erfüllung seiner Bedürfnisse und der Behandlung seiner Probleme gewinnen zu können
	Überzeugungsfähig-keit / Verkaufstalent	Fähigkeit, mit eigenen Ideen und Problemlösungen beim Kunden Akzeptanz zu finden und ihn vom Angebot des Unternehmens zu überzeugen
	Belastungsfähigkeit	Fähigkeit, unerwartete Kundenprobleme, unvorherseh-baren Arbeitsanfall oder Arbeitsdruck während des Kun-denkontaktes auszuhalten

Quelle: Eigene Darstellung[323]

323 Teilweise in Anlehnung an Becker/Wellins (1990), S. 49 sowie die deutsche Übersetzung bei

In der Literatur finden sich verschiedene Vorschläge und Anforderungslisten bezüglich der von Kundenkontaktmitarbeitern benötigten Kenntnisse und Fähigkeiten.[324] Aus ihnen lassen sich für Call Center Tätigkeiten relevante Fähigkeiten[325] ableiten, die in Anforderungskategorien und Anforderungsarten unterteilt werden können.

Die Anforderungskategorie der fachlichen Kompetenz bezieht sich auf jene Fähigkeiten, die sich auf unternehmens-, produkt- und problembezogenes Hintergrundwissen bezieht.[326] Kommunikative Fähigkeiten beziehen sich auf unmittelbare Aspekte, die für eine erfolgreiche Kommunikation mit Interaktionspartnern vonnöten sind. Persönlichkeitseigenschaften bilden die dritte Anforderungskategorie.

Abbildung 5.8 liefert eine Unterteilung der Anforderungskategorien in Anforderungsarten sowie deren jeweilige Beschreibung.

Für die Auswahl geeigneter Call Center Mitarbeiter sind vor allem die Anforderungskategorien der kommunikativen Fähigkeiten sowie der Persönlichkeitseigenschaften relevant. Persönlichkeitseigenschaften spielen insbesondere deshalb eine zentrale Rolle, da sie das soziale Verhalten des Kundenkontaktmitarbeiters determinieren, das entscheidend die zwischenmenschliche Atmosphäre des Kundenkontaktes bestimmt.[327] Im Zusammenhang mit Persönlichkeitseigenschaften von Kundenkontaktpersonal wird oftmals die Fähigkeit zur sozialen Kompetenz als wichtiges Kriterium zur Personalauswahl herausgestellt.[328] Mitunter werden in der Praxis fachliche Qualifikationen zugunsten einer ausgeprägten Serviceorientierung zurückgestellt.[329] Persönlichkeitsmerkmale

---

Stauss (1995), S. 267.

324 Vgl. Becker/Wellins (1990), S. 49; Lovelock (1995b), S. 211; Schöber (1997), S. 143; Becker/Günther (1998), S. 764; Stauss (1995), S. 267; Brinkmann (1998), S. 100 f.; Stauss/Seidel (1998), S. 312; Richardson/Marshall (1999), S. 105 f.

325 *Fähigkeiten* umfassen das Potential der physischen und psychischen Kapazitäten, die eine Person zur Erfüllung einer bestimmten Aufgabe besitzen oder einbringen muß, vgl. Hentze (1980), S. 2.

326 Vgl. Schöber (1997), S. 143.

327 Vgl. Hennig-Thurau/Thurau (1999), S. 298.

328 Vgl. Murmann (1999), S. 240; Hennig-Thurau/Thurau (1999), S. 297. Sozialkompetenz kann aufgefaßt werden als die Fähigkeit einer Person, "auf die Erreichung von Zielen im Rahmen von persönlichen Interaktionsprozessen positiv einzuwirken, wobei eine Zielerreichung an die Erfüllung der Bedürfnisse des Interaktionspartners gebunden ist." (Hennig-Thurau/Thurau (1999), S. 303).

329 So stellen Banken für ihre Call Center bewußt Mitarbeiter ohne eine Bankausbildung ein, vgl.

sind bei der Personalauswahl besonders sorgfältig zu evaluieren, da sie im Gegensatz zu fachlichen und kommunikativen Fähigkeiten durch Schulungsmaßnahmen nur schwer zu beeinflussen sind.[330] SCHLESINGER und HESKETT weisen auf die große Bedeutung einer sorgfältigen Personalauswahl insbesondere mit Bezug auf die Persönlichkeitseigenschaften von Dienstleistungspersonal hin.[331]

Als Methoden der Personalauswahl kommen die gebräuchlichen Auswahlmethoden der Auswertung von Bewerbungsunterlagen, psychologische Untersuchungsmethoden sowie das Vorstellungsgespräch in Betracht.[332] Wegen der besonderen Charakteristika des Arbeitsinhaltes sind darüber hinaus insbesondere die Methoden des Telefoninterviews und des Assessment Centers geeignet.

Das Telefoninterview dient wie das Einstellungsinterview im Rahmen einer persönlichen Vorstellung dazu, Wesensart, Interessen, Erwartungen, Zielvorstellungen, Fachkenntnisse und Leistungsstand des Bewerbers aufzudecken.[333] Darüber hinaus ermöglicht es gleichzeitig, das Telefonverhalten des potentiellen Mitarbeiters zu testen und so wichtige Erkenntnisse über die kommunikativen Fähigkeiten sowie das vermutete Verhalten während möglicher zukünftiger Kundenkontakte zu erlangen.[334]

Da anerkannte Ausbildungswege für Call Center Mitarbeiter erst in Ansätzen existieren und das Berufsbild darüber hinaus diffus ist, kommt dem Assessment Center als Auswahlverfahren eine große Bedeutung zu. Durch den Einsatz dieses systematischen Auswahlinstrumentes, bei dem im Rahmen einer seminarähnlichen Veranstaltung mit Hilfe verschiedener Methoden, Einzel- und Gruppenaufgaben das Verhalten der Bewerber in realitätsbezogenen Situationen getestet wird[335], erhofft man sich Rückschlüsse auf zukünftiges Verhalten der potentiellen Mitarbeiter.[336]

Kuntz (1998), S. 68 f.

330 Vgl. Schöber (1997), S. 146; Lovelock/Wright (1999), S. 550.

331 Vgl. Schlesinger/Heskett (1991), S. 23.

332 Zu den grundlegenden Auswahlmethoden vgl. im einzelnen Hentze (1994), S. 272 ff.

333 Vgl. Hentze (1994), S. 294.

334 Vgl. Lovelock (1995), S. 219 f.; Kuntz (1998), S. 68.

335 Vgl. Hentze (1994), S. 289.

336 Kritisch zum Einsatz von Assessment Centern für die Auswahl von Call Center Mitarbeitern vgl. Festing/Groening (1997), S. 50.

5.4.4 Personalentwicklung

Personalentwicklung zielt darauf ab "... Belegschaftsmitgliedern aller hierarchischen Stufen Qualifikationen zur Bewältigung der gegenwärtigen und zukünftigen Anforderungen zu vermitteln"[337]. Dabei wird zunehmend der Aspekt betont, Mitarbeiter vor allem im Hinblick auf zukünftige Anforderungen ihrer Arbeit hin durch Ausbildung, Fortbildung, Weiterbildung sowie eine weit gefaßte Mitarbeiterförderung zu entwikkeln.[338] Dies kann durch den Versuch geschehen, "Kenntnis- und Fähigkeitsdefizite der Mitarbeiter abzubauen, deren persönliche Entwicklungsziele zu erfüllen und die Verstetigung des Lernens zu institutionalisieren"[339].

Die Verantwortlichkeit für personalentwickelnde Maßnahmen liegt beim Mitarbeiter selbst, dem unmittelbaren Vorgesetzten, der betrieblich zuständigen Abteilung sowie dem zuständigen Topmanagement.[340] Grundannahme der Personalentwicklung ist, daß Qualifikationen von Mitarbeitern sich im Zeitverlauf verändern können und beeinflußbar sind.[341] Durch Personalentwicklung sollen nicht nur Mitarbeiterqualifikationen im engeren Sinn verbessert, sondern auch eine Änderung der Verhaltenseinstellung gegenüber der eigenen Tätigkeit und dem Unternehmen bewirkt werden.[342]

Als Methoden der Personalentwicklung können *training-off-the-job* als stellenungebundene Personalentwicklung, *training-on-the-job* als stellengebundene Personalentwicklung sowie *training-near-the-job* als stellenübergreifende Personalentwicklung unterschieden werden.[343]

Maßnahmen der Personalentwicklung für Call Center Mitarbeiter off-the-job sind einführende Schulungen, die neue Agenten in ihre Aufgaben einführen. Hierbei ist von

---

337 Hentze (1994), S. 315.
338 Vgl. Wunderer (1995), S. 468; Scholz (2000), S. 505.
339 Drumm (1995), S. 310.
340 Vgl. Becker/Günter (1998), S. 75.
341 Vgl. Berthel (2000), S. 111.
342 Vgl. Lin/Darling (1997), S. 198.
343 Vgl. Becker/Günther (1998), S. 773.

großer Bedeutung, vor allem das Unternehmen, seine Produkte und Prozesse sowie die Einbindung des Call Centers in die Unternehmung detailliert vorzustellen.[344] Weitere Inhalte dieser Trainings sollten die Bedienung der vorhandenen Systeme, Sprech- und Gesprächsverhalten sowie der Umgang mit Konfliktsituationen sein.[345] DE RUYTER und WETZELS weisen nach, daß das Zuhörverhalten von Call Center Agenten - operationalisiert durch die Konstrukte *attentiveness*, *perceptiveness* und *responsiveness* - einen positiven Einfluß auf die Kundenzufriedenheit von Anrufern, ihr Vertrauen sowie ihre Bereitschaft, wieder anzurufen, hat.[346] Aus diesen Gründen sollte insbesondere die Schulung des Zuhörverhaltens in Trainingsprogramme aufgenommen werden.[347]

Training-on-the-job kann in erster Linie durch eine Unterweisung am Arbeitsplatz durch erfahrene Mitarbeiter erfolgen. Als weitere stellengebundene Personalentwicklungsmaßnahme kommt *job rotation* in Betracht.[348] Dieser "planmäßige Wechsel von Arbeitsplatz und Arbeitsaufgaben"[349] kann zum einen die Monotonie verringern und zum anderen dazu beitragen, umfangreicheres Hintergrundwissen über das eigene Unternehmen und dessen Prozesse zu erlangen.[350] Dieses Hintergrundwissen ist ein wichtiger Faktor für eine hohe Beratungsqualität der Kundenkontaktmitarbeiter. Potentiale für Job Rotation hängen dabei stark von der Art des Call Centers ab. Mit der zunehmenden Nutzung alternativer Kommunikationsformen wie Fax oder E-Mail sowie dem zunehmenden Einfluß der Online-Medien steigen die Möglichkeiten des zeitweisen, systematischen Arbeitsplatzwechsels an.

Als personalentwickelnde Methoden *near-the-job* kann das Coaching in Frage kommen.[351] Dieser dem Hochleistungssport entlehnte Terminus kennzeichnet einen Beratungsprozeß, in dem Stärken und Schwächen eines Mitarbeiters identifiziert und Verhaltenskorrekturen initiert werden, die den Mitarbeiter in die Lage versetzen sollen, die

---

344 Vgl. Belt et al. (1999), S. 54; vgl. auch Lin/Darling (1997), S. 201.
345 Vgl. Tax/Brown/Chandrashekaran (1998), S. 72; Hensel (1990), S. 50.
346 Vgl. de Ruyter/Wetzels (2000), S. 281 f.
347 Vgl. de Ruyter/Wetzels (2000), S. 282.
348 Vgl. Becker/Günther (1998), S. 774.
349 Hentze (1994), S. 410.
350 Vgl. Berthel (2000), S. 274.
351 Vgl. Becker/Günther (1998), S. 774.

Arbeitsanforderungen in Zukunft zielwirksamer zu bewältigen.[352] Das Coaching im Call Center kann in Form eines Qualitäts-Coachings, bei dem eine Gesprächsanalyse von Telefonaten erfolgt, sowie in Form eines Persönlichkeits-Coachings, in dessen Rahmen durch den Vorgesetzten oder ein Team von Kollegen auf die Persönlichkeitsentwicklung des Mitarbeiters abgestellt wird, erfolgen.[353]

Die hier aufgeführten Maßnahmen der Personalentwicklung in Call Centern können so dazu beitragen, Qualifikationsdefizite zu beheben und die Mitarbeitermotivation zu verbessern.[354]

5.4.5 Personalerhaltung und Leistungsstimulation

Die Funktionen der Personalerhaltung und Leistungsstimulation haben als personalwirtschaftliche Gestaltungsoptionen eine Bedeutung für den Untersuchungsgegenstand. Die Personalerhaltung umfaßt Maßnahmen, die dazu dienen, Mitarbeiter an das Unternehmen zu binden und zu verhindern, daß es zu Austrittsentscheidungen kommt.[355] Ihr kommt wegen der hohen Fluktuationsraten eine große Bedeutung zu. Leistungsstimulation beinhaltet Maßnahmen, die die Leistungsabgabe sichern und gegebenenfalls die Steigerung der menschlichen Leistung bewirken sollen.[356]

Als Methoden der Personalerhaltung und Leistungsstimulation können Anreizsysteme eingesetzt werden.[357] Anreizsysteme bestehen formal aus einer Menge bestimmter Objekte, wie Motive, Aufgaben, Tätigkeiten und Anreize, die zueinander in Beziehung stehen.[358] Anreize stellen Instrumente dar, die das Leistungsverhalten bzw. die Leistungsbereitschaft der Mitarbeiter positiv beeinflussen sollen.[359] Anreizsysteme im

---

352 Vgl. Hentze/Kammel/Lindert (1997), S. 269 f.; Scholz (2000), S. 962.
353 Vgl. Schuler/Lütze/Wecker (1999), S. 54 ff.
354 Vgl. Festing/Groening (1997), S. 51.
355 Vgl. Hentze (1995), S. 23.
356 Vgl. Hentze (1995), S. 23.
357 Vgl. Hentze/Lindert (1998), S. 1013 f.; Hentze (1995), S. 64 ff.
358 Vgl. Hentze/Lindert (1998), S. 1018.
359 Vgl. Schanz (1991b), S. 8; Grewe (2000), S. 9.

Dienstleistungsbereich sollen vor allem dazu dienen, ein adäquates Agieren der Mitarbeiter während der Leistungserstellung in Interaktionssituationen sicherzustellen.[360]

Die Menge der Anreize kann in materielle und nicht-materielle bzw. monetäre und nichtmonetäre Anreize unterteilt werden.[361] Materielle Anreize umfassen finanzielle und nicht-finanzielle Anreize, wobei nicht-finanzielle Anreize in der Regel geldwerte Vorteile (z.B. Freizeitangebote, Konsumvorteile oder sonstige qualitative Sozialleistungen) darstellen.[362] Die Menge der finanziellen Anreize wird durch ein Entgeltsystem repräsentiert, das aus den Komponenten Grundgehalt, leistungsabhängiges Gehalt und Sozialleistungen besteht.[363] Das Grundgehalt bildet die Entlohnung im engeren Sinne. Sie stellt das Entgelt für die gemäß Arbeitsplatzbeschreibung zu leistenden Tätigkeiten dar, die in Einzelarbeitsverträgen, Betriebsvereinbarungen oder Tarifverträgen geregelt sein können.[364]

Insbesondere leistungsabhängige Entgeltbestandteile können motivationsfördernd wirken und daher in Call Centern zur Motivation und Leistungsstimulation eingesetzt werden.[365] Als individualleistungsabhängige Entgeltkomponenten kommen Leistungszulagen, Prämien oder Boni in Frage.[366] Leistungsabhängige Entgeltbestandteile sind an die Erreichung bestimmter Leistungsziele gebunden und erfordern daher die Messung der Leistung. Ihre Bestimmung macht daher den Einsatz von Verfahren der Leistungsbeurteilung notwendig, die einen Unterbegriff der Personalbeurteilung darstellt.[367] Bei dieser handelt es sich um ein System, durch das "Persönlichkeit bzw. Persönlichkeitselemente und / oder die Leistung, das soziale Verhalten sowie das Führungsverhalten"[368] beurteilt werden können.

---

360 Vgl. Engelhardt/Schnittka (1998), S. 929.

361 Vgl. Hentze/Lindert (1998), S. 1019; Hentze (1995), S. 65; Grewe (2000), S. 18.

362 Vgl. Hentze/Lindert (1998), S. 1020.

363 Vgl. Erfort (1998), S. 7 f. Entgeltsysteme stellen dabei "... spezifische Konfigurationen von Entgeltkomponenten, die an Mitarbeiter gewährt oder ihnen angeboten werden" (Weber (1993b), S. 5) dar.

364 Vgl. Hentze (1995), S. 67.

365 Vgl. hierzu kritisch Weber (1984), S. 107.

366 Vgl. Erfort (1998), S. 123 ff.

367 Vgl. Erfort (1998), S. 106 f. Zu verschiedenen Beurteilungsformen vgl. Berthel (2000), S. 142.

368 Hentze (1980), S. 5.

Dabei gelten auch für Call Center Leistungen die im Dienstleistungsbereich typischerweise auftretenden Probleme der Outputmessung.[369] So lassen sich quantitative Messungen der Dienstleistungsqualität nicht ohne Berücksichtigung qualitativer Faktoren bewerkstelligen. Zwar liefern Call Center Systeme detaillierte Auswertungen hinsichtlich der Anzahl, Art und Dauer bearbeiteter Kundenkontakte. Sie geben aber keine Auskunft über die erzielte Kundenzufriedenheit. Diese muß durch andere Methoden, etwa regelmäßige, systematische Kundenbefragungen, gemessen werden.

Nichtmonetäre Anreize in Call Centern können Arbeitszeitregelungen, Aufstiegsmöglichkeiten, Serviceauszeichnungen sowie das Führungsverhalten von Vorgesetzten sein.[370]

Die Arbeitszeitflexibilisierung im Sinne einer Individualisierung der Arbeitszeit stellt ein wichtiges personalwirtschaftliches Instrument im Anreizsystem dar.[371] Die vielfältigen Möglichkeiten, die flexible Arbeitszeitmodelle bieten[372], sind in Call Centern bei weitem noch nicht ausgeschöpft und stellen so ein vernachlässigtes Handlungsfeld dar, bei dessen Bearbeitung weitere positive Effekte auf die Mitarbeitermotivation zu erwarten sind.

Auch Anreize in Form von Serviceauszeichnungen für Mitarbeiter, die besondere Leistungen erbracht haben, kommen als Bestandteil eines Anreizsystems in Betracht.[373]

Aufstiegsmöglichkeiten als nichtmonetäre Anreize kommen in Call Centern nur in begrenztem Ausmaß als personalwirtschaftliches Instrument in Frage. Durch die flachen Hierarchien sind Positionen, auf die erfolgreiche Mitarbeiter befördert werden können, nur in begrenztem Ausmaß vorhanden.

369 Vgl. Klinge (1997), S. 34 f.
370 Zu weiteren nichtmonetären Anreizen vgl. Hentze (1995), S. 65.
371 Vgl. Hentze (1995), S. 234.
372 Vgl. im einzelnen die Diskussion bei Hentze (1995), S. 234 ff.
373 Vgl. Brinkmann (1998), S. 115.

Auch die Art der Personalführung kann als nichtmonetärer Bestandteil des Anreizsystems aufgefaßt werden. Der Begriff *Personalführung* bezieht sich auf den Teilbereich der Unternehmensführung, bei dem das unmittelbare Verhältnis zwischen Vorgesetzten und Mitarbeitern im Vordergrund steht und der die Führung des Faktors Personal zum Inhalt hat.[374] Die personale Führung umfaßt den direkten personellen Einfluß auf Organisationsmitglieder durch Führende, die Gestaltung von Strukturen sowie die Ausrichtung des Personals auf bestimmte strategisch-visionäre Ziele.[375] Führung im Call Center wird durch Call Center Manager, Supervisoren und Teamleiter vollzogen.

Dabei stehen die Führenden in der Regel vor einem Quantitäts-Qualitäts-Dilemma.[376] Einerseits handelt es sich um eine quasi-industrielle Dienstleistungsproduktion, bei der die eingesetzten IT-Systeme restriktive Vorgaben für die Arbeitsinhalte der Mitarbeiter geben können, beispielsweise in Form von zu bearbeitenden Anrufen je Zeiteinheit. Andererseits können die damit einhergehenden Formen von Spezialisierung, Standardisierung und Verhaltenskontrollen zu schlechter Qualität und Frustration der Mitarbeiter führen, was sich negativ auf die Dienstleistungsqualität der zwischenmenschlichen Interaktion auswirkt.[377] Insbesondere die im Call Center möglichen Formen der Kontrolle können zu derartigen Problemen führen. Bedingt durch die technologischen Möglichkeiten ergeben sich in Call Centern neue Formen der Kontrolle, die in der Literatur zum Teil sehr drastisch beschrieben werden.[378] Von Seiten der Hard- und Softwarehersteller sowie von Seiten der praxisorientierten Literatur werden erweiterte Kontrollmöglichkeiten explizit als Nutzen herausgestellt.[379] Arkin zitiert aus der be-

---

374 Vgl. Macharzina (1999), S. 34.

375 Vgl. Hentze/Kammel/Lindert (1997), S. 23.

376 Vgl. Taylor/Bain (1999), S. 111.

377 Vgl. Lehmann (1995), S. 46. Klaus spricht in diesem Zusammenhang von "... maschinenartigen, bürokratischen, desinteressierten 'Leuteabfertigern' " (Klaus (1984), S. 474).

378 So werden Arbeitsformen im Call Centern unter anderem überspitzt als "dark satanic mills" (o.V. (1997), S. 10) oder "new sweatshops" (vgl. Fernie/Metcalf (1998), S. 2) bezeichnet. Der Begriff *sweatshop* geht in diesem Zusammenhang zurück auf Garson, die bereits frühzeitig auf negative Einflüsse von Informations- und Kommunikationstechniken auf Arbeitsbedingungen hingewiesen hat, vgl. Garson (1988). Fernie und Metcalf führen pointiert aus "the 'tyranny of the assembly line' is but a Sunday school picnic compared with the control that management can exercice in computer telephony", vgl. Fernie/Metcalf (1998), S. 2.

379 Dies geschieht beispielsweise bei Mindermann/Schubert/Prümm (1999), S. 390. Vgl. hierzu auch Fernie/Metcalf (1998), S. 2, Richardson (1998), S. 8.

trieblichen Praxis "... the call centre provides management with the ultimate opportunity for control"[380].

Vor diesem Hintergrund können Konzepte erfolgreich zum Einsatz kommen, die den Mitarbeitern erhöhte Kompetenzspielräume zuweisen.[381] Eine solche Verlagerung von Entscheidungskompetenzen durch die Übertragung autonomer Handlungsspielräume auf Mitarbeiter unterer Hierarchieebenen wird in der Literatur unter dem Schlagwort *Empowerment* diskutiert.[382] Über Begriffsumfang, mögliche Erfolgswirkungen sowie die instrumentelle Umsetzung des Konzeptes herrscht keine Einigkeit.[383] ARGYRIS sieht das Ausmaß bislang erzielter Erfolgswirkungen von Empowerment als gering an.[384]

Insbesondere das Einräumen von Kompetenzspielräumen für Agenten sowie die Etablierung von Teams können als Teile dieses Konzeptes im Call Center Umfeld sinnvoll eingesetzt werden. Kompetenzspielräume für Mitarbeiter können etwa eingeräumt werden als erweiterte Grenzen, bis zu denen die Mitarbeiter eigenverantwortliche Entscheidungen treffen können. Dies betrifft beispielsweise die Höhe der im Rahmen eines Beschwerdemanagements gewährbaren Wiedergutmachungen.[385] Die Entwicklung von Teamstrukturen in Call Centern kann gleichfalls ein motivationsförderndes Instrument sein. Dabei weichen Teamorganisationen in Call Centern von den, vor allem im Produktionsbereich, anzutreffenden *self-managed-teams* bzw. teilautonomen Arbeitsgruppen ab.[386] Durch die Call Center Technologien sind Arbeitsaufgaben und -abläufe für Mitarbeiter genau festgelegt, wodurch eine weitgehende kollektive Selbstregulation von Arbeitsprozessen als wesentlicher Gestaltungsparameter des Konzeptes teilautonomer Gruppen nicht in Frage kommt. Die Zusammenarbeit von Call Center Mitarbeitern in Teams stellt vielmehr auf ein Gemeinschaftsgefühl des gemeinsamen

380 Arkin (1997), S. 24.
381 Vgl. Nawroth (1998), S. 15; Howe (1998), S. 124.
382 Vgl. Hentze/Kammel/Lindert (1997), S. 454; Lovelock (1995b), S. 230 ff; Bowen/Lawler (1992), S. 32 ff.; Bowen/Lawler (1995), S. 73; Hart/Heskett/Sasser (1990), S. 150 f.; Stauss/Seidel (1998), S. 314; Engelhardt/Schnittka (1998), S. 926.
383 Vgl. Bowen/Lawler (1995), S. 73.
384 Vgl. Argyris (1998), S. 98 ff.
385 Vgl. Bowen/Lawler (1995), S. 79 f.
386 Vgl. hierzu im einzelnen Hentze/Kammel/Lindert (1997), S. 455 ff sowie für den Dienstleistungsbereich Spreitzer/Cohen/Ledford (1999), S. 340 ff.

Arbeitens an gleichartigen Aufgaben ab.[387] Gegenseitige Problemlösungshilfe, gemeinsames Lernen sowie das Arbeiten an gemeinsamen Zielen werden dabei gerade vor dem Hintergrund eines dominierenden technischen Umfeldes als wichtige Motivationsfaktoren angesehen.[388]

387 Vgl. Belt et al. (1999), S. 40.
388 Vgl. Batt (1999), S. 557.

6 Schlußbetrachtung

6.1 Zusammenfassung

Den Ausgangspunkt der Untersuchung bildete das starke Interesse der unternehmerischen Praxis an der Einführung und dem Einsatz von Call Centern als neuartiger Form der Arbeitsorganisation. Die bisherige Forschung zu diesem neuen Instrument konnte als wenig theoretisch fundiert, teilweise unreflektiert euphorisch und überwiegend praktiker-orientiert ausgerichtet identifiziert werden. Es wurde eine Lücke in der betriebswirtschaftlichen Beschäftigung mit dem Untersuchungsobjekt Call Center festgestellt.

Ziel der vorliegenden Arbeit ist es, aufzuzeigen, inwiefern die Nutzung von Call Centern Unternehmen Vorteile verschaffen kann. Weiterhin sollen Gestaltungsoptionen durch die Analyse ausgewählter Aspekte in Form zentraler Entscheidungs-, Gestaltungs- und Problemfelder diskutiert werden.

Hierzu war es zunächst notwendig, eine Diskussion grundlegender Begriffe vorzunehmen. Es wurde insbesondere auf den Begriff der Dienst- und Serviceleistungen eingegangen, um eine Grundlegung für die Frage zu erhalten, ob Call Center Leistungen einen Dienst- bzw. Serviceleistungscharakter aufweisen. Anschließend erfolgte eine Begriffsklärung des Terminus Call Center, in deren Rahmen Entwicklungslinien aufgezeigt, die volkswirtschaftliche Bedeutung diskutiert sowie technische Komponenten erläutert wurden. Abschließend wurde in einer Definition der Dienstleistungs- bzw. Serviceleistungcharakter von Call Center Leistungen betont.

Das Konzept des Beziehungsmanagements wurde als Option der Unternehmensführung erläutert. Eine Diskussion von Zielen, Strategien und Prinzipien dieses Ansatzes ergab, daß der Ansatz einen geeigneten Bezugsrahmen liefert, um prinzipielle Einsatzmöglichkeiten von Call Centern anhand der Dimensionen Individualisierung, Interaktion und Integration aufzuzeigen.

Dies geschah unter besonderer Berücksichtigung jener Anwendungsfelder, denen für ein Management von Beziehungen eine hohe Bedeutung zukommt. Im einzelnen wurden die Umsetzung einer individualisierten Kommunikation und eines individualisierten Vertriebes, die Erbringung von Serviceleistungen, die Umsetzung eines Beschwerdemanagements sowie die Integration von Interaktionspartnern in betriebliche Leistungsprozesse diskutiert. Call Center können vor allem dann als Instrumente des Beziehungsmanagements angesehen werden, wenn die einsetzende Unternehmung nicht nur einen transaktionsorientierten Einsatz anstrebt, sondern den Fokus auf eine langfristig-interaktionale Beziehungsorientierung legt. Der entscheidende Vorteil liegt dann darin, daß Call Center eine solche Beziehungsaufnahme und -vertiefung mit einer sehr großen Anzahl von Interaktionspartnern erlauben.

Im Rahmen der Analyse der Wirtschaftlichkeit des Einsatzes von Call Centern wurden allgemeine Nutzenkategorien und Nutzeneffekte sowie Kostenkategorien und Kosteneffekte aufgezeigt. Hierbei wurden externe und interne Nutzeneffekte identifiziert, die - teilweise über vorökonomische Zielgrößen - auf ökonomische Zielgrößen der einsetzenden Unternehmung einwirken. Als bedeutendster Kosteneffekt wurden die Personalkosten identifiziert.

Im Zuge der Schilderung organisatorischer Gestaltungsoptionen konnten für den Aufbau eines Call Centers relevante Organisationsformen benannt werden. Weiterhin wurden unter Zuhilfenahme des Transaktionskostenansatzes relative Vorteilhaftigkeiten organisatorischer Umsetzungsoptionen in bezug auf die Alternative zwischen Selbsterstellung und Fremdbetrieb herausgearbeitet. Mit Hilfe einer transaktionskostentheoretischen Betrachtungsweise konnte das Augenmerk auf die strategische Relevanz des Instrumentes Call Center gelenkt werden. Für die ablauforganisatorische Gestaltung von unternehmensinternen Call Centern wurde anschließend die Methode des Blueprinting diskutiert. Die Eignung von Telearbeit zur Erbringung von Call Center Leistungen wurde in einem Exkurs herausgearbeitet.

Abschließend wurde die hohe Bedeutung des systematischen Einsatzes personalwirtschaftlicher Instrumente betont. Erste Ansatzpunkte für personalwirtschaftliche Maßnahmen in den Bereichen der Personalbeschaffung, der Personalentwicklung sowie der Personalerhaltung und Leistungsstimulation konnten aufgezeigt werden.

6.2 Kritische Würdigung und Ausblick

Die vorliegende Untersuchung hat Ansatzpunkte aufzeigen können, weshalb der Einsatz von Call Centern in Unternehmen zu Erfolgspotentialen führen kann. Es wurde dargelegt, daß in allen Branchen und in allen Phasen einer Interaktion zwischen Kunden und Unternehmen Erfolgswirkungen realisiert werden können. Ferner wurde gezeigt, daß Wirtschaftlichkeits-, organisatorische und personalwirtschaftliche Aspekte wichtige Faktoren darstellen, die bei der Implementierung und dem Einsatz von Call Centern berücksichtigt werden sollten.

Bedingt durch das Ziel der vorliegenden Untersuchung, Entscheidungs-, Gestaltungs- und Problemfelder branchenübergreifend darzustellen, konnten spezifische Erfolgswirkungszusammenhänge nicht untersucht werden. Demzufolge wurden die dargelegten Sachverhalte keiner empirischen Prüfung unterzogen. Daher besteht in diesem Bereich noch ein Forschungsbedarf, der durch weitere - empirische - Untersuchungen gedeckt werden sollte. Hierbei ist in erster Linie an einzelwirtschaftliche Untersuchungen zu denken, da durch die große Heterogenität von Call Centern bezüglich ihrer branchenspezifischen Ausprägungen allgemeingültige Aussagen schwer zu treffen sind. Weitere interessante Forschungsgebiete könnten sich in der Entwicklung von detaillierten Kosten-/Nutzenmodellen für den Einsatz von Call Centern ergeben.

Insgesamt hat die Arbeit das Augenmerk auf das neuartige Instrument Call Center lenken und so eine identifizierte Lücke im wissenschaftlichen Schrifttum schließen können. Aufgrund der im Rahmen der vorliegenden Untersuchung aufgezeigten vielfältigen Einsatzpotentiale von Call Centern als Instrument des Beziehungsmanagements ist zu vermuten, daß diese Organisationsform auch zukünftig weiter an Bedeutung gewinnen wird.

Literaturverzeichnis

Achermann, Bruno (1998): Aufbau eines Outbound Telesales Centers in 12 Wochen, in: Praxis der Wirtschaftsinformatik (gegründet als Handbuch der maschinellen Datenverarbeitung 1964), 35. Jhrg., Heft 204, Dezember, 1998, S. 45-55

Aksin, O. Zeynep / Harker, Patrick T. (1998a): Staffing an Inbound Call Center, INSEAD, Working Paper No. 98/79/TM, Fontainebleau 1998

Aksin, O. Zeynep / Harker, Patrick T. (1998b): To Sell or Not To Sell: Determining the Tradeoffs between Service and Sales in Retail Banking Phone Centers, The Wharton School, University of Pennsylvania, Financial Institutions Center, Working Paper No. 96-07-B, Philadelphia 1998

Al-Ani, Ayad (1996): Das Neue Strategische Management - Strategieentwicklung in der Post-Reengineering Ära, in: Hinterhuber, Hans H. / Al-Ani, Ayad / Handlbauer, Gernot (Hrsg.) (1996): Das neue strategische Management: Elemente und Perspektiven einer zukunftsorientierten Unternehmensführung, Wiesbaden 1996, S. 11-32

Albach, Horst (1989): Dienstleistungsunternehmen in Deutschland, in: Zeitschrift für Betriebswirtschaft, 59. Jhrg., Heft 4, 1989, S. 397-420

Albrecht, Karl / Zemke, Ron (1987): Service-Strategien, Hamburg, New York, St. Louis u.a. 1987

Altenburger, Otto A. (1980): Ansätze zu einer Produktions- und Kostentheorie der Dienstleistungen, Berlin 1980

Amuso, C. et al. (1998): Customer Service and Support: Morphing the Call Center to the Contact Center, Gartner Group, Strategic Analysis Report No. R-06-6343, [Stamford (Connecticut)] 1998

Anton, Jon (1996): Customer relationship management: making hard decisions with soft numbers, Upper Saddle River (New Jersey) 1996

Anton, Jon (1997): Call Center Management By the Numbers, West Lafayette (Indiana) 1997

Anton, Jon (1998): Call Center Benchmark Report, Center for Customer-Driven Quality, Purdue University, West Lafayette (Indiana) 1998

Anton, Jon (1999): Executive Summary Report, Center for Customer-Driven Quality, Purdue University, West Lafayette (Indiana) 1999

Argyris, Chris (1998): Empowerment: The Emperor's New Clothes, in: Harvard Business Review, Vol. 76, No. 3 (May-June), 1998, S. 98-105

Arkin, Anat (1997): Hold the production line, in: People Management, Vol. 3, No. 3 (February 6), 1997, S. 22-27

Arthur D. Little (Hrsg.) (1991): Management der Hochleistungsorganisation, 2. Aufl., Wiesbaden 1991

Backhaus, Klaus (1997): Relationship Marketing - Ein neues Paradigma im Marketing ?, in: Bruhn, Manfred / Steffenhagen, Hartwig (Hrsg.) (1997): Marktorientierte Unternehmensführung: Reflexionen - Denkanstösse - Perspektiven, Wiesbaden 1997, S. 19-35

Backhaus, Klaus / Diller, Hermann (Hrsg.) (1994): Arbeitsgruppe "Beziehungsmanagement" der wissenschaftlichen Kommission für Marketing im Verband der Hochschullehrer für Betriebswirtschaftslehre, Dokumentation des 1. Workshops vom 27.-28.9.1993 in Frankfurt am Main, Frankfurt am Main 1994

Baderschneider, Hans-Thomas / Lemke, Andreas / Menzler-Trott, Eckart (1999): Call Center-Systeme, in: Menzler-Trott, Eckart (Hrsg.) (1999a): Call Center-Management: ein Leitfaden für Unternehmen zum effizienten Kundendialog, München 1999, S. 177-224

Bamberger, Ingolf / Wrona, Thomas (1995): Der Ressourcenansatz und seine Bedeutung für die Strategische Unternehmensführung, Arbeitspapier Nr. 4 des Fachgebietes Organisation & Planung der Universität Essen, Essen 1995

Bamberger, Rainer / Wetzel, Romeo P. (1998): Automatisierte Vor- und Nachbereitung von Anrufen im Call Center, in: Bullinger, Hans-Jörg (Hrsg.) (1998a): Effiziente Arbeitsorganisation durch Telearbeit und Call Center, Office 21: Zukunft der Arbeit, Tagung des Fraunhofer-Instituts für Arbeitswirtschaft und Organisation am 20. April 1998, Stuttgart 1998, S. 233-250

Batt, Rosemary (1999): Work Organisation, Technology, and Performance in Customer Service and Sales, in: Industrial and Labor Relations Review, Vol. 52, No. 4 (July), 1999, S. 539-564

Batz, Manfred / Andreschak, Heike (1998): Euro-Service-Business: wie Unternehmen mit intelligenten Dienstleistungen wachsen, Neuwied, Kriftel 1998

Bea, Franz Xaver / Göbel, Elisabeth (1999): Organisation, Stuttgart 1999

Bea, Franz Xaver / Dichtl, Erwin / Schweitzer, Marcell (Hrsg.) (1997): Allgemeine Betriebswirtschaftslehre, Band 1. Grundfragen, 7., neubearb. Aufl., Stuttgart 1997

Becker, Fred G. / Günther, Sven (1998): Personalentwicklung als Führungsaufgabe im Dienstleistungssektor, in: Bruhn, Manfred / Meffert, Heribert (Hrsg.) (1998a): Handbuch Dienstleistungsmanagement: Von der strategischen Konzeption zur praktischen Umsetzung, Wiesbaden 1998, S. 751-778

Becker, Wendy S./ Wellins, Richard S. (1990): Customer-Service Perceptions and Reality, in: Training & Development Journal, Vol. 44, No. 3 (March), 1990, S. 49-51

Bellur, Venkatakrishna V. (1993): Usage of 800 Numbers: A Multivariate Analysis, in: Liiketaloudellinen Aikakauskirja (The Finnish Journal of Business Economics), Vol. 42, No. 1, 1993, S. 3-15

Belt, Vicki et al. (1999): Work Opportunities for Women in the Information Society: Call Centre Teleworking, Final Report to the Information Society Project Office of the European Commission, University of Newcastle upon Tyne, Centre for Urban and Regional Development Studies, Newcastle upon Tyne 1999

Belz, Christian (1994): Geschäftsbeziehungen aufbauen und gestalten, in: Meffert, Heribert / Wagner, H. / Backhaus, Klaus (Hrsg.) (1994): Beziehungsmarketing - neue Wege zur Kundenbindung, Dokumentation des Workshops der Wissenschaftlichen Gesellschaft für Marketing und Unternehmensführung e.V. vom 24. Juni 1994, Dokumentationspapier Nr. 90, o.O. 1994, S. 31-55

Belz, Christian / Schögel, Marcus / Kramer, Markus (Hrsg.) (1994): Lean Management und Lean Marketing, St. Gallen 1994

Belz, Christian et al. (1994): Management von Geschäftsbeziehungen, St. Gallen 1994

Benölken, Heinz / Greipel, Peter (1994): Dienstleistungsmanagement: Service als strategische Erfolgsposition, 2. Aufl., Wiesbaden 1994

Berekoven, Ludwig (1974): Der Dienstleistungsbetrieb. Wesen - Struktur - Bedeutung, Wiesbaden 1974

Berekoven, Ludwig (1983): Der Dienstleistungsmarkt in der Bundesrepublik Deutschland : theoretische Fundierung u. empirische Analyse, Göttingen 1983

Bergmann, Katja (1998): Angewandtes Kundenbindungs-Management, Frankfurt am Main, Berlin, Bern u.a. 1998

Berry, Leonard L. (1983): Relationship Marketing, in: Berry, Leonard L. / Shostack, G. Lynn / Upah, Gregory D. (Ed.) (1983): Emerging Perspectives on Services Marketing, Chicago 1983, S. 25-38

Berry, Leonard L. (1995): Relationship Marketing of Services - Growing Interest, Emerging Perspectives, in: Journal of the Academy of Marketing Science, Vol. 23, No. 4 (Fall), 1995, S. 236-245

Berry, Leonard L. / Parasuraman, A. (1997): Listening to the Customer - The Concept of a Service-Quality Information System, in: Sloan Management Review, Vol. 38, No. 3 (Spring), 1997, S. 65-76

Berry, Leonard L. / Shostack, G. Lynn / Upah, Gregory D. (Ed.) (1983): Emerging Perspectives on Services Marketing, Chicago 1983

Berthel, Jürgen (2000): Personal-Management: Grundzüge für Konzeptionen betrieblicher Personalarbeit, 6., überarb. und erw. Aufl., Stuttgart 2000

Beutin, Nikolas / Werner, Harald (1999): Kundenbindung in deregulierten Märkten: Das Beispiel der Energieversorgung, in: Bruhn, Manfred / Homburg, Christian (Hrsg.) (1999): Handbuch Kundenbindungsmanagement: Grundlagen - Konzepte - Erfahrungen, 2., aktualisierte und erw. Aufl., Wiesbaden 1999, S. 545-566

Bezold, Thomas (1996): Zur Messung der Dienstleistungsqualität: eine theoretische und empirische Studie zur Methodenentwicklung unter besonderer Berücksichtigung des ereignisorientierten Ansatzes, Frankfurt am Main, Berlin, Bern u.a. 1996

Biehler, Hermann / Vogl, Gerlinde (1999): Call Center: "Zusatzleistungen sind nicht üblich", in: WSI Mitteilungen, 52. Jhrg., Heft 4, 1999, S. 261-267

Bielski, Lauren (1999): Get these four right - and run a better call center, in: ABA Banking Journal, Vol. 91, No. 9 (September), 1999, S. 50-61

Bischoff-Schilke, Klaus (1992): Technisierung personenbezogener Dienstleistungsarbeit, Hamburg 1992

Bitner, Mary Jo / Booms, Bernard H. / Tetreault, Mary Stanfield (1990): The Service Encounter: Diagnosing Favorable and Unfavorable Incidents, in: Journal of Marketing, Vol. 54, January, 1990, S. 71-84

Bitran, Gabriel R. / Hoech, Johannes (1990): The Humanization of Service: Respect at the Moment of Truth, in: Sloan Management Review, Vol. 31, No. 2 (Winter), 1990, S. 89-96

Blattberg, Robert C. / Deighton, John (1991): Interactive Marketing: Exploiting the Age of Addressability, in: Sloan Management Review, Vol. 33, No. 1 (Fall), 1991, S. 5-14

Blattberg, Robert C. / Thomas, Jacquelyn S. (1999): The Fundamentals of Customer Equity Management, in: Bruhn, Manfred / Homburg, Christian (Hrsg.) (1999): Handbuch Kundenbindungsmanagement: Grundlagen - Konzepte - Erfahrungen, 2., aktualisierte und erw. Aufl., Wiesbaden 1999, S. 359-385

Bleicher, Knut (1991): Organisation: Strategien - Strukturen - Kulturen, 2., vollständig neu bearb. und erw. Aufl., Wiesbaden 1991

Bliemel, Friedhelm W. / Eggert, Andreas (1997): Relationship Marketing Under Fire, Kaiserslauterner Schriftenreihe Marketing, Heft 4/97, Kaiserslautern 1997

Bliemel, Friedhelm W. / Eggert, Andreas (1998a): Kundenbindung - die neue Sollstrategie ?, in: Marketing - Zeitschrift für Forschung und Praxis, 20. Jhrg., Heft 1, 1998, S. 37-46

Bliemel, Friedhelm W. / Eggert, Andreas (1998b): Kundenbindung aus Kundensicht: Grundlegende Konzeptualisierung und explorative Befunde, Kaiserslauterer Schriftenreihe Marketing, Heft 4/98, Kaiserslautern 1998

Bliemel, Friedhelm / Fassott, Georg / Theobald, Axel (Hrsg.) (1999a): Electronic Commerce: Herausforderungen - Anwendungen - Perspektiven, Wiesbaden 1999

Bliemel, Friedhelm / Fassott, Georg / Theobald, Axel (1999b): Einleitung - Das Phänomen Electronic Commerce, in: Bliemel, Friedhelm / Fassott, Georg / Theobald, Axel (Hrsg.) (1999a): Electronic Commerce: Herausforderungen - Anwendungen - Perspektiven, Wiesbaden 1999, S. 1-7

Blohm, Hans / Lüder, Klaus (1991): Investition: Schwachstellen im Investitionsbereich des Industriebetriebes und Wege zu ihrer Beseitigung, 7., überarb. u. erw. Aufl., München 1991

Bodenstein, Gerhard / Zühlsdorf, Anke (Hrsg.) (1997): Relationship-Marketing, Diskussionsbeiträge des Fachbereichs Wirtschaftswissenschaft der Gerhard-Mercator-Universität-Gesamthochschule Duisburg, Nr. 239, Duisburg 1997

Boelkes, Debra / O'Rourke, Patrick (1998): 10 Steps To Increase Sales, Service And Satisfaction Through Your Call Center, in: Telemarketing & Call Center Solutions, Vol. 17, 1998, May, S. 86-92

Böse, Bodo / Flieger, Erhard (1999): Call Center - Mittelpunkt der Kundenkommunikation: Planungsschritte und Entscheidungshilfen für das erfolgreiche Zusammenwirken von Mensch, Organisation, Technik, Braunschweig, Wiesbaden 1999

Bogaschewsky, Ronald / Rollberg, Roland (1998): Prozeßorientiertes Management, Berlin, Heidelberg, New York u.a. 1998

Booz, Allen & Hamilton (1998): Durchbruch Multimedia - Deutschland im internationalen Vergleich, Bonn 1998

Botschen, Günther / Bstieler, Ludwig / Woodside, Arch G. (1996): Sequence-Oriented Problem Identification Within Service Encounters, in: Journal of Euromarketing, Vol. 5, No. 2, 1996, S. 19-52

Bowen, David E. / Lawler, Edward E. III (1992): The Empowerment of Service Workers: What, Why, How, and When, in: Sloan Management Review, Vol. 33, No. 2 (Spring), 1992, S. 31-37

Bowen, David E. / Lawler, Edward E. III (1995): Empowering Service Employees, in: Sloan Management Review, Vol. 36, No. 4 (Summer), 1995, S. 73-84

Bowen, David E. / Schneider, Benjamin (1985): Boundary-Spanning-Role Employees and the Service Encounter: Some Guidelines for Management and Research, in: Czepiel, John A. / Solomon, Michael R. / Surprenant, Carol F. (Hrsg.) (1985): The Service Encounter: Managing Employee/Customer Interaction in Service Businesses, Lexington (Massachusetts), Toronto 1985, S. 127-147

Brandes, Annette (1999): Telearbeit und Mitarbeiterführung, Wiesbaden 1999

Brinkmann, Thomas (1998): Servicepolitik als Mittel zur Erhöhung der Kundenzufriedenheit und -bindung in Banken, Frankfurt am Main, Berlin, Bern u.a. 1998

Brockhoff, Klaus (1998): Der Kunde im Innovationsprozeß, Berichte aus den Sitzungen der Joachim Jungius-Gesellschaft der Wissenschaften e.V., Hamburg, 16. Jhrg., Heft 3, 1998

Brose, Peter (1982): Planung, Bewertung und Kontrolle technologischer Innovationen, Berlin 1982

Bruhn, Manfred (1997): Qualitätsmanagement für Dienstleistungen: Grundlagen, Konzepte, Methoden, 2., überarb. u. erw. Aufl., Berlin, Heidelberg, New York u.a. 1997

Bruhn, Manfred (1998): Wirtschaftlichkeit des Qualitätsmanagements: Qualitätscontrolling für Dienstleistungen, Berlin, Heidelberg, New York u.a. 1998

Bruhn, Manfred / Bunge, Bettina (1994): Beziehungsmarketing - Neuorientierung für Marketingwissenschaft und -praxis ?, Arbeitspapier Nr. 15 des Instituts für Marketing an der European Business School, Schloß Reichartshausen 1994

Bruhn, Manfred / Bunge, Bettina (1996): Beziehungsmarketing als integrativer Ansatz der Marketingwissenschaft: ein "Beziehungsgeflecht" zwischen Neologismus und Eklektizismus ?, in: Die Unternehmung, 50. Jhrg., Heft 3, 1996, S. 171-194

Bruhn, Manfred / Georgi, Dominik (1999): Wirtschaftlichkeit des Kundenbindungsmanagements, in: Bruhn, Manfred / Homburg, Christian (Hrsg.) (1999): Handbuch Kundenbindungsmanagement: Grundlagen - Konzepte - Erfahrungen, 2., aktualisierte und erw. Aufl., Wiesbaden 1999, S. 411-439

Bruhn, Manfred / Homburg, Christian (Hrsg.) (1999): Handbuch Kundenbindungsmanagement: Grundlagen - Konzepte - Erfahrungen, 2., aktual. u. erw. Aufl., Wiesbaden 1999

Bruhn, Manfred / Meffert, Heribert (Hrsg.) (1998a): Handbuch Dienstleistungsmanagement: Von der strategischen Konzeption zur praktischen Umsetzung, Wiesbaden 1998

Bruhn, Manfred / Meffert, Heribert (1998b): Dienstleistungsmanagement als unternehmerische Herausforderung - eine Einführung in das Handbuch, in: Bruhn, Manfred / Meffert, Heribert (Hrsg.) (1998a): Handbuch Dienstleistungsmanagement: Von der strategischen Konzeption zur praktischen Umsetzung, Wiesbaden 1998, S. 1-25

Bruhn, Manfred / Stauss, Bernd (Hrsg.) (1991): Dienstleistungsqualität: Konzepte, Methoden, Erfahrungen, Wiesbaden 1991

Bruhn, Manfred / Stauss, Bernd (Hrsg.) (1995): Dienstleistungsqualität: Konzepte, Methoden, Erfahrungen, 2., überarb. und erw. Aufl., Wiesbaden 1995

Bruhn, Manfred / Steffenhagen, Hartwig (Hrsg.) (1997): Marktorientierte Unternehmensführung: Reflexionen - Denkanstösse - Perspektiven, Wiesbaden 1997

Buchholz, Wolfgang / Olemotz, Thomas (1995): Markt- vs. Ressourcenbasierter Ansatz - Konkurrierende oder komplementäre Konzepte im Strategischen Management, Arbeitspapier Nr. 1/1995 des Lehrstuhles für Organisation, Unternehmensführung und Personalwirtschaft der Justus-Liebig-Universität Gießen, Gießen 1995

Bühner, Rolf (1999): Betriebswirtschaftliche Organisationslehre, 9., bearb. und erg. Aufl., München, Wien 1999

Bullinger, Hans-Jörg (1995): Prozeßmanagement, in: Corsten, Hans / Reiß, Michael (Hrsg.) (1995): Handbuch Unternehmensführung: Konzepte - Instrumente - Schnittstellen, Wiesbaden 1995, S. 779-790

Bullinger, Hans-Jörg (Hrsg.) (1998a): Effiziente Arbeitsorganisation durch Telearbeit und Call Center, Office 21: Zukunft der Arbeit, Tagung des Fraunhofer-Instituts für Arbeitswirtschaft und Organisation am 20. April 1998, Stuttgart 1998

Bullinger, Hans-Jörg (1998b): Telearbeit und Call Center heute: Stand und Entwicklungsperspektiven, in: Bullinger, Hans-Jörg (Hrsg.) (1998a): Effiziente Arbeitsorganisation durch Telearbeit und Call Center, Office 21: Zukunft der Arbeit, Tagung des Fraunhofer-Instituts für Arbeitswirtschaft und Organisation am 20. April 1998, Stuttgart 1998, S. 25-58

Bullinger, Hans-Jörg / Warnecke, Hans Jürgen (Hrsg.) (1996): Neue Organisationsformen im Unternehmen: ein Handbuch für das moderne Management, Berlin, Heidelberg, New York u.a. 1996

Bullinger, Hans-Jörg / Zahn, Erich (Hrsg.) (1998): Dienstleistungsoffensive: Wachstumschancen intelligent nutzen, Stuttgart 1998

Bullinger, Hans-Jörg et al. (1998): Dienstleistung - Veränderungen für die Arbeit der Zukunft, in: Bullinger, Hans-Jörg / Zahn, Erich (Hrsg.) (1998): Dienstleistungsoffensive: Wachstumschancen intelligent nutzen, Stuttgart 1998, S. 15-34

Bundesministerium für Wirtschaft und Technologie (1999a): Multimedia: Potentiale nutzen - Beschäftigung schaffen. Deutschland im internationalen Vergleich, Dokumentation Nr. 466, Berlin 1999

Bundesministerium für Wirtschaft und Technologie (1999b): Qualifikationsanforderungen in der Call Center-Branche - Status quo und Perspektiven, Bonn 1999

Burnett, Ken (1992): Strategic customer alliances: how to win, manage and develop key account business in the 1990's, London 1992

Burrell, Gibson / Morgan, Gareth (1979): Sociological paradigms and organisational analysis, London, Edinburgh, Melbourne u.a. 1979

Busse von Colbe, Walther / Laßmann, Gert (1988): Betriebswirtschaftstheorie, Bd. 1, Grundlagen, Produktions- und Kostentheorie, 4., überarb. u. erg. Aufl., Berlin, Heidelberg, New York u.a. 1988

Buttle, Francis (Hrsg.) (1996a) : Relationship Marketing: theory and practice, London 1996

Buttle, Francis (1996b): Relationship marketing, in: Buttle, Francis (Hrsg.) (1996a): Relationship Marketing: theory and practice, London 1996, S. 1-16

Cap Gemini Ernst & Young (2000): Vom Call Center zum multimedialen Communication Center. Techniken und Trends eines Wachstumsmarktes, Bad Homburg 2000

Cardozo, Richard N. / Shipp, Shannon H. / Roering, Kenneth J. (1987): Implementing New Business-to-Business Selling Methods, in: Journal of Personal Selling & Sales Management, Vol. VII, August, 1987, S. 17-26

Carlzon, Jan (1988): Alles für den Kunden, Frankfurt, New York 1988

Carwardine, Eve (1996): The call-centre concept, in: Murley, Peter (Hrsg.): Gower handbook of customer service, Aldershot, Brookfield 1996, S. 515-530

Casagranda, Michael (1994): Industrielles Service-Management: Grundlagen, Instrumente, Perspektiven, Wiesbaden 1994

Cenarius, Friedhelm (1995): Call Center: Das Management der Telefonanrufe, in: Diebold Management Report, ohne Jhrg., Heft 4, 1995, S. 14-17

Cespedes, Frank V. / Smith, H. Jeff (1993): Database Marketing: New Rules for Policy and Practice, in: Sloan Management Review, Vol. 34, No. 4 (Summer), 1993, S. 7-22

Chase, Richard B. (1979): Where does the customer fit in a service operation ?, in: Harvard College (Ed.): Service Management, Harvard Business Review, No. 18051, Boston 1979, S. 13-18

Chase, Richard B. / Tansik, David A. (1983): The Customer Contact Model for Organization Design, in: Management Science, Vol. 29, No. 9, 1983, S. 1037-1050

Child, Peter et al. (1995): Can marketing regain the personal touch ?, in: The McKinsey Quarterly, Vol. 32, No. 3, 1995, S. 113-125

Clark, Colin (1957): The conditions of economic progress, 3rd ed., London 1957

Clegg, Alicia (1999): Down the line, in: Marketing Week, Vol. 22, No. 2 (February 11), 1999, S. 41-42

Clemons, Eric K. / Thatcher, Matt E. / Row, Michael C. (1995): Identifying Sources of Reengineering Failures: A Study of the Behavioral Factors Contributing to Reengineering Risks, in: Journal of Management Information Systems, Vol. 12, No. 2, Fall 1995, S. 9-36

Cleveland, Brad / Minnucci, Jay (2000): The E-Enabled Call Center: Getting Past Go, in: Business Communications Review, Vol. 30, October, 2000, S. 38-44

Cleveland, Brad / Mayben, Julia / Greff, Günter (1998): Call-Center-Management: Leitfaden für den Aufbau, Organisation und Führung von Teleservicecentern, Wiesbaden 1998

Cline, Kenneth (1997): Call Centers: The heart of direct banking, in: Banking Strategies, Vol. 73, No. 6 (November/December), 1997, S. 88-96

Clyde, Jamie (1996): Toll-free and local charge rate services, in: Murley, Peter (Hrsg.) (1996): Gower handbook of customer service, Aldershot, Brookfield 1996, S. 552-560

Coase, Ronald H. (1937): The nature of the firm, in: Economica, Vol. 4, No. 4, 1937, S. 386-405

Copulsky, Jonathan R. / Wolf, Michael J. (1990): Relationship Marketing: Positioning for the Future, in: The Journal of Business Strategy, Vol. 11, No. 4 (July/August), 1990, S. 16-20

Corsten, Hans (1995): Externalisierung und Internalisierung als strategische Optionen von Dienstleistungsunternehmungen, in: Bruhn, Manfred / Stauss, Bernd (Hrsg.) (1995): Dienstleistungsqualität. Konzepte, Methoden, Erfahrungen, 2., überarb. und erw. Aufl., Wiesbaden 1995, S. 189-206

Corsten, Hans (1996): Grundlagen und Elemente des Prozeßmanagement, Schriften zum Produktionsmanagement der Universität Kaiserlautern, Nr. 4, Kaiserslautern 1996

Corsten, Hans (1997): Dienstleistungsmanagement, 3., völlig neu bearb. und wesentlich erw. Aufl. von "Betriebswirtschaftslehre der Dienstleistungsunternehmungen", München, Wien 1997

Corsten, Hans / Schneider, Herfried (Hrsg.) (1999): Wettbewerbsfaktor Dienstleistung: Produktion von Dienstleistungen, München 1999

Corsten, Hans / Stuhlmann, Stephan (Hrsg.) (1997a): Kapazitätsmanagement in Dienstleistungsunternehmen: Grundlagen und Gestaltungsmöglichkeiten, Wiesbaden 1997

Corsten, Hans / Stuhlmann, Stephan (1997b): Capacity management in service organisations: conceptual frame and managerial implications, Schriften zum Produktionsmanagement der Universität Kaiserlautern, Nr. 11, Kaiserslautern 1997

Corsten, Hans / Reiß, Michael (Hrsg.) (1995): Handbuch Unternehmensführung: Konzepte - Instrumente - Schnittstellen, Wiesbaden 1995

Cumby, Judith A. / Barnes, James G. (1996): Relationship Segmentation: The Enhancement of Databases to Support Relationship Marketing, in: Parvatiyar, Atul / Sheth, Jagdish N. (Hrsg.) (1996): Contemporary Knowledge of Relationship Marketing, Proceedings of the Third Research Conference on Relationship Marketing, Center for Relationship Marketing, Roberto C. Goizueta Business School, Emory University, Atlanta (Georgia) 1996, S. 14-24

Cunningham, Anthony C. (1995): précis zu: Lewis, Barbara R. (1995): Customer Care in Services, in: Glynn, William J. / Barnes, James G. (Ed.) (1995): Understanding services management: integrating marketing, organisational behaviour, operations and human resource management, Chichester, New York, Brisbane u.a. 1995, S. 57-88

Cusack, Michael (1998): Online Customer Care: applying today's technology to achieve world-class customer interaction, Milwaukee (Wisconsin) 1998

Czepiel, John A. / Solomon, Michael R. / Surprenant, Carol F. (Hrsg.) (1985): The Service Encounter: Managing Employee/Customer Interaction in Service Businesses, Lexington (Massachusetts), Toronto 1985

Czepiel, John A. / Solomon, Michael R. / Surprenant, Carol F. / Gutman, Evelyn G. (1985): Service Encounters: An Overview, in: Czepiel, John A. / Solomon, Michael R. / Surprenant, Carol F. (Hrsg.) (1985): The Service Encounter: Managing Employee/Customer Interaction in Service Businesses, Lexington (Massachusetts), Toronto 1985, S. 3-15

Dallmer, Heinz (Hrsg.) (1997a): Handbuch Direct-Marketing, 7., völlig überarb. Aufl., Wiesbaden 1997

Dallmer, Heinz (1997b): Das System des Direct Marketing - Entwicklung und Zukunftsperspektiven, in: Dallmer, Heinz (Hrsg.) (1997a): Handbuch Direct-Marketing, 7., völlig überarb. Aufl., Wiesbaden 1997, S. 3-19

Datamonitor (1998): Call Centres in Europe 1997-2002, London 1998

Davenport, Thomas H. / Klahr, Philip (1998): Managing Customer Support Knowledge, in: California Management Review, Vol. 40, No. 3, Spring 1998, S. 195-208

Davenport, Thomas H. / Short, James E. (1990): The New Industrial Engineering: Information Technology and Business Process Redesign, in: Sloan Management Review, Vol. 31, No. 4 (Summer), 1990, S. 11-27

Davis, Richard (1997): Exit The Call Center - Enter The Service Organization, in: Telemarketing & Call Center Solutions, Vol. 16, October, 1997, S. 102-105

Dawson, Keith (1998): Call Center Handbook, The Complete Guide to Starting, Running and Improving Your Call Center, 2nd ed., New York 1998

Deges, Frank (Hrsg.) (1999): Einsatz interaktiver Medien im Unternehmen, Stuttgart 1999

Denger, Katharina S. / Wirtz, Bernd W. (1999): Customer Call Center - eine empirische Analyse zur Gründung, Organisationsstruktur und Ausgestaltung in der Versicherungswirtschaft, in: Die Unternehmung, 53. Jhrg., Heft 2, 1999, S. 89-103

Deppe, Markus (1992): Vom traditionellen Kundendienst zur Servicepolitik als Marketinginstrument, in: GfK-Jahrbuch der Absatz- und Verbrauchsforschung, 38. Jhrg., Heft 3, 1992, S. 293-311

DeSouza, Glenn (1992): Designing a Customer Retention Plan, in: The Journal of Business Strategy, Vol. 13, No. 2 (March/April), 1992, S. 24-28

Deutscher Direktmarketing Verband e.V. (1997): Call Center in Deutschland. Ergebnisse einer Umfrage unter den 5000 umsatzstärksten Unternehmen in Deutschland, Wiesbaden 1997

Dichtl, Erwin / Schneider, Willy (1994): Kundenzufriedenheit im Zeitalter des Beziehungsmanagements, in: Belz, Christian / Schögel, Marcus / Kramer, Markus (Hrsg.) (1994): Lean Management und Lean Marketing, St. Gallen 1994, S. 6-12

Dick, Alan S. / Basu, Kunal (1994): Customer Loyalty: Toward an Integrated Conceptual Framework, in: Journal of the Academy of Marketing Science, Vol. 22, No. 2 (Spring), 1994, S. 99-113

Diller, Hermann: (1994a) Bestandsaufnahme und Entwicklungperspektiven des Beziehungsmanagement, in: Meffert, Heribert / Wagner, H. / Backhaus, Klaus (Hrsg.)

(1994): Beziehungsmarketing - neue Wege zur Kundenbindung, Dokumentation des Workshops der Wissenschaftlichen Gesellschaft für Marketing und Unternehmensführung e.V. vom 24. Juni 1994, Dokumentationspapier Nr. 90, o.O. 1994, S. 6-30

Diller, Hermann (1994b): Ergebnisse der Metaplan-Diskussion "Beziehungsmanagement" (BM) beim BM-Workshop am 27.9.1993 in Frankfurt, in: Backhaus, Klaus/ Diller, Hermann (Hrsg.) (1994): Arbeitsgruppe "Beziehungsmanagement" der wissenschaftlichen Kommission für Marketing im Verband der Hochschullehrer für Betriebswirtschaftslehre, Dokumentation des 1. Workshops vom 27.-28.9.1993 in Frankfurt am Main, Frankfurt am Main 1994, S. 1-7

Diller, Hermann (1995a): Beziehungs-Marketing, in: Wirtschaftswissenschaftliches Studium, 24. Jhrg., Heft 9, September 1995, S. 442-447

Diller, Hermann (1995b): Beziehungsmanagement, in: Tietz, Bruno / Köhler, Richard / Zentes, Joachim (Hrsg.) (1995): Handwörterbuch des Marketing, 2. Aufl., Stuttgart 1995, Sp. 285-300

Diller, Hermann (1996): Kundenbindung als Marketingziel, in: Marketing - Zeitschrift für Forschung und Praxis, 18. Jhrg., Heft 2, 1996, S. 81-94

Diller, Hermann / Kusterer, Marion (1988): Beziehungsmanagement: Theoretische Grundlagen und explorative Befunde, in: Marketing - Zeitschrift für Forschung und Praxis, 10. Jhrg., Heft 3, 1988, S. 211-220

Diller, Hermann / Müllner, Markus (1998): Kundenbindungsmanagement, in: Meyer, Anton (Hrsg.) (1998b): Handbuch Dienstleistungs-Marketing, Bd. 2, Stuttgart 1998, S. 1219-1240

Drucker, Peter F. (1954) : The practice of management, New York 1954

Drucker, Peter F. (1974): Management: Tasks, Responsabilities, Practices, London, Melbourne, Toronto 1974

Drumm, Hans Jürgen (1995): Personalwirtschaftslehre, 3., neu bearb. und erw. Aufl., Berlin, Heidelberg, New York u.a. 1995

Duncan, Tom / Moriarty, Sandra E. (1998): A Communication-based Marketing Model for Managing Relationships, in: Journal of Marketing, Vol. 62, April, 1998, S. 1-13

Duncan, W. Jack / Ginter, Peter M. / Swayne, Linda E. (1998): Competitive advantage and internal organizational assessment, in: Academy of Management Executive, Vol. 12, No. 3 (August), 1998, S. 6-16

Durr, William (1996): Building A World-Class Inbound Call Center, o.O. 1996

Ebers, Mark / Gotsch, Wilfried (1999): Institutionenökonomische Theorien der Organisation, in: Kieser, Alfred (Hrsg.) (1999): Organisationstheorien, 3., überarb. und erw. Aufl., Stuttgart, Berlin, Köln 1999, S. 199-251

Eckel, Heike (1997): Beziehungsmarketing in Dienstleistungsunternehmen, Göttingen 1997

Efthimiou, Alexander (1997): Bei Anruf Chaos ... , in: Direkt Marketing, 33. Jhrg., Heft 2, 1997, S. 10-12

Eichhorn, Peter (2000): Das Prinzip Wirtschaftlichkeit. Basis der Betriebswirtschaftslehre, 2., durchgesehene Auflage, Wiesbaden 2000

Engelhardt, Werner Hans (1997): Das Marketing in der Betriebswirtschaftslehre - Eine paradigmatische Betrachtung, in: Bruhn, Manfred / Steffenhagen, Hartwig (Hrsg.) (1997): Marktorientierte Unternehmensführung: Reflexionen - Denkanstösse - Perspektiven, Wiesbaden 1997, S. 3-17

Engelhardt, Werner Hans / Freiling, Jörg (1994): Integrativität als Brücke zwischen Einzeltransaktion und Geschäftsbeziehung, in: Backhaus, Klaus / Diller, Hermann (Hrsg.) (1994): Arbeitsgruppe "Beziehungsmanagement" der wissenschaftlichen Kommission für Marketing im Verband der Hochschullehrer für Betriebswirtschaftslehre, Dokumentation des 1. Workshops vom 27.-28.9.1993 in Frankfurt am Main, Frankfurt am Main 1994, S. 53-68

Engelhardt, Werner H. / Freiling, Jörg (1998): Aktuelle Tendenzen in der marktorientierten Unternehmensführung, in: Wirtschaftswissenschaftliches Studium, 27. Jhrg., Heft 11, 1998, S. 565-572

Engelhardt, Werner Hans / Schnittka, Matthias (1998): Entwicklungstendenzen des Dienstleistungsmanagements aus Sicht der Wissenschaft, in: Bruhn, Manfred / Meffert, Heribert (Hrsg.) (1998a): Handbuch Dienstleistungsmanagement: Von der strategischen Konzeption zur praktischen Umsetzung, Wiesbaden 1998, S. 915-932

Engelhardt, Werner H. / Kleinaltenkamp, Michael / Reckenfelderbäumer, Martin (1993): Leistungsbündel als Absatzobjekte, in: Zeitschrift für betriebswirtschaftliche Forschung, 45. Jhrg., Heft 5, 1993, S. 395-426

Erfort, Mathias (1998): Gestaltungsoptionen eines Entgeltsystems für unternehmensinterne Dienstleistungsbereiche, Frankfurt am Main, Berlin, Bern u.a. 1998

Evenson, Ann / Harker, Patrick T. / Frei, Frances X. (1999): Effective Call Center Management: Evidence from Financial Services, Harvard Business School, Working Paper No. 99-110, Boston 1999

Farny, Dieter (1995): Versicherungsbetriebslehre, 2., überarb. Aufl., Karlsruhe 1995

Fernie, Sue / Metcalf, David (1998): (Not) Hanging on the Telephone: Payment Systems in the New Sweatshops, London School of Economics & Political Science, The Centre for Economic Performance, Discussion Paper No. 390, London 1998

Festing, Marion / Groening, Yvonne (1997): Personalmanagement im Call Center, in: Personalwirtschaft, 24. Jhrg., Heft 12, 1997, S. 48-53

Fleïng, Joachim (1998): Call Center - auch eine Chance für den Außendienst, in: Versicherungskaufmann, 45. Jhrg, Heft 8, 1998, S. 20-22

Fornell, Claes (1978): Corporate Consumer Affairs Department - A Communication Perspective, in: Zeitschrift für Verbraucherpolitik/Journal of Consumer Policy, Vol. 2, No. 4, 1978, S. 289-301

Fornell, Claes (1992): A National Customer Satisfaction Barometer: The Swedish Experience, in: Journal of Marketing, Vol. 56, January, 1992, S. 6-21

Fourastié, Jean (1952): Le grand espoir du XXe siècle, 3. éd., rév. et augmentée, Paris 1952

Frenkel, Stephen / Donoghue, Leigh (1996): Call Centres and Service Excellence: Design and Management Challenges to Support a Service Excellence Strategy, Australian Graduate School of Management, University of New South Wales, Centre for Corporate Change Working Paper No. 066, Sydney 1996

Frese, Erich (Hrsg.) (1992): Handwörterbuch der Organisation, 3., völlig neu gestaltete Aufl., Stuttgart 1992

Frese, Erich (1998): Grundlagen der Organisation: Konzept - Prinzipien - Strukturen, 7., überarb. Aufl., Wiesbaden 1998

Frese, Erich et al. (1995): Nach der ersten Restrukturierungswelle, Überlegungen zu Kurskorrekturen und Entwicklungsbedarf, in: Die Unternehmung, 49. Jhrg., Heft 5, 1995, S. 293-319

Fritz, Wolfgang (1995): Marketing-Management und Unternehmenserfolg: Grundlagen und Ergebnisse einer empirischen Untersuchung, 2., überarb. und erg. Aufl., Stuttgart 1995

Fritz, Wolfgang (1999): Electronic Commerce: What Is Different in Germany ?, Keynote Address, COTIM '99, Arbeitspapier Nr. 99/15 des Instituts für Wirtschaftswissenschaften der Technischen Universität Braunschweig, Braunschweig 1999

Fritz, Wolfgang / von der Oelsnitz, Dietrich (1998): Marketing: Elemente marktorientierter Unternehmensführung, 2., überarb. und erw. Aufl., Stuttgart, Berlin, Köln 1998

Frost, Jetta (1997): Die Koordinations- und Orientierungsfunktion der Organisation, Diss. an der Wirtschaftswissenschaftlichen Fakultät der Universität Zürich, Bern, Stuttgart, Wien 1997

Gable, Robert A. (1993): Inbound Call Center: Design, Implementation, and Management, Boston, London 1993

Gable, Robert A. (1998): Vendor Service: Bad and Getting Worse, in: Business Communications Review, Vol. 28, April, 1998, S. 40-42

Gaitanides, Michael (1983): Prozeßorganisation: Entwicklung, Ansätze, und Programme prozeßorientierter Organisationsgestaltung, München 1983

Gaitanides, Michael (1992): Ablauforganisation, in: Frese, Erich (Hrsg.) (1992): Handwörterbuch der Organisation, 3., völlig neu gestaltete Aufl., Stuttgart 1992, Sp. 1-18

Gaitanides, Michael (1998): Business Reengineering / Prozeßmanagement - von der Managementtechnik zur Theorie der Unternehmung ?, in: Die Betriebswirtschaft, 58. Jhrg., Heft 3, 1998, S. 369-381

Galbreath, Jeremy (1998): Relationship Management Environments. What Kind Do You Have ? What Kind Should You Have ?, in: CreditWorld, Vol. 87, No. 2 (November-December), 1998, S. 14-21

Gälweiler, Aloys (1990): Strategische Unternehmensführung, 2. Aufl., Frankfurt am Main, New York 1990

Garson, Barbara (1988): The electronic sweatshop: how computers are transforming the office of the future into the factory of the past, New York 1988

Garvin, David A. (1998): The Processes of Organization and Management, in: Sloan Management Review, Vol. 39, No. 4 (Summer), 1998, S. 33-50

Geffroy, Edgar K. (Hrsg.) (1999): Das einzige, was immer noch stört, ist der Kunde: Kundenerfolge statt Verkaufserfolge, Landsberg am Lech 1999

Gemini Consulting (1997): Call Center Marktbefragung 1997, Bad Homburg 1997

Gemünden, Hans Georg (1990): Innovationen in Geschäftsbeziehungen und Netzwerken, Arbeitspapier des Instituts für Angewandte Betriebswirtschaftslehre und Unternehmensführung der Universität Karlsruhe, Karlsruhe 1990

Gemünden, Hans Georg / Ritter, Thomas / Walter, Achim (Hrsg.) (1996): Interactions, Relationships and Networks, Proceedings of the 12th International Conference on Industrial Marketing and Purchasing, Vol. 2, Karlsruhe 1996

Gerhard, Thorsten (1997): Moderne Management-Konzepte: die Paradigmenwechsel in der Unternehmensführung, Wiesbaden 1997

Gerhardt, Tilman / Nippa, Michael / Picot, Arnold (1992): Die Optimierung der Leistungstiefe, in: Harvard Manager, 14. Jhrg., Heft 3 (III. Quartal), 1992, S. 136-142

GfK (1998): Call Center Studie 1998 - Ergebnisse der GfK - Marktstudie zur Entwicklung der Call Center-Branche in Deutschland, [Nürnberg] 1998

GfK (2000): GfK Online-Monitor, 5. Untersuchungswelle, Präsentation der zentralen Ergebnisse, [Nürnberg] 2000

Ghoshal, Sumantra / Moran, Peter (1996): Bad for practice: A critique of the transaction cost theory, in: Academy of Management Review, Vol. 21, No. 1, 1996, S. 13-47

Glynn, William J. / Barnes, James G. (Ed.) (1995): Understanding services management: integrating marketing, organisational behaviour, operations and human resource management, Chichester, New York, Brisbane u.a. 1995

Godehardt, Birgit (1994): Telearbeit: Rahmenbedingungen und Potentiale, Opladen 1994

Goodman, John / Blanchard, Aimée (1999): Should You Outsource Your Call Center ?, in: American Gas, Vol. 81, No. 1 (February), 1999, S. 13-14

Goodman, John / Yanovsky, Marlene (2000): Show me the money! Customer service strategies that even a CFO will buy, in: ABA Banking Journal, Vol. 92, No. 1 (January), 2000, S. 28-34

Goodmann, John A. / Malech, Arlene R. / Marra, Theodore R. (1987): Beschwerdepolitik unter Kosten/Nutzen-Gesichtspunkten - Lernmöglichkeiten aus den USA, in: Hansen, Ursula / Schoenheit, Ingo (Hrsg.) (1987a): Verbraucherzufriedenheit und Beschwerdeverhalten, Frankfurt am Main, New York 1987, S. 165-202

Goodman, John / Ward, Dianne / Broetzmann, Scott (1999): Outsourcing the Customer Service Call Center. Smart cost-saving alternative or disaster waiting to happen ?, Working Paper by TARP, Arlington (Virginia) 1999

Goodman, John / Ward, Dianne / Yanovsky, Marlene (1998): Quantifying the Payoff of a Customer Service Call Center, Working Paper by TARP, Arlington (Virginia) 1998

Goodman, John / Yanovsky, Marlene / Blanchard, Aimée (1998): Measuring the Bottom Line Impact of Inbound Call Centers: A Financial Services Example, Working Paper by TARP, Arlington (Virginia) 1998

Gordon, Ian H. (1998): Relationship Marketing: new strategies, techniques and technologies to win the customer you want and keep them forever, Toronto, New York, Chichester u.a. 1998

Graf, Karin (1990): Die Behandlung von Verbraucherbeschwerden in Unternehmen, Berlin 1990

Greff, Günter (1999): Call Center Management: Messung und Steigerung der Qualität des Telefonservice, in: Töpfer, Armin (Hrsg.) (1999a): Kundenzufriedenheit messen und steigern, 2., erw. und überarb. Aufl., Neuwied, Kriftel/Ts. 1999, S. 491-513

Gremminger, Michael (1995): Beziehungen zwischen Wettbewerbern: Konzeptualisierung und Ansatzpunkte eines Beziehungsmanagement gegenüber dem Wettbewerber, Stuttgart 1995

Grewe, Alexander (2000): Implementierung neuer Anreizsysteme: Grundlagen, Konzept und Gestaltungsempfehlungen, München, Mering 2000

Grochla, Erwin (1978): Einführung in die Organisationstheorie, Stuttgart 1978

Grochla, Erwin (1982): Grundlagen der organisatorischen Gestaltung, Stuttgart 1982

Grönroos, Christian (1984): Strategic Management and Marketing in the Service Sector, Lund 1984

Grönroos, Christian (1990a): Service management and marketing: managing the moments of truth in service competition, Lexington (Massachusetts), Toronto 1990

Grönroos, Christian (1990b): Relationship Approach to Marketing in Service Contexts: The Marketing and Organisational Behavior Interface, in: Journal of Business Research, Vol. 20, 1990, S. 3-11

Grönroos, Christian (1995a): The rebirth of modern marketing - six propositions about relationship marketing, Swedish School of Economics and Business Administration Finland, Working Paper No. 307, Helsingfors 1995

Grönroos, Christian (1995b): Relationship Marketing: The Strategy Continuum, in: Journal of the Academy of Marketing Science, Vol. 23, No. 4, 1995, S. 252-254

Grönroos, Christian (1997): Relationship Marketing: Interaction, Dialogue and Value, Swedish School of Economics and Business Administration Finland, Working Paper No. 344, Helsingfors 1997

Gruen, Thomas W. (1995): The Outcome Set of Relationship Marketing in Consumer Markets, in: International Business Review, Vol. 4, No. 4, 1995, S. 447-469

Gruen, Thomas W. (1997): Relationship Marketing: The Route to Marketing Efficiency and Effectiveness, in: Business Horizons, Vol. 40, No. 6 (November-December), 1997, S. 32-38

Grund, Michael A. (1998): Interaktionsbeziehungen im Dienstleistungsmarketing: Zusammenhänge zwischen Zufriedenheit und Bindung von Kunden und Mitarbeitern, Wiesbaden 1998

Günter, Bernd (1998): Beschwerdemanagement, in: Simon, Hermann / Homburg, Christian (Hrsg.) (1998a): Kundenzufriedenheit: Konzepte - Methoden - Erfahrungen, 3. , aktual. und erw. Aufl., Wiesbaden 1998, S. 283-299

Gummesson, Evert (1987a): Lip Service - A Neglected Area in Services Marketing, in: The Journal of Services Marketing, Vol. 1, No. 1, 1987, S. 19-24

Gummesson, Evert (1987b): The New Marketing - Developing Long-term Interactive Relationships, in: Long Range Planning, Vol. 20, No. 4, 1987, S. 10-20

Gummesson, Evert (1994): Service Management: An Evaluation and the Future, in: International Journal of Service Industry Management, Vol 5., No. 1, 1994, S. 77-96

Gummesson, Evert (1998): Implementation Requires a Relationship Marketing Paradigm, in: Journal of the Academy of Marketing Science, Vol. 26, No. 3 (Summer), 1998, S. 242-249

Gummesson, Evert (1999): Total relationship marketing: from the 4Ps - product, price, promotion, place - of traditional marketing management to the 30Rs - the thirty relationships - of the new marketing paradigm, Oxford 1999

Gurbaxani, Vijay (1996): The New World of Information Technology Outsourcing, in: Communications of the ACM, Vol. 39, No. 7 (July), 1996, S. 45-46

Gutenberg, Erich (1983): Grundlagen der Betriebswirtschaftslehre, Bd. I: Die Produktion, 24., unveränd. Aufl., Berlin, Heidelberg, New York 1983

Gutenberg, Erich (1984): Grundlagen der Betriebswirtschaftslehre, Bd. II: Der Absatz, 17., unveränd. Aufl., Berlin, Heidelberg, New York 1984

Gwinner, Kevin P. / Gremler, Dwayne D. / Bitner, Mary Jo (1998): Relational Benefits in Services Industries: The Customer's Perspective, in: Journal of the Academy of Marketing Science, Vol. 26, No. 2, 1998, S. 101-114

Hahnel, Markus (1999): Effektive Eigenregie oder erfolgreiches Outsourcing ? - Positionierung des Call Centers im oder außerhalb des Unternehmens, in: Menzler-Trott, Eckart (Hrsg.) (1999a): Call Center-Management: ein Leitfaden für Unternehmen zum effizienten Kundendialog, München 1999, S. 131-149

Hall, Bill / Anton, Jon (1998): Optimize Your Call Center Through Simulation, in: Call Center Solutions, Vol. 17, No. 3, September, 1998, S. 54-59

Haller, Sabine (1995): Beurteilung von Dienstleistungsqualität: dynamische Betrachtung des Qualitätsurteils im Weiterbildungsbereich, Wiesbaden 1995

Halves, Jan / Klagge, Britta (1999): Call Center als neue Arbeitgeber im Dienstleistungs-bereich: Einschätzung und Engagement der Städte, in: der städtetag - Zeitschrift für Kommunale Praxis und Wissenschaft, 52. Jhrg., Heft 3, März, 1999, S. 108-112

Hammer, Michael / Champy, James (1993): Reengineering the Corporation: a manifesto for business revolution, New York 1993

Hampe, J. Felix / Schönert, Silke (1997a): Call Center, in: Wirtschaftsinformatik, 39. Jhrg., Heft 2, 1997, S. 173-176

Hampe, J. Felix / Schönert, Silke (1997b): Computer Telephony Integration, in: Wirtschaftsinformatik, 39. Jhrg., Heft 3, 1997, S. 269-278

Hansen, Ursula / Bode, Matthias (1999): Marketing und Konsum: Theorie und Praxis von der Industrialisierung bis ins 21. Jahrhundert, München 1999

Hansen, Ursula / Jeschke, Kurt (1992): Nachkaufmarketing. Ein neuer Trend im Konsumgütermarketing ?, in: Marketing - Zeitschrift für Forschung und Praxis, 14. Jhrg., Heft 2, 1992, S. 88-97

Hansen, Ursula / Schoenheit, Ingo (Hrsg.) (1985a): Verbraucherabteilungen in privaten und öffentlichen Unternehmen, Frankfurt am Main, New York 1985

Hansen, Ursula / Schoenheit, Ingo (Hrsg.) (1987a): Verbraucherzufriedenheit und Beschwerdeverhalten, Frankfurt am Main, New York 1987

Hansen, Ursula / Schoenheit, Ingo (1987b): Verbraucherzufriedenheit und Beschwerden - Strategische Herausforderungen für Unternehmen und Verbraucherorganisationen, in: Hansen, Ursula / Schoenheit, Ingo (Hrsg.) (1987a): Verbraucherzufriedenheit und Beschwerdeverhalten, Frankfurt am Main, New York 1987, S. 11-27

Hansmann, Karl-Werner (Hrsg.) (1997): Management des Wandels, Schriften zur Unternehmensführung, Bd. 60, Wiesbaden 1997

Hart, Christopher W. L. (1995) : Mass customization. Conceptual underpinnings, opportunities and limits, in: International Journal of Service Industry Management, Vol. 6, No. 2, 1995, S. 36-45

Hart, Christopher W. L. / Heskett, James L. / Sasser, W. Earl Jr. (1990): The Profitable Art of Service Recovery, in: Harvard Business Review, Vol. 68, No. 4 (July-August), 1990, S. 148-156

Hartline, Michael D. / Ferrell, O. C. (1996): The Management of Customer-Contact Service Employees: An Empirical Investigation, in: Journal of Marketing, Vol. 60, October, 1996, S. 52-70

Harvard College (Ed.): Service Management, Harvard Business Review, No. 18051, Boston 1979

Haunschild, Axel / Koch, Constanze (1999): Call Center - Make or Buy ?, in: Zeitschrift Führung und Organisation, 68. Jhrg., Heft 4, 1999, S. 214-220

Hauschildt, Jürgen (1997): Innovationsmanagement, 2., völlig überarb. und erw. Aufl., München 1997

Heinen, Edmund (1976a): Grundfragen der entscheidungsorientierten Betriebswirtschaftslehre, München 1976

Heinen, Edmund (1976b): Grundlagen betriebswirtschaftlicher Entscheidungen: das Zielsystem der Unternehmung, 3., durchgesehene Aufl., Wiesbaden 1976

Heinen, Edmund (1985): Einführung in die Betriebswirtschaftslehre, 9., verb. Aufl., Wiesbaden 1985

Helfert, Gabriele (1998): Teams im Relationship Marketing: Design effektiver Kundenbeziehungsteams, Wiesbaden 1998

Henn, Harald / Kruse, J. Peter / Strawe, Olav V. (Hrsg.) (1998): Handbuch Call Center Management: das grosse Nachschlagewerk für alle, die professionell mit dem Telefon arbeiten, 2., überarb. Aufl., Hannover 1998

Hennig-Thurau, Thorsten (1999): Steigert die Vermittlung von Konsum-Kompetenz den Erfolg des Beziehungsmarketing ? Das Beispiel Consumer Electronics, in: Die Unternehmung, 53. Jhrg., Heft 1, 1999, S. 21-37

Hennig-Thurau, Thorsten / Thurau, Claudia (1999): Sozialkompetenz als vernachlässigter Untersuchungsgegenstand des (Dienstleistungs-)Marketing. Einsatzmöglichkeiten und Konzeptualisierung, in: Marketing - Zeitschrift für Forschung und Praxis, 21. Jhrg., Heft 4, 1999, S. 297-311

Hensel, James S. (1990): Service Quality Improvement and Control: A Customer-Based Approach, in: Journal of Business Research, Vol. 20, 1990, S. 43-54

Hentschel, Bert (1991): Beziehungsmarketing, in: Das Wirtschaftsstudium, 20. Jhrg., Heft 1, 1991, S. 25-28

Hentschel, Bert (1992): Dienstleistungsqualität aus Kundensicht: vom merkmals- zum ereignisorientierten Ansatz, Wiesbaden 1992

Hentze, Joachim (1980): Arbeitsbewertung und Personalbeurteilung, Stuttgart 1980

Hentze, Joachim (1994): Personalwirtschaftslehre 1, Grundlagen, Personalbedarfsermittlung, -beschaffung, -entwicklung und -einsatz, 6., überarb. Aufl., Bern, Stuttgart, Wien 1994

Hentze, Joachim (1995): Personalwirtschaftslehre 2, Personalerhaltung und Leistungsstimulation, Personalfreistellung und Personalinformationswirtschaft, 6., überarb. Aufl., Bern, Stuttgart 1995

Hentze, Joachim / Brose, Peter (1985a): Unternehmensführung und Mitbestimmung, Würzburg, Wien 1985

Hentze, Joachim / Brose, Peter (1985b): Organisation, Landsberg am Lech 1985

Hentze, Joachim / Brose, Peter (1990): Personalführungslehre: Grundlagen, Führungsstile, Funktionen und Theorien der Führung, 2., überarb. Aufl., Bern, Stuttgart 1990

Hentze, Joachim / Lindert, Klaus (1998): Motivations- und Anreizsysteme in Dienstleistungs-Unternehmen, in: Meyer, Anton (Hrsg.) (1998a): Handbuch Dienstleistungs-Marketing, Bd. 1, Stuttgart 1998, S. 1010-1030

Hentze, Joachim / Brose, Peter / Kammel, Andreas (1993): Unternehmungsplanung: eine Einführung, 2. Aufl. , Bern, Stuttgart, Wien 1993

Hentze, Joachim / Kammel, Andreas / Lindert, Klaus (1997): Personalführungslehre: Grundlagen, Funktionen und Modelle der Führung, 3., vollst. überarb. Aufl., Bern, Stuttgart, Wien 1997

Herder-Dorneich, Philipp / Kötz, Werner (1972): Zur Dienstleistungsökonomik: Systemanalyse und Systempolitik der Krankenhauspflegedienste, Berlin 1972

Herholtz, Peter (1998): Call Center - Ein Handlungsfeld für Betriebs- und Personalräte, Hamburg 1998

Heskett, James L. et al. (1994): Putting the Service-Profit Chain to Work, in: Harvard Business Review, Vol. 72, No. 2 (March-April), 1994, S. 164-174

Hesse, Jürgen (1997): Vom Beeinflussungsmarketing zum Beziehungsmarketing: Ursachen, Dimensionen, Instrumente, in: Hesse, Jürgen / Kaupp, Peter (Hrsg.) (1997): Kundenkommunikation und Kundenbindung: Neue Ansätze zum Dialog im Marketing, Berlin 1997, S. 13-54

Hesse, Jürgen / Kaupp, Peter (Hrsg.) (1997): Kundenkommunikation und Kundenbindung: Neue Ansätze zum Dialog im Marketing, Berlin 1997

Hildebrand, Volker G. (1997): Individualisierung als strategische Option der Marktbearbeitung : Konzeption, situative Determinanten, Erfolgswirkungen und informationstechnologische Umsetzung, Diss. am Fachgebiet Controlling und Organisation des Fachbereiches Wirtschaftswissenschaften der Universität Gesamthochschule Kassel, Kassel 1997

Hildebrand, Volker G. (1998): Kundenbindung im Online Marketing, in: Link, Jörg (Hrsg.) (1998): Wettbewerbsvorteile durch Online Marketing: die strategischen Perspektiven elektronischer Märkte, Berlin, Heidelberg, New York u.a. 1998, S. 53-73

Hilke, Wolfgang (1989a) (Hrsg.): Dienstleistungs-Marketing, Schriften zur Unternehmensführung, Bd. 35, Wiesbaden 1989

Hilke, Wolfgang (1989b): Grundprobleme und Entwicklungstendenzen des Dienstleistungs-Marketing, in: Hilke, Wolfgang (1989a) (Hrsg.): Dienstleistungs-Marketing, Schriften zur Unternehmensführung, Bd. 35, Wiesbaden 1989, S. 5-44

Hill, Wilhelm / Fehlbaum, Raymond / Ulrich, Peter (1994): Organisationslehre 1. Ziele, Instrumente u. Bedingungen d. Organisation sozialer Systeme, 5., überarb. Aufl., Bern, Stuttgart, Wien 1994

Hillebrecht, Steffen W. (1998): Call Center, in: Das Wirtschaftsstudium, 27. Jhrg., Heft 8-9, 1998, S. 895

Hinterhuber, Hans H. / Al-Ani, Ayad / Handlbauer, Gernot (Hrsg.) (1996): Das neue strategische Management: Elemente und Perspektiven einer zukunftsorientierten Unternehmensführung, Wiesbaden 1996

Hodge, Billy J. / Anthony, William P. (1991): Organization theory: a strategic approach, 4th ed., Boston, London, Toronto u.a. 1991

Hoffmann, Achim (1991): Die Erfolgskontrolle von Beschwerdemanagement-Systemen: theoretische und empirische Erkenntnisse zum unternehmerischen Nutzen von Beschwerdeabteilungen, Frankfurt am Main, Bern, New York u.a. 1991

Hoffmann, Friedrich (1998): Aufbauorganisation, in: Frese, Erich (Hrsg.) (1992): Handwörterbuch der Organisation, 3., völlig neu gestaltete Aufl., Stuttgart 1992, Sp. 208-221

Holmlund, Maria / Kock, Sören (1996): Relationship Marketing: The Importance of Customer-Perceived Service Quality in Retail Banking, in: The Service Industries Journal, Vol. 16, No. 3 (July), 1996, S. 287-304

Holzer, Michael W. (1996): Kundendienst/Service und neue Medien: Symbiotische Strategieansätze für die Investitionsgüterindustrie, Diss. an der Rechts- und Wirtschaftswissenschaftlichen Fakultät der Universität des Saarlandes, Saarbrücken 1996

Homburg, Christian (1998): Kundennähe von Industriegüterunternehmen: Konzeption - Erfolgsauswirkungen - Determinanten, 2., aktualisierte Auflage, Wiesbaden 1998

Homburg, Christian / Bruhn, Manfred (1999): Kundenbindungsmanagement - Eine Einführung in die theoretischen und praktischen Problemstellungen, in: Bruhn, Manfred / Homburg, Christian (Hrsg.) (1999): Handbuch Kundenbindungsmanagement: Grundlagen - Konzepte - Erfahrungen, 2., aktualisierte und erw. Aufl., Wiesbaden 1999, S. 3-35

Homburg, Christian / Faßnacht, Martin (1998): Kundennähe, Kundenzufriedenheit und Kundenbindung bei Dienstleistungsunternehmen, in: Bruhn, Manfred / Meffert, Heribert (Hrsg.) (1998a): Handbuch Dienstleistungsmanagement: Von der strategischen Konzeption zur praktischen Umsetzung, Wiesbaden 1998, S. 405-428

Homburg, Christian / Schäfer, Heiko (1999): Customer Recovery: Profitabiliät durch systematische Rückgewinnung von Kunden, Arbeitspapier Nr. M 39, Reihe Management Know-how, Institut für Marktorientierte Unternehmensführung der Universität Mannheim, Mannheim 1999

Homburg, Christian / Giering, Annette / Hentschel, Frederike (1999): Der Zusammenhang zwischen Kundenzufriedenheit und Kundenbindung, in: Bruhn, Manfred / Homburg, Christian (Hrsg.) (1999): Handbuch Kundenbindungsmanagement: Grundlagen - Konzepte - Erfahrungen, 2., aktualisierte und erw. Aufl., Wiesbaden 1999, S. 81-112

Howe, David (1998): The Cross-Sell Connection, in: Banking Strategies, Vol. 74, No. 6 (November/December), 1998, S. 120-126

Hünerberg, Reinhard (1998): Bedeutung von Online-Medien für das Direktmarketing, in: Link, Jörg (Hrsg.) (1998a): Wettbewerbsvorteile durch Online Marketing: die strategischen Perspektiven elektronischer Märkte, Berlin, Heidelberg, New York u.a. 1998, S. 107-133

Hünerberg, Reinhard / Mann, Andreas (1999): Online-Service, in: Bliemel, Friedhelm / Fassott, Georg / Theobald, Axel (Hrsg.) (1999a): Electronic Commerce: Herausforderungen - Anwendungen - Perspektiven, Wiesbaden 1999, S. 279-297

Hutchinson, Sue / Purcell, John / Kinnie, Nick (2000): Evolving high commitment management and the experience of the RAC call centre, in: Human Resource Management Journal, Vol. 10, No. 1, 2000, S. 63-78

Irle, Martin (1975): Lehrbuch der Sozialpsychologie, Göttingen, Toronto, Zürich 1975

Isic, Amela / Dormann, Christian / Zapf, Dieter (1999): Belastungen und Ressourcen an Call Center-Arbeitsplätzen, in: Zeitschrift für Arbeitswissenschaft, 53. Jhrg., Heft 3, 1999, S. 202-208

Jaschinski, Christoph / Spiess, Michael / May, Sibylle (1998): Teleservice - eine Einführung, Forschungsinstitut für Rationalisierung an der RWTH Aachen, Sonderdruck 13/97, 5. Aufl. 1998, Aachen 1998

Jenner, Thomas (1998): Management strategischer Erfolgspotentiale, in: Das Wirtschaftsstudium, 27. Jhrg., Heft 11, 1998, S. 1312-1318

Johnson, Eugene M. / Seymour, Daniel T. (1985): The Impact of Cross Selling on the Service Encounter in Retail Banking, in: Czepiel, John A. / Solomon, Michael R./ Surprenant, Carol F. (Hrsg.) (1985): The Service Encounter: Managing Employee / Customer Interaction in Service Businesses, Lexington (Massachusetts), Toronto 1985, S. 225-239

Kaas, Klaus Peter (Hrsg.) (1995): Kontrakte, Geschäftsbeziehungen, Netzwerke: Marketing und neue Institutionenökonomik, Zeitschrift für betriebswirtschaftliche Forschung - Sonderheft Nr. 35, 47. Jhrg, 1995

Kammel, Andreas (1991): Konzeptionelle Bausteine einer zielgerichteten Unterstützung der betrieblichen Personalwirtschaft durch Personalcontrolling, Diss. an der Naturwissenschaftlichen Fakultät der Technischen Universität Braunschweig, Braunschweig 1991

Kastner, Michael (Hrsg.) (1999): Gesundheit und Sicherheit in neuen Arbeits- und Organisationsformen, Herdecke 1999

Kaydo, Chad (1999): Compensation in the Call Center, in: Sales & Marketing Management, Vol. 81, August, 1999, S. 75

Kellogg, Deborah L. / Chase, Richard B. (1995): Constructing an Empirically Derived Measure for Customer Contact, in: Management Science, Vol. 41, No. 11, 1995, S. 1734-1749

Kempeners, Marion A. (1996): Relationships with Key Accounts: Organizing Account Management, in: Gemünden, Hans Georg / Ritter, Thomas / Walter, Achim

(Hrsg.) (1996): Interactions, Relationships and Networks, Proceedings of the 12th International Conference on Industrial Marketing and Purchasing, Vol. 2, Karlsruhe 1996, S. 933-949

Kieser, Alfred (Hrsg.) (1999): Organisationstheorien, 3., überarb. und erw. Aufl., Stuttgart, Berlin, Köln 1999

Kieser, Alfred / Kubicek, Herbert (1992): Organisation, 3., völlig neu bearb. Aufl., Berlin, New York 1992

Kilger, Wolfgang (1987): Einführung in die Kostenrechnung, 3., durchges. Aufl., Wiesbaden 1987

Kingman-Brundage, Jane (1995): Service Mapping: Back to Basics, in: Glynn, William J. / Barnes, James G. (Ed.) (1995): Understanding services management: integrating marketing, organisational behaviour, operations and human resource management, Chichester, New York, Brisbane u.a. 1995, S. 119-142

Kirsch, Werner (1977): Einführung in die Theorie der Entscheidungsprozesse, 2., durchgesehene und ergänzte Auflage, Wiesbaden 1977

Kirsch, Werner / Picot, Arnold (Hrsg.) (1989): Die Betriebswirtschaftslehre im Spannungsfeld zwischen Generalisierung und Spezialisierung: Edmund Heinen zum 70. Geburtstag, Wiesbaden 1989

Kislowski, Mitch (1996): The Increasingly Important Role of Call Centers: Strategies For The Future, in: Direct Marketing, Vol. 59, September, 1996, S. 34-37

Klaus, Peter G. (1984): Auf dem Weg zu einer Betriebswirtschaftslehre der Dienstleistungen: Der Interaktions-Ansatz, in: Die Betriebswirtschaft, 44. Jhrg., Heft 3, 1984, S. 467-475

Klaus, Peter (1991): Die Qualität von Bedienungsinteraktionen, in: Bruhn, Manfred / Stauss, Bernd (Hrsg.) (1991): Dienstleistungsqualität: Konzepte, Methoden, Erfahrungen, Wiesbaden 1991, S. 247-265

Klein, Christian (1998): CTI - Computer-Telephony-Integration, in: Henn, Harald / Kruse, J. Peter / Strawe, Olav V. (Hrsg.) (1998): Handbuch Call Center Management: das grosse Nachschlagewerk für alle, die professionell mit dem Telefon arbeiten, 2., überarb. Aufl., Hannover 1998, S. 335-382

Kleinaltenkamp, Michael (1996): Customer Integration - Kundenintegration als Leitbild für das Business-to-Business-Marketing, in: Kleinaltenkamp, Michael /

Fließ, Sabine / Jacob, Frank (Hrsg.) (1996): Customer-Integration: von der Kundenorientierung zur Kundenintegration, Wiesbaden 1996, S. 13-24

Kleinaltenkamp, Michael (1998): Begriffsabgrenzungen und Erscheinungsformen von Dienstleistungen, in: Bruhn, Manfred / Meffert, Heribert (Hrsg.) (1998a): Handbuch Dienstleistungsmanagement: Von der strategischen Konzeption zur praktischen Umsetzung, Wiesbaden 1998, S. 29-52

Kleinaltenkamp, Michael / Marra, Andreas (1995): Institutionenökonomische Aspekte der "Customer Integration", in: Kaas, Klaus Peter (Hrsg.) (1995): Kontrakte, Geschäftsbeziehungen, Netzwerke: Marketing und neue Institutionenökonomik, Zeitschrift für betriebswirtschaftliche Forschung - Sonderheft Nr. 35, 47. Jhrg, 1995, S. 101-117.

Kleinaltenkamp, Michael / Plinke, Wulff (Hrsg) (1997): Geschäftsbeziehungsmanagement, Berlin, Heidelberg, New York u.a. 1997

Kleinaltenkamp, Michael / Rieker, Stephan A. (1997): Kundenorientierte Organisation, in: Kleinaltenkamp, Michael / Plinke, Wulff (Hrsg.) (1997): Geschäftsbeziehungsmanagement, Berlin, Heidelberg, New York u.a. 1997, S. 161-217

Kleinaltenkamp, Michael / Fließ, Sabine / Jacob, Frank (Hrsg.) (1996): Customer-Integration: von der Kundenorientierung zur Kundenintegration, Wiesbaden 1996

Klinge, Ralf Carl (1997): Kapazitätsplanung in Dienstleistungsunternehmen: Planungs- und Gestaltungsprobleme, Wiesbaden 1997

Klingshirn, Sylvia (1997): Ziele, Aufgaben und Instrumente des Organisationscontrolling, Wiesbaden 1997

Klocke, Heike / Reichenbach, Christoph von (1996): Call Center: Ziele, Aufgaben, Merkmale, in: Direkt Marketing, 32. Jhrg., Heft 2 , Februar, 1996, S. 31-34

Klose, Martin (1999): Dienstleistungsproduktion - Ein theoretischer Rahmen - , in: Corsten, Hans / Schneider, Herfried (Hrsg.) (1999): Wettbewerbsfaktor Dienstleistung: Produktion von Dienstleistungen, München 1999, S. 3-21

Knetsch, Werner A. (1991): Key-Account-Management - die Hingabe zum Kunden, in: Arthur D. Little (Hrsg.) (1991): Management der Hochleistungsorganisation, 2. Aufl., Wiesbaden 1991, S. 93-104

Köhler, Richard (Hrsg.) (1977): Empirische und handlungstheoretische Forschungskonzeptionen in der Betriebswirtschaftslehre, Stuttgart 1977

Köhler, Richard (1999): Kundenorientiertes Rechnungswesen als Voraussetzung des Kundenbindungsmanagements, in: Bruhn, Manfred / Homburg, Christian (Hrsg.) (1999): Handbuch Kundenbindungsmanagement: Grundlagen - Konzepte - Erfahrungen, 2., aktualisierte und erw. Aufl., Wiesbaden 1999, S. 329-357

Köpf, Johannes (1998): Call Center Concept: Praxishandbuch für erfolgreiches Telemarketing, Neuwied 1998

Korczynski, Marek / Shire, Karen / Frenkel, Steve / Tam, May (1996): Front Line Work In The 'New Model Service Firm': Australian and Japanese Comparisons, in: Human Resource Management Journal, Vol. 6, No. 2, 1996, S. 72-87

Kosiol, Erich (1964): Betriebswirtschaftslehre und Unternehmensforschung, in: Zeitschrift für Betriebswirtschaft, 34. Jhrg., Heft 12 (Dezember), S. 743-762

Kosiol, Erich (1976): Organisation der Unternehmung, 2., durchges. Aufl., Wiesbaden 1976

Kotler, Philipp / Bliemel, Friedhelm (1999): Marketing-Management: Analyse, Planung, Umsetzung und Steuerung, 9., überarb. und aktualisierte Aufl., Stuttgart 1999

Krafft, Manfred (1999): Der Kunde im Fokus: Kundennähe, Kundenzufriedenheit, Kundenbindung - und Kundenwert ?, in: Die Betriebswirtschaft, 59. Jhrg., Heft 4, 1999, S. 511-530

Krick, Matthias (1998): Marketing - Beziehungsorientierte Konzeption und die Rekonstruktion in Sinnzusammenhängen, Diss. an der Wirtschaftswissenschaftlichen Fakultät der Universität Zürich, Zürich 1998

Krishnan, M.S. / Ramaswamy, Venkatraman / Meyer, Mary C. / Damien, Paul (1999): Customer Satisfaction for Financial Services: The Role of Products, Services, and Information Technology, in: Management Science, Vol. 45, No. 9 (September), 1999, S. 1194-1209

Krüger, Wilfried (1993): Organisation der Unternehmung, 2., völlig überarb. und erw. Aufl., Stuttgart, Berlin, Köln 1993

Kruse, J. Peter (1998): Die strategische Bedeutung der Innovation Call Center, in: Henn, Harald / Kruse, J. Peter / Strawe, Olav V. (Hrsg.) (1998): Handbuch Call Center Management: das grosse Nachschlagewerk für alle, die professionell mit dem Telefon arbeiten, 2., überarb. Aufl., Hannover 1998, S. 11-34

Kubicek, Herbert (1977): Heuristische Bezugsrahmen und heuristisch angelegte Forschungsdesigns als Elemente einer Konstruktionsstrategie empirischer Forschung, in: Köhler, Richard (Hrsg.) (1977): Empirische und handlungstheoretische Forschungskonzeptionen in der Betriebswirtschaftslehre, Stuttgart 1977, S. 3-36

Kudernatsch, Daniela (1998): Return on Quality: ein Ansatz zur monetären Bewertung von Qualitätsverbesserungsmaßnahmen. Kritische Darstellung und empirische Anwendung im Call Center, München 1998

Kuhn, Thomas S. (1970): The Structure of Scientific Revolutions, 2nd ed., Chicago 1970

Kunst, Paul / Lemmink, Jos / Stauss, Bernd (Hrsg.) (1999): Service quality and management, Wiesbaden 1999

Kuntz, Bernhard (1998): Die Anforderungen haben sich komplett gewandelt, in: Bank Magazin, 6. Jhrg., Heft 12, 1998, S. 68-69

Laakmann, Kai (1996): Value-Added Services - Ausgestaltungsformen und Wirkungen, in: Meyer, Anton (Hrsg.) (1996): Grundsatzfragen und Herausforderungen des Dienstleistungsmarketing, Wiesbaden 1996, S. 125-156

Langeard, Eric (1981): Grundfragen des Dienstleistungsmarketing, in: Marketing - Zeitschrift für Forschung und Praxis, 3. Jhrg., Heft 4, 1981, S. 233-240

Lehmann, Axel P. (1995): Dienstleistungsmanagement: Strategien und Ansatzpunkte zur Schaffung von Servicequalität, 2., neubearb. Aufl., Stuttgart, Zürich 1995

Lehmann, Axel P. (1998): Qualität und Produktivität im Dienstleistungsmanagement: strategische Handlungsfelder im Versicherungs- und Finanzdienstleistungswettbewerb, Wiesbaden 1998

Levitt, Theodore (1981): Marketing intangible products and product intangibles, in: Harvard Business Review, Vol. 59, No. 3 (May-June), 1981, S. 94-102

Lewis, Barbara R. (1995): Customer Care in Services, in: Glynn, William J. / Barnes, James G. (Ed.) (1995): Understanding services management: integrating marketing, organisational behaviour, operations and human resource management, Chichester, New York, Brisbane u.a. 1995, S. 57-88

Lewis, Barbara R. / Entwistle, Thomas W. (1990): Managing the Service Encounter: A Focus on the Employee, in: International Journal of Service Industry Management, Vol. 1, No. 3, 1990, S. 41-52

Lewis, Barbara R. / Gabrielsen, Gard O. S. (1998): Intra-organisational Aspects of Service Quality Management: The Employees' Perspective, in: The Service Industries Journal, Vol. 18, No. 2 (April), 1998, S. 64-89

Liebhardt, Rainer (1998): Management von Kundenkontakten am Beispiel des Call-Center-Managements von UPS, in: Meyer, Anton (Hrsg.) (1998b): Handbuch Dienstleistungs-Marketing, Bd. 2, Stuttgart 1998, S. 1112-1121

Lin, Binshan / Darling, John (1997): A processual analysis of customer service training, in: The Journal of Services Marketing, Vol. 11, No. 3, 1997, S. 193-205

Link, Jörg (Hrsg.) (1998a): Wettbewerbsvorteile durch Online Marketing: die strategischen Perspektiven elektronischer Märkte, Berlin, Heidelberg, New York u.a. 1998

Link, Jörg (1998b): Zur zukünftigen Entwicklung des Online Marketing, in: Link, Jörg (Hrsg.) (1998a): Wettbewerbsvorteile durch Online Marketing: die strategischen Perspektiven elektronischer Märkte, Berlin, Heidelberg, New York u.a. 1998, S. 1-34

Link, Jörg (2000): Call Center, in: Das Wirtschaftsstudium, 29. Jhrg., Heft 2, 2000, S. 110-112

Link, Jörg / Hildebrand, Volker [G.] (1993): Database Marketing und Computer Aided Selling: Strategische Wettbewerbsvorteile durch neue informationstechnologische Systemkonzeptionen, München 1993

Link, Jörg / Hildebrand, Volker G. (1995): Mit IT immer näher zum Kunden, in: Harvard Business Manager, 17. Jhrg., Heft 3, 1995, S. 30-39

Link, Jörg / Hildebrand, Volker G. (1997a): Grundlagen des Database Marketing, in: Link, Jörg / Brändli, Dieter / Schleuning, Christian / Kehl, Roger E. (Hrsg.) (1997): Handbuch Database Marketing, 2., korrigierte Auflage, Ettlingen 1997, S. 15-36

Link, Jörg / Hildebrand, Volker G. (1997b): Strategische Aspekte des Database Marketing, in: Link, Jörg / Brändli, Dieter / Schleuning, Christian / Kehl, Roger E. (Hrsg.) (1997): Handbuch Database Marketing, 2., korrigierte Auflage, Ettlingen 1997, S. 377-394

Link, Jörg / Brändli, Dieter / Schleuning, Christian / Kehl, Roger E. (Hrsg.) (1997): Handbuch Database Marketing, 2., korrigierte Auflage, Ettlingen 1997

Lovelock, Christopher H. (1985): Developing and Managing the Customer-Service Function in the Service Sector, in: Czepiel, John A. / Solomon, Michael R. / Surprenant, Carol F. (Hrsg.) (1985): The Service Encounter: Managing Employee / Customer Interaction in Service Businesses, Lexington (Massachusetts), Toronto 1985, S. 265-280

Lovelock, Christopher [H.] (1995a): Competing on Service: Technology and Teamwork in Supplementary Services, in: Planning Review, Vol. 23, July/August, 1995, S. 32-47

Lovelock, Christopher H. (1995b): Managing Services: The Human Factor, in: Glynn, William J. / Barnes, James G. (Ed.) (1995): Understanding services management: integrating marketing, organisational behaviour, operations and human resource management, Chichester, New York, Brisbane u.a. 1995, S. 203-243

Lovelock, Christopher H. / Wright, Lauren (1999): Principles of service marketing and service management, Upper Saddle River (New Jersey) 1999

Lunt, Penny (1996): When your bank is just a voice, in: ABA Banking Journal, Vol. 88, No. 5 (May), 1996, S. 34-40

Macharzina, Klaus (1999): Unternehmensführung: das internationale Managementwissen; Konzepte-Methoden-Praxis; 3., aktualisierte und erw. Aufl., Wiesbaden 1999

Mahoney, Kelly (1996): Customer Base Management: Leverage Telemarketing and Call Center Environment, in: Direct Marketing, Vol. 59, October, 1996, S. 20;67

Major, Michael J. (1990): 800 number: Once a specialty, it´s now almost a necessity, in: Marketing News, Vol. 24, No. 11, S. 6

Maleri, Rudolf (1997): Grundlagen der Dienstleistungsproduktion, 4., vollst. überarb. und erw. Aufl. Berlin, Heidelberg, New York u.a. 1997

Mallmann, Günter (1999): Europcar: Für schnellen Service eine flexible Call-Center-Lösung, in: Computerwoche, ohne Jhrg., Nr. 49 vom 10.12.1999, S. 58

Mann, Andreas (1998): Erfolgsfaktor Service: strategisches Servicemanagement im nationalen und internationalen Marketing, Wiesbaden 1998

Martin, Michael (1998): Das Call Center als Kundenbindungsinstrument, in: Marktforschung & Management: Zeitschrift für marktorientierte Unternehmenspolitik, 42. Jhrg., Heft 4, 1998, S. 136-138

Matzler, Kurt / Hinterhuber, Hans H. / Handlbauer, Gernot (1997b): Erfolgspotential Kundenzufriedenheit (II), in: Das Wirtschaftsstudium, 26. Jhrg., Heft 8-9, 1997, S. 733-739

McCormick, C. (1996): Evaluating Call Center Labor Costs, Gartner Group, Key Issue Analysis, [Stamford (Connecticut)] 1996

McGuire, Edward P. (1973): The consumer affairs department: organisation and functions, New York 1973

McKenna, Regis (1991): Marketing - ein neues Paradigma setzt sich durch, in: HarvardManager, 13. Jhrg., Heft 3 (III. Quartal), 1991, S. 27-34

McLoughlin, Damien / De Búrca, Seán (1996): When is a Relationship really a Relationship ? (When Do Organisations and Consumers Engage in Long Term Interactive Relationships ?), in: Gemünden, Hans Georg / Ritter, Thomas / Walter, Achim (Hrsg.) (1996): Interactions, Relationships and Networks, Proceedings of the 12th International Conference on Industrial Marketing and Purchasing, Vol. 2, Karlsruhe 1996, S. 1013-1025

Meffert, Heribert (1994): Einführung in die Problemstellung, in: Meffert, Heribert / Wagner, H. / Backhaus, Klaus (Hrsg.) (1994): Beziehungsmarketing - neue Wege zur Kundenbindung, Dokumentation des Workshops der Wissenschaftlichen Gesellschaft für Marketing und Unternehmensführung e.V. vom 24. Juni 1994, Dokumentationspapier Nr. 90, o.O. 1994, S. 1-5

Meffert, Heribert (1998): Marktorientierte Führung von Dienstleistungsunternehmen - State of the Art und Entwicklungsperspektiven, in: Bruhn, Manfred / Meffert, Heribert (Hrsg.) (1998a): Handbuch Dienstleistungsmanagement: Von der strategischen Konzeption zur praktischen Umsetzung, S. 955-982

Meffert, Heribert (1999): Kundenbindung als Element moderner Wettbewerbsstrategien, in: Bruhn, Manfred / Homburg, Christian (Hrsg.) (1999): Handbuch Kundenbindungsmanagement: Grundlagen - Konzepte - Erfahrungen, 2., aktualisierte und erw. Aufl., Wiesbaden 1999, S. 115-133

Meffert, Heribert / Wagner, H. / Backhaus, Klaus (Hrsg.) (1994): Beziehungsmarketing - neue Wege zur Kundenbindung, Dokumentation des Workshops der Wissenschaftlichen Gesellschaft für Marketing und Unternehmensführung e.V. vom 24. Juni 1994, Dokumentationspapier Nr. 90, o.O. 1994

Meier, Roland (1997): Kapazitätsmanagement von Dienstleistungsanbietern: Theoretische Erkenntnisse und Konkretisierung an einem Fallbeispiel im Call-Center, München 1997

Melcher, Peter N. (1972): Kundendienst im Kauf- und Warenhaus: Möglichkeiten und Probleme einer erfolgsorientierten Kundendienstpolitik, Stuttgart 1972

Mentzel, Klaus (1997): Unternehmensführung im Wandel, in: Hansmann, Karl-Werner (Hrsg.) (1997): Management des Wandels, Wiesbaden 1997, S. 29-53

Menzler-Trott, Eckart (Hrsg.) (1999a): Call Center-Management: ein Leitfaden für Unternehmen zum effizienten Kundendialog, München 1999

Menzler-Trott, Eckhart (1999b): Von der Kundenorientierung zur servicezentrierten Kundenkommunikation, in: Menzler-Trott, Eckart (Hrsg.) (1999a): Call Center-Management: ein Leitfaden für Unternehmen zum effizienten Kundendialog, München 1999, S. 11-59

Mertens, Peter (1995): Mass Customization (Massen-Maßfertigung), in: Wirtschaftsinformatik, 37. Jhrg., Heft 5, 1995, S. 503-506

Merwin, Gerald A. Jr. / Boulware, Rick D. / Merwin, Keith A. / Drury, Robert D. (1998): Computer Telephony Integration, in: Business & Economic Review, Vol. 45, No. 1 (Oct.-Dec.1), 1998, S. 26-28

Meyer, Anton (1991): Dienstleistungs-Marketing, in: Die Betriebswirtschaft, 51. Jhrg., Heft 2, 1991, S. 195-209

Meyer, Anton (Hrsg.) (1996): Grundsatzfragen und Herausforderungen des Dienstleistungsmarketing, Wiesbaden 1996

Meyer, Anton (Hrsg.) (1998a): Handbuch Dienstleistungs-Marketing, Bd. 1, Stuttgart 1998

Meyer, Anton (Hrsg.) (1998b): Handbuch Dienstleistungs-Marketing, Bd. 2, Stuttgart 1998

Meyer, Anton (1998c): Dienstleistungs-Marketing: Grundlagen und Gliederung des Handbuches, in: Meyer, Anton (Hrsg.) (1998a): Handbuch Dienstleistungs-Marketing, Bd. 1, Stuttgart 1998, S. 3-22

Meyer, Anton / Blümelhuber, Christian (1999): Kundenbindung durch Services, in: Bruhn, Manfred / Homburg, Christian (Hrsg.) (1999): Handbuch Kundenbindungsmanagement: Grundlagen - Konzepte - Erfahrungen, 2., aktualisierte und erw. Aufl., Wiesbaden 1999, S. 189-212

Meyer, Anton / Oevermann, Dirk (1995): Kundenbindung, in: Tietz, Bruno / Köhler, Richard / Zentes, Joachim (Hrsg.) (1995): Handwörterbuch des Marketing, 2. Aufl., Stuttgart 1995, Sp. 1340-1351

Meyer, Paul W. / Tostmann, Thomas (1978): Dienstleistungsmarketing, in: GfK - Jahrbuch der Absatz- und Verbrauchsforschung, 24. Jhrg., Heft 4, 1978, S. 286-294

Mills, Peter K. / Margulies, Newton (1980): Toward a Core of Typology of Service Organizations, in: Academy Of Management Review, Vol. 5, No. 2 (Apr), 1980, S. 255-265

Mindermann, André / Schubert, Christine / Prümm, Karl-Heinz (1999): CTI und Call Center: Unternehmen im Wandel der Kommunikation, München 1999

Möller, Andreas (1998): Eckdaten machen Leistung transparent, in: Horizont, 15. Jhrg., Heft 14, 1998, S. 72

Möller, Kristian / Halinen-Kaila, Aino (1997): Relationship Marketing: Its Disciplinary Roots and Future Directions, Helsinki School of Economics and Business Administration, Working Paper W-194, Helsinki 1997

Moriarty, Sandra / Gronstedt, Anders / Duncan, Thomas R. (1996): Effective Relationship Links in Consumer Marketing, in: Parvatiyar, Atul / Sheth, Jagdish N. (Hrsg.) (1996): Contemporary Knowledge of Relationship Marketing, Proceedings of the Third Research Conference on Relationship Marketing, Center for Relationship Marketing, Roberto C. Goizueta Business School, Emory University, Atlanta (Georgia) 1996, S. 162-174

Morris, D.S. / Barnes, Bradley R. / Lynch, James E. (1999): Relationship marketing needs total quality management, in: Total Quality Management, Vol. 10, No. 4 & 5, 1999, S. 659-665

Morris, Michael H. / Brunyee, Jannine / Page, Michael (1998): Relationship Marketing in Practice. Myths and Realities, in: Industrial Marketing Management, Vol. 27, 1998, S. 359-371

Morschheuser, Petra (1998): Call Center, in: Wirtschaftswissenschaftliches Studium, 27. Jhrg., Heft 9, September 1998, S. 477-479

Motley, L. (1980): Ready for "relationship marketing" ?, in: Bank Marketing, Vol. 12, No. 10, 1980, S. 9-10

Munkelt, Irmtrud (1995): Kundenkontakt per Call Centers: Marketing hat eine Stimme, in: absatzwirtschaft, 38. Jhrg., Heft 7, 1995, S. 34-39

Murley, Peter (Hrsg.) (1996): Gower handbook of customer service, Aldershot, Brookfield 1996

Murmann, Britta (1999): Qualität mehrstufiger Dienstleistungsinteraktionen: Besonderheiten bei Dienstleistungsunternehmen mit direktem und indirektem Kundenkontakt, Wiesbaden 1999

Muther, Andreas / Österle, Hubert (1998): Electronic Customer Care - neue Wege zum Kunden, in: Wirtschaftsinformatik, 40. Jhrg, Heft 2, 1998, S. 105-113

Nawroth, Markus (1998): Zum Problem des Standorts von raumunabhängigen Call Center-Unternehmen. Planung, Aufbau und Entwicklungen eines Standorts für telekommunikative Dienstleistungen am Beispiel der Advance Bank AG, Diss. an der Mathematisch-Naturwissenschaftlichen Fakultät der Christian-Albrechts-Universität zu Kiel, Kiel 1998

Nerdinger, Friedemann W. (1998): Interaktionsmanagement - Verbale und nonverbale Kommunikation als Erfolgsfaktoren in den Augenblicken der Wahrheit, in: Meyer, Anton (Hrsg.) (1998b): Handbuch Dienstleistungs-Marketing, Bd. 2, Stuttgart 1998, S. 1177-1193

Nicklisch, Heinrich (1922): Wirtschaftliche Betriebslehre, 5. Aufl., Stuttgart 1922

Nippa, Michael (1988): Gestaltungsgrundsätze für die Büroorganisation: Konzepte für e. informationsorientierte Unternehmensentwicklung unter Berücks. neuer Bürokommunikationstechniken, Berlin 1988

Nippa, Michael (1999): Call Center strategiegerecht organisieren, in: Harvard Business Manager, 21. Jhrg., Heft 6, 1999, S. 86-93

Nippa, Michael / Hachenberger, Jan (1999): Theorieorientierte Organisationsleitlinien für Call Center, Freiberger Arbeitspapier Nr. 99/17, Freiberg 1999

N'Kaoua, Laurance (1998): Les centres d'appels attisent les convoitises, in: L'Usine Nouvelle, ohne Jhrg., No. 2638 - 23 Avril, 1998, S. 54-58

Normann, Richard (1991): Service management: strategy and leadership in service business, 2nd ed., Chichester, New York, Brisbane u.a. 1991

Nouvortne, Dirk / Pliefke, Reiner (1997): Call Center als Kern moderner TK-Services, in: Office Management, 45. Jhrg., Heft 6, 1997, S. 43-46

Oelsnitz, Dietrich von der (1999): Transformationale Führung im Dienstleistungsbereich - Wie man die Werte der Mitarbeiter am Kunden orientiert -, in: Corsten,

Hans / Schneider, Herfried (Hrsg.) (1999): Wettbewerbsfaktor Dienstleistung: Produktion von Dienstleistungen, München 1999, S. 385-405

Oevermann, Dirk (1996): Kundenbindungsmanagement von Kreditinstituten, München 1996

Oggenfuss, Christoph W. (1992): Retention Marketing oder Verliert Ihre Unternehmung die richtigen Kunden ?, in: Thexis, 9. Jhrg., Heft 6, 1992, S. 24-30

Ogiermann, Ulrich (1992): Zum Entwicklungs- und Beschäftigungspotential des tertiären Sektors - eine differenzierende Analyse unter besonderer Berücksichtigung des Dienstleistungsbegriffes und der Drei-Sektoren-Hypothese, Diss. am Fachbereich Wirtschaftswissenschaften der Johann Wolfgang Goethe-Universität Frankfurt am Main, Frankfurt am Main 1992

Online GmbH (Hrsg.) (1999): Online 99, Dokumentation zur 22. Europäischen Congressmesse für Technische Kommunikation vom 01.- 04.02.1999 in Düsseldorf, Velbert 1999

Osterloh, Margit / Frost, Jetta (1996): Prozessmanagement als Kernkompetenz: wie Sie Business Reengineering strategisch nutzen können, Wiesbaden 1996

Ostrowski, Hartmut (1997): Virtualisierung von Kundenkontakt und Service, in: Picot, Arnold (Hrsg.) (1997): Telekooperation und virtuelle Unternehmen, Heidelberg 1997, S. 123-130

o.V. (1993): Centralizing service: Done well, fewer employees give customers better care, in: The Service Edge, Vol. 6, No. 2 (February), 1993, S. 1-4

o.V. (1996): Call centre survey: A new kind of profit centre, in: Global Telecoms Business, ohne Jahrgang, June/July, 1996, S. 27-30

o.V. (1997): Call centres could become tomorrow´s dark satanic mills, in: Management Services, Vol. 41, No. 8 (August), 1997, S. 10

o.V. (1998a): Benchmark- Studie Call Center-Markt Deutschland 1998, Studie des Instituts für industrielles Management der Universität Hamburg und des Centers for Customer-Driven Quality der Purdue University Indiana, Hamburg 1998

o.V. (1998b): Deutsche Call Center haben Nachholbedarf im Personalmanagement, in: Blick durch die Wirtschaft, 41. Jhrg., Nr. 95, 1998, S. 5

o.V. (1998c): Die Auslastung eines Call Centers ist planbar, in: Blick durch die Wirtschaft, 41. Jhrg., Nr. 112, 1998, S. 5

o.V. (1998d): Wie sich Kundenbindung in vom Preisverfall gekennzeichneten Märkten verstärken läßt, in: Blick durch die Wirtschaft, 41. Jhrg., Nr. 122, S. 6

o.V. (1999a): Nicht genug Mitarbeiter für Call-Center, in: Frankfurter Allgemeine Zeitung, ohne Jhrg., Nr. 226, 29.09.1999, S. 30

o.V. (1999b): Otto trotzt der Konsumschwäche und wächst überdurchschnittlich, in: Frankfurter Allgemeine Zeitung, ohne Jhrg., Nr. 256 vom 3.11.1999, S. 26

o.V. (1999c): Call Center. Schlechte Organisation ist das zentrale Problem, in: Arbeit & Ökologie-Briefe Nr. 13/14, ohne Jhrg., 14. Juli 1999, S. 5-6

Parasuraman, A. / Berry, Leonard L. / Zeithaml, Valarie A. (1991): Understanding Customer Expectations of Service, in: Sloan Management Review, Vol. 32, No. 3 (Spring), 1991, S. 39-48

Parvatiyar, Atul / Sheth, Jagdish N. (Hrsg.) (1996): Contemporary Knowledge of Relationship Marketing, Proceedings of the Third Research Conference on Relationship Marketing, Center for Relationship Marketing, Roberto C. Goizueta Business School, Emory University, Atlanta (Georgia) 1996

Payne, Adrian / Christopher, Martin / Clark, Moira / Peck, Helen (Hrsg.) (1995): Relationship Marketing for Competitive Advantage: Winning and keeping customers, Oxford, London, Boston u.a. 1995

Peck, Helen / Payne, Adrian / Christopher, Martin / Clark, Moira (1999): Relationship Marketing. Strategy and implementation, Oxford, Auckland, Boston u.a. 1999

Peppers, Don / Rogers, Martha (1998): Show Your Call Center Some Respect, in: Sales & Marketing Management, Vol. 79, No. 12, 1998, S. 36-38

Peppers, Don / Rogers, Martha (1999): Don't Put Customer Relationships on Hold, in: Sales & Marketing Management, Vol. 80, September, 1999, S. 26-28

Peppers, Don / Rogers, Martha / Dorf, Bob (1999): Is your company ready for one-to-one marketing ?, in: Harvard Business Review, Vol. 77, No. 1 (January-February), 1999, S. 151-160

Peter, Sibylle Isabelle (1997): Kundenbindung als Marketingziel: Identifikation und Analyse zentraler Determinanten, Wiesbaden 1997

Peterson, Robert M. / Lucas, George H. Jr. (1996): Consumers and Technology: Are We Creating Relationships or Distance ?, in: Parvatiyar, Atul / Sheth, Jagdish N. (Hrsg.) (1996): Contemporary Knowledge of Relationship Marketing, Proceedings of the Third Research Conference on Relationship Marketing, Center for Relationship Marketing, Roberto C. Goizueta Business School, Emory University, Atlanta (Georgia) 1996, S. 202-206

Petrison, Lisa A. / Blattberg, Robert C. / Wang, Paul (1993): Database Marketing: Past, present, and future, in: Journal of Direct Marketing, Vol. 7, No. 3 (Summer), 1993, S. 27-44

Pfohl, Hans-Christian (1977): Problemorientierte Entscheidungsfindung in Organisationen, Berlin, New York 1977

Picot, Arnold (1982): Transaktionskostenansatz in der Organisationstheorie: Stand der Diskussion und Aussagewert, in: Die Betriebswirtschaft, 42. Jhrg., Heft 2, 1982, S. 267-284

Picot, Arnold (1991): Ein neuer Ansatz zur Gestaltung der Leistungstiefe, in: Zeitschrift für betriebswirtschaftliche Forschung, 43. Jhrg., Heft 4, 1991, S. 336-359

Picot, Arnold (Hrsg.) (1997): Telekooperation und virtuelle Unternehmen, Heidelberg 1997

Picot, Arnold / Franck, Egon (1995b): Prozeßorganisation - Eine Bewertung der neuen Ansätze aus Sicht der Organisationslehre, Technische Universität Bergakademie Freiberg, Freiberger Arbeitspapier Nr. 95/5 , Freiberg 1995

Picot, Arnold / Hardt, Peter (1998): Make-or-Buy-Entscheidungen, in: Meyer, Anton (Hrsg.) (1998a): Handbuch Dienstleistungs-Marketing, Bd. 1, Stuttgart 1998, S. 625-646

Picot, Arnold / Reichwald, Ralf (1994): Auflösung der Unternehmung ? Vom Einfluß der IuK-Technik auf Organisationsstrukturen und Kooperationsformen, in: Zeitschrift für Betriebswirtschaft, 64. Jhrg., Heft 5, 1994, S. 547-570

Picot, Arnold / Dietl, Helmut / Franck, Egon (1999): Organisation: eine ökonomische Perspektive, 2., überarb. und erw. Aufl., Stuttgart 1999

Picot, Arnold / Reichwald, Ralf / Wigand, Rolf T. (1998): Die grenzenlose Unternehmung: Information, Organisation und Management, 3., überarb. Aufl., Wiesbaden 1998

Piontkowski, Ursula (1976): Psychologie der Interaktion, München 1976

Pitt, Leyland / Berthon, Pierre / Watson, Richard T. (1999): Cyberservice: Taming Service Marketing Problems with the World Wide Web, in: Business Horizons, Vol. 42, No. 1 (January-February), 1999, S. 11-18

Pleteit, Jürgen (1998): Predictive Dialing - Strategien und Verfahren zur Anrufinitiierung, in: Henn, Harald / Kruse, J. Peter / Strawe, Olav V. (Hrsg.) (1998): Handbuch Call Center Management: das grosse Nachschlagewerk für alle, die professionell mit dem Telefon arbeiten, 2., überarb. Aufl., Hannover 1998, S. 425-445

Plinke, Wulff (1989): Die Geschäftsbeziehung als Investition, in: Specht, Günter / Silberer, Günter / Engelhardt, Werner Hans (Hrsg.) (1989): Marketing-Schnittstellen: Herausforderungen für das Management, Stuttgart 1989, S. 305-325

Plinke, Wulff (1997): Grundlagen des Geschäftsbeziehungsmanagements, in: Kleinaltenkamp, Michael / Plinke, Wulff (Hrsg.) (1997): Geschäftsbeziehungsmanagement, Berlin, Heidelberg, New York u.a. 1995, S. 1-62

Plymire, Jerry (1991): Complaints as Opportunities, in: Business Horizons, Vol. 34, No. 2 (March-April), 1991, S. 79-81

Polak, Thomas (1998): Betriebswirtschaftlich-organisatorische Aspekte der Telearbeit, Arbeitspapiere WI Nr. 5/1998 des Lehrstuhls für Allg. BWL und Wirtschaftsinformatik der Universität Mainz, Mainz 1998

Porter, Michael E. (1985): Competitive advantage: creating and sustaining superior performance, New York, London 1985

Porter, Michael E. (1996): What Is Strategy ?, in: Harvard Business Review, Vol. 74, No. 6 (November-December), 1996, S. 61-78

Porter, Michael E. (1999): Wettbewerbsstrategie. Methoden zur Analyse von Branchen und Konkurrenten = (Competitive Strategy), 10. durchges. und erw. Aufl., Frankfurt am Main, New York 1999

Prahalad, C.K. / Hamel, Gary (1990): The Core Competence of the Corporation, in: Harvard Business Review, Vol. 68, No. 3 (May/June), 1990, S. 79-91

Preißler, Stefan (1998): Call Center: Moderne Technik revolutioniert den Kundenservice, in: Office Management, 46. Jhrg., Heft 1, 1998, S. 40-42

Press, Larry et al. (1998): An Internet Diffusion Framework, in: Communications of the ACM, Vol. 41, No. 10 (October), 1998, S. 21-26

Pribilla, Peter / Reichwald, Ralf / Goecke, Robert (1996): Telekommunikation im Management: Strategien für den globalen Wettbewerb, Stuttgart 1996

Quinn, James Brian (1999): Strategic Outsourcing: Leveraging Knowledge Capabilities, in: Sloan Management Review, Vol. 40, No. 4 (Summer), 1999, S. 9-21

Quinn, James Brian / Hilmer, Frederick G. (1994): Strategic Outsourcing, in: Sloan Management Review, Vol. 35, No. 4 (Summer), 1994, S. 43-55

Quinn, James Brian / Paquette, Penny C. (1990): Technology in Services: Creating Organizational Revolutions, in: Sloan Management Review, Vol. 31, No. 2 (Winter), 1990, S. 67-78

Raffée, Hans (1974): Grundprobleme der Betriebswirtschaftslehre, Göttingen 1974

Rahmann, Tanja (1999): Serviceturbo Call Center, in: Geffroy, Edgar K. (Hrsg.) (1999): Das einzige, was immer noch stört, ist der Kunde: Kundenerfolge statt Verkaufserfolge, Landsberg am Lech 1999, S. 197-206

Rai, Arun / Ravichandran, T. / Samaddar, Subhashish (1998): How To Anticipate The Internet's Global Diffusion, in: Communications of the ACM, Vol. 41, No. 10 (October), 1998, S. 97-106

Rasmusson, Erika (2000): Global Sales On The Line, in: Sales & Marketing Management, Vol. 82, March, 2000, S. 76-82

Rau, Harald (1994): Key Account Management: Konzepte für wirksames Beziehungsmanagement, Wiesbaden 1994

Reichheld, Frederick F. / Sasser, W. Earl Jr. (1990): Zero Defections: Quality Comes to Services, in: Harvard Business Review, Vol. 68, No. 5 (September-October), 1990, S. 105-111

Reichwald, Ralf / Möslein, Kathrin (1996): Telearbeit und Telekooperation, in: Bullinger, Hans-Jörg / Warnecke, Hans Jürgen (Hrsg.) (1996): Neue Organisationsformen im Unternehmen: ein Handbuch für das moderne Management, Berlin u.a. 1996, S. 691-708

Reichwald, Ralf / Möslein, Kathrin (1998): Dienstleistungsoffensive "Telekooperation", in: Bullinger, Hans-Jörg / Zahn, Erich (Hrsg.) (1998): Dienstleistungsoffensive: Wachstumschancen intelligent nutzen, Stuttgart 1998, S. 143-164

Reiß, Michael / Schuster, Hermann (1998): Kunden- und Kostenorientierung interner Service-Bereiche - Aus Zentralbereichen werden Dienstleister, in: Meyer, Anton

(Hrsg.) (1998b): Handbuch Dienstleistungs-Marketing, Bd. 2, Stuttgart 1998, S. 1300-1320

Richardson, Ranald (1998): Developing the Call Centres Industry in the North East, University of Newcastle upon Tyne, Centre for Urban and Regional Development Studies, Newcastle upon Tyne 1998

Richardson, Ranald / Belt, Vicki / Marshall, Neill (2000): Taking Calls to Newcastle: The Regional Implications of the Growth in Call Centres, in: Regional Studies, Vol. 34, No. 4, 2000, S. 357-369

Richardson, Ranald / Marshall, J. Neill (1999): Teleservices, Call Centres and Urban and Regional Development, in: The Service Industries Journal, Vol. 19, No. 1 (January), 1999, S. 96-116

Richenhagen, Gottfried (1999): Ergonomie und Arbeitnehmerdatenschutz im Call Center, in: Menzler-Trott, Eckart (Hrsg.) (1999a): Call Center-Management: ein Leitfaden für Unternehmen zum effizienten Kundendialog, München 1999, S. 379-390

Richins, Marsha L. (1983): Negative Word-of-Mouth by Dissatisfied Consumers: A Pilot Study, in: Journal of Marketing, Vol. 47, Winter, 1983, S. 68-78

Richter-Mundani, Stefan (1999): Kundenbindungssysteme für Kreditinstitute: der Zusammenhang von Kundenorientierung, Dienstleistungsqualität und Beschwerdemanagement, Wiesbaden 1999

Riedl, Joachim / Busch, Mathias (1997): Marketing-Kommunikation in Online-Medien. Anwendungsbedingungen, Vorteile und Restriktionen, in: Marketing - Zeitschrift für Forschung und Praxis, 19. Jhrg., Heft 3, 1997, S. 163-176

Rieker, Stephen A. (1995): Bedeutende Kunden: Analyse und Gestaltung von langfristigen Anbieter-Nachfrager-Beziehungen auf industriellen Märkten, Wiesbaden 1995

Riemer, Martin (1986): Beschwerdemanagement, Frankfurt am Main, New York 1986

Riggins, Frederick J. / Rhee, Hyeun-Suk (1998): Toward a Unified View of Electronic Commerce, in: Communications of the ACM, Vol. 41, No. 10 (October), 1998, S. 88-95

Riggs, Brian / Thyfault, Mary E. (1999): The Modern Call Center, in: Information Week, ohne Jhrg., October 4, 1999, S. 53-68

Roland Berger & Partners (1999): Success factors in electronic commerce, Study, Frankfurt am Main 1999

Rösner, Jörg (1998): Service - ein strategischer Erfolgsfaktor von Industrieunternehmen ?, Hamburg 1998

Rosenberg, Larry J. / Czepiel, John A. (1995): A Marketing Approach For Customer Retention, in: Payne, Adrian / Christopher, Martin / Clark, Moira / Peck, Helen (Hrsg.) (1995): Relationship Marketing for Competitive Advantage: Winning and keeping customers, Oxford, London, Boston u.a. 1995, S. 269-278

Rosenberg, Larry J. / Van West, James H. (1984): The Collaborative Approach to Marketing, in: Business Horizons, Vol. 27, No. 6 (November/December), 1984, S. 29-35

Rouzer, Patricia A. (2000): May I help you ?, in: HRMagazine, Vol. 45, No. 6, 2000, S. 140-146

Rühli, Edwin (1989): Entscheidungsorientierter Ansatz und Allgemeine Betriebswirtschaftslehre, in: Kirsch, Werner / Picot, Arnold (Hrsg.) (1989): Die Betriebswirtschaftslehre im Spannungsfeld zwischen Generalisierung und Spezialisierung: Edmund Heinen zum 70. Geburtstag, Wiesbaden 1989, S. 99-117

Rühli, Edwin (1996): Der Trend zum Hyperwettbewerb und seine Bewältigung im Rahmen des Neuen Strategischen Managements, in: Hinterhuber, Hans H. / Al-Ani, Ayad / Handlbauer, Gernot (Hrsg.) (1996): Das neue strategische Management: Elemente und Perspektiven einer zukunftsorientierten Unternehmensführung, Wiesbaden 1996, S. 115-125

Saner, Corinne Andrea (1992): Telearbeit: Organisationsformen - Rechtsformen, Schweizer Schriften zum Handels- und Wirtschaftsrecht, Band 140, Zürich 1992

Sansom, Margaret (1998): Making Workforce Management A Part Of Your Inbound Solution, in: Telemarketing & Call Center Solutions, Vol. 17, June, 1998, S. 76-82

Schanz, Günther (1975): Einführung in die Methodologie der Betriebswirtschaftslehre, Köln 1975

Schanz, Günther (Hrsg.) (1991a): Handbuch Anreizsysteme in Wirtschaft und Verwaltung, Stuttgart 1991

Schanz, Günther (1991b): Motivationale Grundlagen der Gestaltung von Anreizsystemen, in: Schanz, Günther (Hrsg.) (1991a): Handbuch Anreizsysteme in Wirtschaft und Verwaltung, Stuttgart 1991, S. 3-30

Schanz, Günther (1997): Wissenschaftsprogramme der Betriebswirtschaftslehre, in: Bea, Franz Xaver / Dichtl, Erwin / Schweitzer, Marcell (Hrsg.) (1997): Allgemeine Betriebswirtschaftslehre, Band 1. Grundfragen, 7., neubearb. Aufl., Stuttgart 1997, S. 81-198

Schellhaas, Holger / Blomeyer, Peter (1998): Call Center und Internet, in: Diebold Management Report, ohne Jhrg., Heft 1, 1998, S. 12-17

Scherm, Ewald (1996): Outsourcing - Ein komplexes, mehrstufiges Entscheidungsproblem, in: Zeitschrift für Planung, 7. Jhrg., 1996, S. 45-60

Scherrer, Karin / Wieland, Rainer (1999): Belastung und Beanspruchung bei der Arbeit im Call Center, in: Kastner, Michael (Hrsg.) (1999): Gesundheit und Sicherheit in neuen Arbeits- und Organisationsformen, Herdecke 1999, S. 221-233

Scheuch, Fritz (1982): Dienstleistungsmarketing, München 1982

Schierenbeck, Henner (1998): Grundzüge der Betriebswirtschaftslehre, 13., überarb. Aufl., München, Wien 1998

Schlesinger, Leonard A. / Heskett, James L. (1991): Breaking the Cycle of Failure in Service, in: Sloan Management Review, Vol. 32, No. 3 (Spring), 1991, S. 17-28

Schmengler, Hans Joachim (1997): After-Sales-Marketing: Zur Bedeutung der Nachkaufphase für die Kundenbindung, in: Bodenstein, Gerhard / Zühlsdorf, Anke (Hrsg.) (1997): Relationship-Marketing, Diskussionsbeiträge des Fachbereichs Wirtschaftswissenschaft der Gerhard-Mercator-Universität-Gesamthochschule Duisburg, Nr. 239, Duisburg 1997, S. 14-40

Schmid, Carsten (1996): Outbound Call Center. Der strategische Einsatz eines alternativen Vertriebsweges im Privatkundengeschäft, in: geldinstitute, 27. Jhrg., Heft 9, September, 1996, S. 28-29

Schmid (1997): Reisen leicht gemacht, in: Direkt Marketing, 33. Jhrg., Heft 2, 1997, S. 16-19

Schmidt, Heinrich / Mentzl, Ronald (1996): Call Center: Agenten im Dienste des Kunden, in: Diebold Management Report, ohne Jhrg., Heft 4, 1996, S. 15-18

Schmidt, Ina (1999): Besserer Service durch den direkten Draht zum Kunden, in: Bank Magazin, 7. Jhrg., Heft 2, 1999, S. 44-45

Schmidt-Folkerts, Jörg (1996): Call Center: Fünf alternative Outsourcing Ansätze, in: Direkt Marketing, 32. Jhrg., Heft 2 , Februar, 1996, S. 35

Schmitt, Oliver J. (1999): Call Center - Strategischer Erfolgsfaktor auf dem Weg ins nächste Jahrtausend, in: Deges, Frank (Hrsg.) (1999): Einsatz interaktiver Medien im Unternehmen, Stuttgart 1999, S. 55-73

Schneider, Benjamin / Bowen, David E. (1993): The Service Organization: Human Resources Management Is Crucial, in: Organizational Dynamics, Vol. 21, No. 4, 1993, S. 39-52

Schöber, Peter (1997): Organisatorische Gestaltung von Beschwerdemanagement-Systemen, Frankfurt am Main, Berlin, Bern u.a. 1997

Scholz, Christian (1987): Strategisches Management: ein integrativer Ansatz, Berlin, New York 1987

Scholz, Christian (1992): Organisatorische Effektivität und Effizienz, in: Frese, Erich (Hrsg.) (1992): Handwörterbuch der Organisation, 3., völlig neu gestaltete Aufl., Stuttgart 1992, Sp. 533-552

Scholz, Christian (1997): Strategische Organisation: Prinzipien zur Vitalisierung und Virtualisierung, Landsberg am Lech 1997

Scholz, Christian (2000): Personalmanagement: informationsorientierte und verhaltenstheoretische Grundlagen, 5., neubearb. und erw. Aufl., München 2000

Schreyögg, Georg (1998): Organisation: Grundlagen moderner Organisationsgestaltung, 2., überarb. Aufl., Wiesbaden 1998

Schrick, Kirsten (1999): Das Call Center als virtueller Service- und Vertriebskanal, in: Bliemel, Friedhelm / Fassott, Georg / Theobald, Axel (Hrsg.) (1999a): Electronic Commerce: Herausforderungen - Anwendungen - Perspektiven, Wiesbaden 1999, S. 329-339

Schröder, Martin (1997): Informationsverarbeitung im Kundendienst: Einsatz- und Gestaltungsmöglichkeiten, Wiesbaden 1997

Schuler, Helga / Henn, Harald (1999): Call Center - der neue Dienst am Kunden, in: Harvard Business Manager, 21. Jhrg., Heft 3, 1999, S. 91-101

Schuler, Helga / Pabst, Johanna (Hrsg.) (2000): Personalentwicklung im Call-Center der Zukunft: Fluktuation verhindern, Mitarbeiter langfristig binden, Neuwied, Kriftel 2000

Schuler, Helga / Lütze, Birgitt / Wecker, Bettina (1999): Servicequalität durch Coaching, in: Personalwirtschaft, 26. Jhrg., Heft 7, 1999, S. 54-58

Schunk, Lutz (1998): Beratung fast rund um die Uhr, in: Office Management, 46. Jhrg., Heft 1, 1998, S. 43-44

Schütze, Roland (1992): Kundenzufriedenheit: After-Sales-Marketing auf industriellen Märkten, Wiesbaden 1992

Schwaner, Jost (1996): Integration von Kunden und Lieferanten: Analyse langfristiger Geschäftsbeziehungen auf Businessmärkten, Wiesbaden 1996

Schwenker, Burkhard (1989): Dienstleistungsunternehmen im Wettbewerb: Marktdynamik und strategische Entwicklungslinien, Wiesbaden 1989

Sebastian, Karl-Heinz / Hilleke, Klaus (1994): Industrieller Service, Rückzug ohne Risiko, Teil 1, in: absatzwirtschaft, 37. Jhrg., Heft 1, 1994, S. 50-55

Seidel, Wolfgang (1998): PC-gestütztes Beschwerdemanagement im Call Center, in: Henn, Harald / Kruse, J. Peter / Strawe, Olav V. (Hrsg.) (1998): Handbuch Call Center Management: das grosse Nachschlagewerk für alle, die professionell mit dem Telefon arbeiten, 2., überarb. Aufl., Hannover 1998, S. 483-506

Seiders, Kathleen / Berry, Leonard L. (1998): Service fairness: What it is and why it matters, in: Academy of Management Executive, Vol. 12, No. 2, 1998, S. 8-20

Semmer, Norbert (2000): Was Mitarbeiter zum Weggehen treibt: Erkenntnisse der Arbeitspsychologie zur Mitarbeiterbindung im Call Center, in: Schuler, Helga / Pabst, Johanna (Hrsg.) (2000): Personalentwicklung im Call-Center der Zukunft: Fluktuation verhindern, Mitarbeiter langfristig binden, Neuwied, Kriftel 2000, S. 217-229

Shani, David / Chalasani, Sujana (1992): Exploiting Niches Using Relationship Marketing, in: The Journal of Consumer Marketing, Vol. 9, No. 3 (Summer), 1992, S. 33-42

Sheth, Jagdish N. / Parvatiyar, Atul (1995a): Relationship Marketing in Consumer Markets: Antecedents and Consequences, in: Journal of the Academy of Marketing Science, Vol. 23., No. 4, 1995, S. 255-271

Sheth, Jagdish N. / Parvatiyar, Atul (1995b): The Evolution of Relationship Marketing, in: International Business Review, Vol. 4, No. 4, 1995, S. 397-418

Shostack, G. Lynn (1984): Designing Services That Deliver, in: Harvard Business Review, Vol. 62, No. 1 (January-February), 1984, S. 133-139

Shostack, G. Lynn (1985): Planning the Service Encounter, in: Czepiel, John A. / Solomon, Michael R. / Surprenant, Carol F. (Hrsg.) (1985): The Service Encounter: Managing Employee/Customer Interaction in Service Businesses, Lexington (Massachusetts), Toronto 1985, S. 243-253

Shostack, G. Lynn (1987): Service Positioning Through Structural Change, in: Journal of Marketing, Vol. 51, January, 1987, S. 34-43

Simon, Hermann / Homburg, Christian (Hrsg.) (1998a): Kundenzufriedenheit: Konzepte - Methoden - Erfahrungen, 3., aktual. und erw. Aufl., Wiesbaden 1998, S. 17-31

Simon, Hermann / Homburg, Christian (1998b): Kundenzufriedenheit als strategischer Erfolgsfaktor - Einführende Überlegungen, in: Simon, Hermann / Homburg, Christian (Hrsg.) (1998a): Kundenzufriedenheit: Konzepte - Methoden - Erfahrungen, 3., aktual. und erw. Aufl., Wiesbaden 1998, S. 17-31

Sisk, Kathy (1995): Successful telemarketing: the complete handbook on managing a profitable telemarketing call center, New York 1995

SOCAP (1998): Customer Contact Study, Alexandria (Virginia) 1998

Sohl, Heike Maria (1996): Wettbewerbsorientierte Gestaltung der Prozeßorganisation, Diss. an der Wirtschaftswissenschaftlichen Fakultät der Universität Passau, Passau 1996

Söllner, Albrecht (1993): Commitment in Geschäftsbeziehungen: das Beispiel Lean Production, Wiesbaden 1993

Sommerlatte, Tom / Wedekind, Eberhard (1991): Leistungsprozesse und Organisationsstruktur, in: Arthur D. Little (Hrsg.) (1991): Management der Hochleistungsorganisation, 2. Aufl., Wiesbaden 1991, S. 23-41

Specht, Günter (1979) : Die Macht aktiver Konsumenten: aktive Einflußnahme von Konsumenten auf das Marketing privater Konsumgüteranbieter unter wirkungsorientiertem Aspekt, Stuttgart 1979

Specht, Günter / Silberer, Günter / Engelhardt, Werner Hans (Hrsg.) (1989): Marketing-Schnittstellen: Herausforderungen für das Management, Stuttgart 1989

Spiller, Achim (1997): Beschwerdemanagement als Instrument der Kundenbindung, in: Bodenstein, Gerhard / Zühlsdorf, Anke (Hrsg.) (1997): Relationship-Marketing, Diskussionsbeiträge des Fachbereichs Wirtschaftswissenschaft der Gerhard-Mercator-Universität-Gesamthochschule Duisburg, Nr. 239, Duisburg 1997, S. 41-70

Spoden, Peter (1999): Call Center als Zentrum einer unternehmensweiten Kundenbetreuung, in: Online GmbH (Hrsg.): Online 99, Dokumentation zur 22. Europäischen Congressmesse für Technische Kommunikation vom 01.- 04.02.1999 in Düsseldorf, Tutorialband B, Velbert 1999

Spreitzer, Gretchen / Cohen, Susen G. / Ledford, Gerald E. Jr. (1999): Developing Effective Self-Managing Work Teams in Service Organizations, in: Group & Organization Management, Vol. 24, No. 3 (September), 1999, S. 340-366

Staehle, Wolfgang H. (1999): Management: eine verhaltenswissenschaftliche Perspektive, 8. Aufl., München 1999

Staples, Joe / Minifie, Tom (1998): CTI Evolution for the 'Self Service' Customer, in: Telecommunications, Vol. 32, No. 12 (December), 1998, S. 35-38

Stauss, Bernd (1989): Beschwerdepolitik als Instrument des Dienstleistungsmarketing, in: GfK-Jahrbuch der Absatz- und Verbrauchsforschung, 35. Jhrg., Heft 1, 1989, S. 41-62

Stauss, Bernd (1992): Dienstleistungsmarketing und Dienstleistungsmanagement, in: Die Betriebswirtschaft, 52. Jhrg., Heft 5, 1992, S. 675-689

Stauss, Bernd (1995): Internes Marketing als personalorientierte Qualitätspolitik, in: Bruhn, Manfred / Stauss, Bernd (Hrsg.) (1995): Dienstleistungsqualität: Konzepte, Methoden, Erfahrungen, 2., überarb. und erw. Aufl., Wiesbaden 1995, S. 257-276

Stauss, Bernd (1997): Regaining Service Customers - Costs and Benefits of Regain Management, Diskussionsbeiträge der Wirtschaftswissenschaftlichen Fakultät Ingolstadt der Katholischen Universität Eichstätt, Nr. 86, Ingolstadt 1997

Stauss, Bernd (1998): Beschwerdemanagement, in: Meyer, Anton (Hrsg.) (1998b): Handbuch Dienstleistungs-Marketing, Bd. 2, Stuttgart 1998, S. 1255-1271

Stauss, Bernd (1999): Kundenbindung durch Beschwerdemanagement, in: Bruhn, Manfred / Homburg, Christian (Hrsg.) (1999): Handbuch Kundenbindungsmanagement: Grundlagen - Konzepte - Erfahrungen, 2., aktualisierte und erw. Aufl., Wiesbaden 1999, S. 213-235

Stauss, Bernd/ Seidel, Wolfgang (1998): Beschwerdemanagement: Fehler vermeiden - Leistung verbessern - Kunden binden, 2., überarb. Aufl., München, Wien 1998

Steinmann, Horst / Schreyögg, Georg (1997): Management: Grundlagen der Unternehmensführung; Konzepte - Funktionen - Fallstudien, 4., überarb. und erw. Aufl., Wiesbaden 1997

Stone, Merlin / Woodcock, Neil / Wilson, Muriel (1996): Managing the Change from Marketing Planning to Customer Relationship Management, in: Long Range Planning, Vol. 29, No. 5, 1996, S. 675-683

Storbacka, Kay / Strandvik, Tore / Grönroos, Christian (1994): Managing Customer Relationship for Profit: The Dynamics of Relationship Quality, in: International Journal of Service Industry Management, Vol. 5, No. 5, 1994, S. 21-38

Surprenant, Carol F. / Solomon, Michael R. (1987): Predictability and Personalization in the Service Encounter, in: Journal of Marketing, Vol. 51, April, 1987, S. 86-96

Tammen, Hans (1998): Rechtliche Rahmenbedingungen als Gestaltungsparameter für den Callcenter Betrieb, in: Bullinger, Hans-Jörg (Hrsg.) (1998a): Effiziente Arbeitsorganisation durch Telearbeit und Call Center, Office 21: Zukunft der Arbeit, Tagung des Fraunhofer-Instituts für Arbeitswirtschaft und Organisation am 20. April 1998, Stuttgart 1998, S. 251-260

Tammen, Hans (1999): Call Center: Neue Aufgaben für Betriebsräte, in: Menzler-Trott, Eckart (Hrsg.) (1999a): Call Center-Management: ein Leitfaden für Unternehmen zum effizienten Kundendialog, München 1999, S. 391-416

Tanner, Todd (1998): The Virtual Call Center: Key to Customer Service ?, in: Business Communications Review, Vol. 28, December, 1998, S. 29-32

TARP (1979): Consumer Complaint Handling in America: Final Report, Washington 1979

TARP (1984): Improving the Utility and Impact of Consumer Communication Activity Reports, Working Paper May 1984, Washington D.C. 1984

TARP (1997): Using Complaints for Quality Assurance Decisions, Working Paper, Arlington (Virginia) 1997

Tax, Stephen S / Brown, Stephen W. (1998): Recovering and Learning from Service Failure, in: Sloan Management Review, Vol. 40, No. 1 (Fall), 1998, S. 75-88

Tax, Stephen S. / Brown, Stephen W. / Chandrashekaran, Murali (1998): Customer Evaluations of Service Complaint Experiences: Implications for Relationship Marketing, in: Journal of Marketing, Vol. 62, April, 1998, S. 60-78

Taylor, Phil / Bain, Peter (1999): 'An assembly line in the head': work and employee relations in the call centre, in: Industrial Relations Journal, Vol. 30, No. 2 (June), 1999, S. 101-117

Theuvsen, Ludwig (1997): Interne Organisation und Transaktionskostenansatz Entwicklungsstand - weiterführende Überlegungen - Perspektiven, in: Zeitschrift für Betriebswirtschaft, 67. Jhrg., Heft 9, 1997, S. 971-996

Thieme, Jan / Ceyp, Michael (1998): Planungsstufen eines Call Centers, in: absatzwirtschaft, 41. Jhrg., Heft 5, 1998, S. 88-94

Thieme, Kurt H. / Steffen, Wolfgang (1999): Call Center - der professionelle Dialog mit dem Kunden: Aufbau - Management - Erfolgskontrolle, Landsberg am Lech 1999

Thommen, Jean-Paul / Achleitner, Ann-Kristin (1998): Allgemeine Betriebswirtschaftslehre: umfassende Einführung aus managementorientierter Sicht, 2., vollst. überarb. und erw. Aufl., Wiesbaden 1998

Tietz, Bruno / Köhler, Richard / Zentes, Joachim (Hrsg.) (1995): Handwörterbuch des Marketing, 2. Aufl., Stuttgart 1995

Töpfer, Armin (Hrsg.) (1999a): Kundenzufriedenheit messen und steigern, 2., erw. und überarb. Aufl., Neuwied, Kriftel/Ts. 1999

Töpfer, Armin (1999b): Kundenzufriedenheit: Die Brücke zwischen Kundenerwartung und Kundenbindung - Ein Leitfaden für das Buch - , in: Töpfer, Armin (Hrsg.) (1999a): Kundenzufriedenheit messen und steigern, 2., erw. und überarb. Aufl., Neuwied, Kriftel/Ts. 1999, S. 3-41

Töpfer, Armin (1999c): Konzepte und Instrumente des Beschwerdemanagement, in: Töpfer, Armin (Hrsg.) (1999a): Kundenzufriedenheit messen und steigern, 2., erw. und überarb. Aufl., Neuwied, Kriftel/Ts. 1999, S. 459-490

Töpfer, Armin / China, Ralf (1997): Die Kundenzufriedenheitsfalle, in: der markt, 36. Jhrg., Heft 140, 1997, S. 11-20

Töpfer, Armin / Greff, Günter (1995): Servicequalität am Telefon: Corporate Identity im Kundendialog, Neuwied, Kriftel, Berlin 1995

Töpfer, Armin; Mann, Andreas (1999): Kundenzufriedenheit als Meßlatte für den Erfolg, in: Töpfer, Armin (Hrsg.) (1999a): Kundenzufriedenheit messen und steigern, 2., erw. und überarb. Aufl., Neuwied, Kriftel/Ts. 1999, S. 59-110

Töpfer, Armin / Wieder, Martin (1999): Effiziente Kundenbindungsprogramme, in: Töpfer, Armin (Hrsg.) (1999a): Kundenzufriedenheit messen und steigern, 2., erw. und überarb. Aufl., Neuwied, Kriftel/Ts. 1999, S. 225-265

Tolkiehn, Günter-Ulrich (1998): Vom Call Center zum Customer Interaction System, in: Praxis der Wirtschaftsinformatik (gegründet als Handbuch der maschinellen Datenverarbeitung 1964), 35. Jhrg., Heft 204, Dezember, 1998, S. 26-34

Ulrich, Hans (Hrsg.) (1976): Zum Praxisbezug der Betriebswirtschaftslehre in wissenschaftstheoretischer Sicht, Bern, Stuttgart 1976

Ulrich, Hans (1985): Von der Betriebswirtschaftslehre zur systemorientierten Managementlehre, in: Wunderer, Rolf (Hrsg.) (1985): Betriebswirtschaftslehre als Management- und Führungslehre, Stuttgart 1985, S. 3-32

Ulrich, Hans / Krieg, Walter / Malik, Fredmund (1976): Zum Praxisbezug einer systemorientierten Betriebswirtschaftslehre, in: Ulrich, Hans (Hrsg.) (1976): Zum Praxisbezug der Betriebswirtschaftslehre in wissenschaftstheoretischer Sicht, Bern, Stuttgart 1976, S. 135-151

Ulrich, Peter / Fluri, Edgar (1995): Management: eine konzentrierte Einführung, 7., verb. Aufl., Bern, Stuttgart, Wien 1995

Vavra, Terry G. (1992): Aftermarketing: how to keep customers for life through relationship marketing, Burr Ridge (Illinois), New York 1992

Venohr, Bernd / Zinke, Christoph (1999): Kundenbindung als strategisches Unternehmensziel: Vom Konzept zur Umsetzung, in: Bruhn, Manfred / Homburg, Christian (Hrsg.) (1999): Handbuch Kundenbindungsmanagement: Grundlagen - Konzepte - Erfahrungen, 2., aktualisierte und erw. Aufl., Wiesbaden 1999, S. 151-168

Wagner, Michael (1998): Geschäftsprozeßgestaltung durch Kommunikation und Information, in: Praxis der Wirtschaftsinformatik (gegründet als Handbuch der maschinellen Datenverarbeitung 1964), 35. Jhrg., Heft 204, Dezember, 1998, S. 35-44

Walker, Gordon / Weber, David (1984): A Transaction Cost Approach to Make-or-Buy-Decisions, in: Administrative Science Quarterly, Vol. 29, No. 3 (September), 1984, S. 373-391

Walters, Rob (1999): Computer telephony integration, 2nd ed., Boston 1999

Weber, Michael R. (1984): Telefonmarketing: das Telefon im Dienste des Unternehmens und seiner Kunden, Landsberg am Lech 1984

Weber, Michael R. (1989): Erfolgreiches Service-Management: gewinnbringende Vermarktung von Dienstleistungen, Landsberg am Lech 1989

Weber, Wolfgang (Hrsg.) (1993a): Entgeltsysteme: Lohn, Mitarbeiterbeteiligung und Zusatzleistungen, Stuttgart 1993

Weber, Wolfgang (1993b): Entgeltsysteme in personalwirtschaftlicher Perspektive, in: Weber, Wolfgang (Hrsg.) (1993a): Entgeltsysteme: Lohn, Mitarbeiterbeteiligung und Zusatzleistungen Stuttgart 1993, S. 3-22

Webster, Frederick E. Jr. (1992): The Changing Role of Marketing in the Corporation, in: Journal of Marketing, Vol. 56, October, 1992, S. 1-17

Wehrli, Hans Peter (1994): Beziehungsmarketing - Ein Konzept, in: der markt, 33. Jhrg., Heft 131, 1994, S. 191-199

Wehrmeister, Dierk / Vlachantonis, Nikolaos (1999): 8760 Stunden Service pro Jahr: Axa Colonia setzt auf Call Center zur effizienten Kundenbetreuung, in: Versicherungswirtschaft, 54. Jhrg., Heft 8, 1999, S. 534-536

Welge, Martin K. (1987): Unternehmungsführung, Bd. 2: Organisation, Stuttgart 1987

Welge, Martin K. / Al-Laham, Andreas (1999): Strategisches Management : Grundlagen - Prozess - Implementierung, 2., vollst. ueberarb. und erw. Aufl., Wiesbaden 1999

Werhahn, Peter H. (1980): Menschenbild, Gesellschaftsbild und Wissenschaftsbegriff in der neueren Betriebswirtschaftslehre. Faktortheoretischer Ansatz, entscheidungsorientierter Ansatz und Systemansatz im Vergleich, Diss. an der Hochschule St. Gallen, St. Gallen 1980

Werp, Rüdiger (1998): Aufbau von Geschäftsbeziehungen, Wiesbaden 1998

Wetzels, Martin / de Ruyter, Ko (1999): Beyond the Call of Duty: The Impact of Perceived Support on Attitudes and Behavior of Temporary Call Center Agents, in:

Kunst, Paul / Lemmink, Jos / Stauss, Bernd (Hrsg.) (1999): Service quality and management, Wiesbaden 1999, S. 227-250

Wiencke, Wolfgang / Koke, Dorothee (1999): Call-Center-Praxis: den telefonischen Kundenservice erfolgreich organisieren, 2., überarb. und erw. Aufl., Stuttgart 1999

Williamson, Oliver E. (1975): Markets and hierarchies. Analysis and antitrust implications: a study in the economics of internal organization, New York 1975

Williamson, Oliver E. (1990): Die ökonomischen Institutionen des Kapitalismus: Unternehmen, Märkte, Kooperationen, Tübingen 1990

Williamson, Oliver E. (1991): Comparative Economic Organization: The Analysis of Discrete Structural Alternatives, in: Administrative Science Quarterly, Vol. 36, 1991, S. 269-296

Wimmer, Frank (1985): Beschwerdepolitik als Marketinginstrument, in: Hansen, Ursula / Schoenheit, Ingo (Hrsg.) (1985a): Verbraucherabteilungen in privaten und öffentlichen Unternehmen, Frankfurt am Main, New York 1985, S. 225-254

Wimmer, Frank / Roleff, René (1998a): Beschwerdepolitik als Instrument des Dienstleistungsmanagements, in: Bruhn, Manfred / Meffert, Heribert (Hrsg.) (1998): Handbuch Dienstleistungsmanagement: Von der strategischen Konzeption zur praktischen Umsetzung, Wiesbaden 1998, S. 265-285

Wimmer, Frank / Roleff, René (1998b): Steuerung der Kundenzufriedenheit bei Dienstleistungen, in: Meyer, Anton (Hrsg.) (1998b): Handbuch Dienstleistungs-Marketing, Bd. 2, Stuttgart 1998, S. 1241-1254

Winkelmann, A. (1995): Bestandskunden-Management tut not. Wege zur Erhöhung der Kundenbindung und der kundenbezogenen Marktausschöpfung, in: Versicherungswirtschaft, 50. Jhrg., Heft 9, 1995, S. 580-583

Wohlgemuth, André C. (1989): Führung im Dienstleistungsbereich. Interaktionsintensität und Produktionsstandardisierung als Basis einer neuen Typologie, in: Zeitschrift Führung und Organisation, 58. Jhrg., Heft 5, 1989, S. 339-345

Woodruff, Robert B. (1997): Customer Value: The Next Source for Competitive Advantage, in: Journal of the Academy of Marketing Science, Vol. 25, No. 2, Spring 1997, S. 139-153

Wunderer, Rolf (Hrsg.) (1985): Betriebswirtschaftslehre als Management- und Führungslehre, Stuttgart 1985

Wunderer, Rolf (1995): Personalmanagement, in: Corsten, Hans / Reiß, Michael (Hrsg.) (1995): Handbuch Unternehmensführung: Konzepte - Instrumente - Schnittstellen, Wiesbaden 1995, S. 459-473

Zahn, Erich / Barth, Tilmann / Foschiani, Stefan / Hertweck, Andreas (1998): Outsourcing unternehmensnaher Dienstleistungen, in: Bullinger, Hans-Jörg / Zahn, Erich (Hrsg.) (1998): Dienstleistungsoffensive: Wachstumschancen intelligent nutzen, Stuttgart 1998, S. 329-357